화엄경소론찬요
華嚴經疏論纂要

화엄경소론찬요 ㉑
華嚴經疏論纂要

● 일러두기 ●

1. 이 책의 원서는 명말청초 때의 승려인 도패 스님*이 약술 편저한 《화엄경소론찬요》이다. 《대방광불화엄경》 80권본을 기초로 하여, 경문에 청량 스님의 소초(疏鈔)와 이통현 장자의 논(論)을 붙여 상세하게 풀이하였다.

2. 경(經), 소(疏), 논(論)은 원문에 토를 붙여서 그 뜻을 이해하기 편하도록 했으며, 원문 바로 아래 번역문을 넣었다.

3. 원문을 살려 그대로 옮겨 놓음을 원칙으로 하다 보니 본문의 제목 번호에 있어서 다소 혼동이 올 수 있다. 그럴 경우 목차를 참고하기 바란다.

4. 산스크리트어 표기는 〈표준국어대사전〉과 〈불광 사전〉 등에 등재된 음역어를 사용하였으며, 불교 용어에 대한 설명은 주로 〈불광 사전〉을 참고하였다.

5. 내용을 좀 더 쉽게 풀기 위하여 중간에 체계가 약간 바뀌었음을 밝힌다.

※ 위림도패(爲霖道霈, 1615-1702) 스님은 명말청초 때의 조동종 승려이다. 14세 때 백운사(白雲寺)에서 출가하여 경교(經敎)를 공부했다. 영각원현을 모시며 법을 이었고, 천동산(天童山) 밀운원오(密雲圓悟)에게 배워 크게 깨달았다. 그 후 백장산(百丈山)에 암자를 짓고 5년 동안 정업(淨業)을 닦았다. 나중에 고산(鼓山)으로 옮겨 20여 년 동안 살았는데 귀의하는 사람이 매우 많았다.
저술로는 《인왕반야경합소(仁王般若經合疏)》 3권을 비롯하여 《화엄경소론찬요(華嚴經疏論纂要)》 120권, 《법화경문구찬요(法華經文句纂要)》 7권, 《불조삼경지남(佛祖三經指南)》 3권, 《위림도패선사병불어록(爲霖道霈禪師秉拂語錄)》 2권, 《여박암고(旅泊庵稿)》 4권, 《선해십진(禪海十珍)》 1권, 《사십이장경지남(四十二章經指南)》, 《불유교경지남(佛遺敎經指南)》, 《고산록(鼓山錄)》 6권, 《반야심경청익설(般若心經請益說)》, 《팔십팔불참(八十八佛懺)》, 《준제참(準提懺)》, 《발원문주(發願文註)》 등이 있다.

• 간 행 사 •

《화엄경소론찬요》 번역서를 간행하면서

《화엄경》은 비로자나 세존께서 보리도량에서 처음 정각을 성취하신 후, 일곱 도량 아홉 차례의 법문에서 일진(一眞)의 법계(法界)와 제불의 과원(果願)을 보여주시어 미묘한 현지(玄旨)와 그지없는 종취(宗趣)를 밝혀주신 최상의 경전이다. 이처럼 《화엄경》은 법계와 우주가 둘이 아닌 하나로 그 광대함을 말하면 포괄하지 않음이 없고, 그 심오함을 말하면 갖춰져 있지 않음이 없어 공간으로는 법계에 다하고 시간으로는 삼세에 통하고 있다.

 이러한 이유에서 《화엄경》은 근본 법륜으로 중국은 물론 동양 각국에서 높이 받들며 수많은 주석서가 간행되어 왔다. 그러나 세상에 널리 알려진 것은 청량 국사의 《대방광불화엄경소초(大方廣佛華嚴經疏鈔)》와 통현 장자의 《대방광불화엄경론(大方廣佛華嚴經論)》이다. 소초(疏鈔)는 철저한 장구(章句)의 분석으로 본말을 지극히 밝혀주었고, 논(論)은 부처님의 논지를 널리 논변하여 자심(自心)으로 회귀하고 있는 것이 특징이다. 이처럼 청량소초와 통현론은 양대 명저(名著)로 모두 수증(修證)하는 데에 지극한 궤범(軌範)이었다.

 탄허 대종사께서는 이러한 점을 토대로 통현론을 주(主)로 하고 청량소초를 보(補)로 하여 번역하심으로써 《화엄경》이 동양에 전해진 이후 동양 최초의 《화엄경》 번역이라는 쾌거를 이룩하셨다. 일찍이 한국불교에 침체된 화엄사상은 대종사의 번역에 힘입어 다시 온 누리에 화엄의 꽃비가 내려 화엄의 향기로 불국정토를 성취하여 더할 수 없는, 지극한 법륜을 설하셨다.

그러나 대종사께서 열반하신 이후, 불법은 날로 쇠퇴하고 중생의 근기는 날로 용렬하여 방대한 소초와 논을 열람하기에는 역부족이었다. 이에 대종사의 《화엄경》을 다시 한 번 밝히기 위해서는 또 다른 모색을 필요로 할 시점에 이르렀다. 보다 쉽게 볼 수 있고 간명한 데에서 심오한 데로, 물줄기에서 본원을 찾아갈 수 있는 진량(津梁)을 찾지 않는다면 대종사의 평생 정력을 저버리게 된다는 절박한 마음이 없지 않았다.

청대(淸代) 도패(道霈) 대사는 청량의 소초와 통현의 논 가운데 그 정요(精要)만을 뽑아 《화엄경소론찬요(華嚴經疏論纂要)》를 편집하였다. 이는 매우 방대한 소초와 논을 축약하여, 가까이는 청량 국사와 통현 장자의 심법을 전수하였고 멀리는 비로자나불의 묘체(妙諦)를 밝혀주는 오늘날 최고의 《화엄경》 주석서이다.

이에 《화엄경소론찬요》를 대본으로 하여, 다시 대종사의 번역서를 참고하면서 현대인이 보다 쉽게 이해할 수 있는 번역서를 간행하기에 이르렀다.

이제 돌이켜 생각하면 무상한 세월 속에 감회가 적지 않다. 내 지난날 출가 입산하여 겨우 이레가 되던 날, 처음 접한 경전이 《화엄경》이었다. 행자 생활을 시작한 영은사는 대종사께서 오대산 수도원이 해산된 후, 이의 연장선상에서 3년 결사(結社)를 선포하시고《화엄경》번역이라는 대작불사를 시작하여 강의하셨던, 한국불교사에 한 획을 그려준 역사의 도량이었다.

그 당시 대종사께서는 행자인 나에게《화엄경》을 청강하라 하시면서 "설령 알아듣지 못할지라도 들어두면 글눈이 생겨 안 들은 것보다 낫다."고 권면하셨다. 이제 생각해보면 행자 출가 즉시《화엄경》공부 자리에 참여했다는 것은 전생의 숙연(宿緣)이 아니었으면 어떻게 그 당시 그 법회에 참석이나 할 수 있었겠는가. 이는 행운 중 행운으로 다겁의 선근공덕이 아닐까 생각되며, 아울러 늦게나마 대종사의 영전에 하나의 향을 올리는 바이다.

처음《화엄경》설법을 듣는 순간, 끝없는 우주법계의 장엄세계가 황홀하고 법계를 밝혀주고 무진 보배를 담고 있는 바다의 불가사의한 공덕이라는 대종사의 사자후가 머릿속에 쟁쟁하게 울려왔을 뿐, 그 도리를 이해한다는 것은 나의 근기로써는 도저히 불가능한 일이었다. "쭉정이만도 못하다."고 꾸지람을 하시던 대종사의 방할(棒喝)을 맞으며 영은사에서의 결사가 끝난 후, 나는 단 한 번도《화엄경》을 펼쳐 볼 엄두를 내지 못했다.

그러던 몇 해 전, 무비 스님께서 범어사에서《화엄경》을 강좌하시면서 서울에서도《화엄경》강좌를 열어보라고 권할 적만 하더라도 언감생심《화엄경》을 강의하겠다는 생각을 하지 못하였다. 그러나 씨앗을 뿌려놓으면 새싹이 돋아나듯, 반드시 인연법은 사라지지 않는 모양이다. 영은사에서의 《화엄경》 인연이 자곡동 탄허기념박물관에 화엄각건립불사를 발원하게 되었고, 화엄각건립불사를 위하여 《화엄경》 강좌를 열기에 이를 줄은 꿈에도 생각지 못하였다.

　미력한 소견으로 강좌를 열면서 정리된 강의 자료를 여러 뜻있는 이들과 다시 한 번 토론하고 강마하면서 우선 〈세주묘엄품〉 출간을 시작으로 계속 연차적으로 간행하고 있다.

　이 책이 간행되어 그동안 추진되어온 화엄각 창건 불사 또한 원만히 성취되길 기원한다. 이 귀한 인연공덕으로 다시 한 번 화엄사상이 꽃피어 온 누리에 탄허 대종사의 공덕이 빛나고, 아울러 화엄정토가 구현되어 남북의 통일과 세계의 평화가 이루어지길 진심으로 축원하는 바이다.

2024년 7월

五臺山 後學 慧炬 合掌 再拜

● **추천사** ●

인류사에서 가장 위대한 화엄경의 가르침

평소에 늘 두려워하며 존경하는 도반 혜거 스님이 《화엄경소론찬요》를 번역하고 출판하여 이 분야의 사람들을 온통 놀라게 하였습니다. 본디 화엄경에 이 몸을 바친 사람으로서, 어찌 가슴 떨리는 일이 아니겠습니까. 《화엄경소론찬요》 번역을 세상에 알리고 추천하는 글을 이 우둔한 글솜씨로라도 백 번이라도 쓰고 싶습니다.

    화엄경이란 무엇입니까? 만약 화엄경을 알지 못하면 불법의 이치를 알지 못합니다. 또 화엄경을 알지 못하면 사람이 본래로 청정법신비로자나 부처님이라는 사실을 알지 못합니다. 이 세상이 그대로 화장장엄세계라는 사실도 알지 못합니다. 세간과 출세간의 진리를 전혀 알지 못합니다. 아름다운 세상과 환희로운 인생을 결코 알 길이 없습니다. 그러니 화엄경을 읽지 않고 어찌 불교를 입에 담으며 어찌 부처님을 입에 담겠습니까. 그래서 청량(淸凉) 스님은 화엄경을 두고 "이 몸을 바쳐서 그 죽을 곳을 얻었다[亡軀得其死所]."라고 하였습니다. 이 얼마나 가슴 저미는 말씀입니까. 그러므로 "화엄경이 있고서야 비로소 불교가 있다."라고 하겠습니다.

화엄경이 흥하면 불교가 흥하고, 화엄경이 흥하면 국가가 흥하였습니다. 원효(元曉) 스님과 의상(義湘) 스님이 화엄경을 흥성(興盛)시키던 신라가 그러했으며, 청량 스님과 통현(通玄) 장자가 화엄경을 흥성시키던 당(唐)나라가 그러하였습니다.

　　거기에 더하여 찬요(纂要)란 무엇입니까? 그것은 청량 스님의 화엄경에 대한 소(疏)와 통현 장자의 논(論)을 잎과 가지는 남겨두고 뿌리와 큰 줄기에 해당하는 요점만을 추려서 모아온 것입니다. 마치 흙과 잡석들을 걷어내고 진금들만을 모아왔으니 이 어찌 빛나지 않겠습니까. 그래서 화엄경을 그토록 빛나게 한 것은 알고 보면 소론찬요(疏論纂要)였던 것입니다.

　　옛말에 "산고수장(山高水長)이요, 근고지영(根固枝榮)"이라 하였습니다. 근세 한국의 불교를 중흥시킨 경허(鏡虛) 스님은 수월(水月)·혜월(慧月)·만공(滿空)·한암(寒巖) 등 기라성 같은 제자들을 길러내었는데, 한암 스님 밑으로 선교(禪敎)를 겸비하신 희대의 대석학이요 대선사이신 탄허(吞虛) 큰스님이 계셨습니다.

　　한암 스님 밑에서 오래 사셨던 범용(梵龍) 스님은 평소에 상원사에서 한암 스님이 화엄경을 강의하시던 일을 들려주셨습니다. 당시 교재는 통현 장자의 《화엄경합론(華嚴經合論)》이었으며 중강(仲講)은 언제나 탄허 스님이셨으므로, 대중들이 모두 동원되는 큰 울력까지도 면해주셨다고 하였습니다. 그날의 그 화엄법수(華嚴法水)가 흘러 흘러 영은사의 혜거 행자에게까지 전해지더니 수십 년이 지난 오늘에는 드디어 이와 같은 《화엄경소론찬요》 출판 불사의 큰 바다를 이루게 되었습니다. 이 얼마나 기쁘지 아니합니까. 큰스님께서도 또한 크게 환희용약하시리라 믿습니다.

필자도 또한 작은 인연이 있어서 역경연수원 수학과 큰스님께서 《화엄경합론》을 번역하신 후 교열하고 출판하고 기념 강의를 하시던 일까지 함께하였으니, 가슴이 뜨거운 홍복(洪福)이라는 사실을 알고 있습니다. 그것에 더하여 처음 통도사 강주로 가기 전에 법맥을 전해주시어 큰스님의 뜻을 잇게 하였으니 더없는 영광이지만, 그 보답을 다하지 못하여 아직도 큰 짐을 내려놓지 못하고 있습니다.

앞으로 남은 시간이라도 혜거 화엄도반과 함께 인류사에서 가장 위대한 화엄경의 가르침을 깊이깊이 공부하여 더욱 널리, 더욱 왕성하게 펼쳐서 크나큰 은혜에 보답하려 합니다.

나아가서 이 아름다운 출판 불사에 뜻을 함께한 모든 분께도 큰 감사의 인사를 올리며 이 책이 만천하에 널리 유포되기를 마음 다해 추천하는 바입니다. 이 인연으로 부디 화엄의 큰 물결이 온 세상에 흘러넘쳐서 집집마다 평화와 행복이 가득하기를 기도드립니다.

나무 대방광불화엄경
나무 대방광불화엄경
나무 대방광불화엄경

신라 화엄종찰 금정산 범어사 如天 無比 삼가 씀

● 목 차 ●

간행사 《화엄경소론찬요》 번역서를 간행하면서 5
추천사 인류사에서 가장 위대한 화엄경의 가르침 9

화엄경소론찬요 제94권 ● 이세간품 제38-5

(3) 5문은 제3 발광지發光地 부분의 행을 밝히다 20
(4) 5문은 제4 염혜지焰慧地 부분의 행을 밝히다 31
(5) 2문은 제5 난승지難勝地 부분의 행을 밝히다 52
(6) 1문은 제6 현전지現前地 부분의 행을 밝히다 62
(7) 3문은 제7 원행지遠行地 부분의 행을 밝히다 66
(8) 3문은 제8 부동지不動地 부분의 행을 밝히다 80
(9) 2문은 제9 선혜지善慧地 부분의 행을 밝히다 89
(10) 13문은 제10 법운지法雲地 부분의 행을 밝히다 94
　(ㄱ) 1문은 공덕의 으뜸을 총괄하여 밝히다 94
　(ㄴ) 6문은 6근根의 수승한 공덕을 밝히다 97
　(ㄷ) 6문은 행주좌와行住坐臥 동정의 행을 밝히다 114

6. 51문은 인과의 원만한 행에 답하다 125
　(1) 32문은 원만한 원인의 최고 경지를 밝히다 128
　　㈀ 14문은 인행因行의 체성을 밝히다 128
　　제1 단락, 4문은 행을 일으킨 방편을 밝히다 128

화엄경소론찬요 제95권 ● 이세간품 제38-6

　　제2 단락, 10문은 십바라밀행의 체성을 밝히다 142
　　① 6문은 6바라밀을 밝히다 144
　　② 4문은 4무량심을 밝히다 162
　　㈁ 8문은 닦아나가는 방편행을 밝히다 173
　　제1 단락, 5문은 자신의 본분에 의한 행을 밝히다 173
　　① 2문은 법의 뜻을 밝히다 173
　　② 2문은 복덕과 지혜를 밝히다 180
　　③ 1문은 원만한 구족을 총체로 밝히다 194
　　제2 단락, 3문은 훌륭하게 닦아나가는 행을 밝히다 197

화엄경소론찬요 제96권 ◉ 이세간품 제38-7

(ㄷ) 10문은 장애를 여의는 행을 밝히다 215
　제1 단락, 5문은 장애를 여의어 행을 성취함을 밝히다 215
　　① 2문은 장애를 여읠 대상의 체성을 밝히다 215
　　② 1문은 장애를 여의는 방편을 밝히다 222
　　③ 2문은 부처를 친견하여 성취한 행을 밝히다 225
　제2 단락, 5문은 장애를 여의어 가피를 받는 행을 밝히다 243
　　① 2문은 내면으로 장애를 여의는 행을 성취함을 밝히다 243
　　② 3문은 밖으로 가피를 받는 행을 논변하다 254
(2) 19문은 과덕果德의 작용의 원만한 행을 밝히다 260
　(ㄱ) 1문은 하늘에 머물면서 하는 일을 먼저 밝히다 261
　(ㄴ) 1문은 때가 이르러 죽음을 보여줌을 밝히다 271

화엄경소론찬요 제97권 ● 이세간품 제38-8

　　　(ㄷ) 1문은 모태에 들어간 일을 밝히다 286
　　　(ㄹ) 1문은 모태에 있으면서 보여주는 일을 밝히다 296
　　　(ㅁ) 3문은 처음 탄생한 모습을 밝히다 298
　　　(ㅂ) 2문은 세속과 함께하는 재가행在家行과 아울러
　　　　　왕궁에 거처한 모습을 밝히다 310
　　　(ㅅ) 2문은 집을 떠나 성도成道를 다짐하는 행을 밝히다 315
　　　(ㅇ) 5문은 도가 성취되어 증득하여 들어가는 행을 밝히다 325
　　　(ㅈ) 2문은 법륜을 굴림을 밝히다 340
　　　(ㅊ) 1문은 열반에 듦을 밝히다 347

제7. 끝맺으면서 권면하는 부분 356

제8. 상서가 나타난 부분 359

제9. 증명 성취의 부분 360

제10. 게송 부분 361
　　1. 8수 게송은 공덕이 깊고 넓음을 찬탄하여 설법의 한계를 밝히다 362
　　2. 131수 반 게송은 행의 공덕을 총괄하여 보여주다 367
　　3. 76수 게송은 앞의 산문을 거듭 게송으로 읊다 417

화엄경소론찬요 제94권
華嚴經疏論纂要 卷第九十四

◉

이세간품 제38-5
離世間品 第三十八之五

經

佛子여 菩薩摩訶薩이 有十種習氣하니
何等이 爲十고
所謂菩提心習氣와 善根習氣와 敎化衆生習氣와 見佛習氣와 於淸淨世界에 受生習氣와 行習氣와 願習氣와 波羅蜜習氣와 思惟平等法習氣와 種種境界差別習氣 是爲十이니
若諸菩薩이 安住此法하면 則永離一切煩惱習氣하고 得如來大智의 習氣非習氣智니라

"불자여, 보살마하살이 열 가지 습기가 있다.

무엇이 열 가지 습기인가?

이른바 보리심의 습기,

선근의 습기,

중생을 교화하는 습기,

부처님을 친견하는 습기,

청정한 세계에 몸을 받아 태어나는 습기,

수행의 습기,

서원의 습기,

바라밀다의 습기,

평등한 법을 생각하는 습기,

가지가지 경계의 각기 다른 모습을 살펴보는 습기이다.

이것이 열 가지 습기이다.

만약 보살들이 이 법에 편안히 머물면 일체 번뇌의 습기를 영원히 여의고 여래의 큰 지혜인 습기이면서 습기가 아닌 지혜를 얻는다.

● 疏 ●
第三 '十種習氣' 下 五門은 明三地中行이라
分二니 前二門은 明能起厭行이오 後三門은 卽所起厭行이라
前中에 此門은 明熏習成氣오 後門은 增盛攝取니라
今初는 由此地 厭伏煩惱故로 於諸行積習하야 熏成氣分이라야 方能究竟斷伏煩惱일새 故名習氣니라
十中에 一은 行本氣오 二는 成行氣오 三은 下化오 四는 上見이오 五는 受生이오 六은 大行이오 七은 十願이오 八은 十度오 九는 理智오 十은 量智니라

(3) '열 가지 습기' 이하 5문은 제3 발광지 부분의 행을 밝혔다.
이의 경문은 2단락으로 나뉜다.
(ㄱ) 2문은 싫어하는 행[厭行]을 일으키는 주체를 밝혔고,
(ㄴ) 3문은 厭行을 일으키는 대상이다.
'(ㄱ) 2문' 가운데 첫째 문은 훈습으로 이루어진 기운을 밝혔고, 둘째 문은 더욱 성대하게 붙잡음이다.
이의 첫째 문은 제3 발광지에서는 번뇌를 싫어하여 조복함에 따라서 모든 행을 쌓아 익혀 그 기운을 이루어야 비로소 끝내는 번뇌를 끊고 조복하기 때문에 이를 '습기'라고 말하였다.

10구 가운데,

① '보리심의 습기'는 행의 근본 기운이고,

② '선근의 습기'는 행을 성취한 기운이며,

③ '중생을 교화하는 습기'는 아래로 중생을 교화함이며,

④ '부처님을 친견하는 습기'는 위로 부처님을 친견함이며,

⑤ '청정한 세계에 몸을 받아 태어나는 습기'는 몸을 받아 태어남이며,

⑥ '수행의 습기'는 위대한 행이며,

⑦ '서원의 습기'는 10가지 맹세이며,

⑧ '바라밀다의 습기'는 십바라밀이며,

⑨ '평등한 법을 생각하는 습기'는 如理智이며,

⑩ '가지가지 경계의 각기 다른 모습을 살펴보는 습기'는 如量智이다.

經

佛子여 菩薩摩訶薩이 有十種取하야 以此不斷諸菩薩行하나니

何等이 爲十고

所謂取一切衆生界니 究竟敎化故며

取一切世界니 究竟嚴淨故며

取如來니 修菩薩行하야 爲供養故며

取善根이니 積集諸佛相好功德故며

取大悲니 滅一切衆生苦故며
取大慈니 與一切衆生一切智樂故며
取波羅蜜이니 積集菩薩諸莊嚴故며
取善巧方便이니 於一切處에 皆示現故며
取菩提니 得無礙智故며
略說菩薩이 取一切法이니 於一切處에 悉以明智로 而現了故니라
是爲十이니 若諸菩薩이 安住此取하면 則能不斷諸菩薩行하야 得一切如來無上無所取法이니라

불자여, 보살마하살이 열 가지 붙잡음이 있어, 이로써 보살행이 끊이지 않는다.

무엇이 열 가지 붙잡음인가?

이른바 일체 중생계를 붙잡음이다. 끝까지 교화하기 때문이다.

일체 세계를 붙잡음이다. 끝까지 청정하게 장엄하기 때문이다.

여래를 붙잡음이다. 보살행을 닦아 공양하기 때문이다.

선근을 붙잡음이다. 부처님의 모습과 공덕을 쌓아가기 때문이다.

크게 가엾이 여김을 붙잡음이다. 일체중생의 괴로움을 없애주기 때문이다.

크게 사랑함을 붙잡음이다. 일체중생에게 일체 지혜의 즐거움을 주기 때문이다.

바라밀을 붙잡음이다. 보살의 모든 장엄을 쌓아가기 때문이다.

뛰어난 방편을 붙잡음이다. 모든 곳에서 다 나타내기 때문이다.

보리를 붙잡음이다. 걸림 없는 지혜를 얻기 때문이다.

간략히 말하면 보살이 일체 법을 붙잡음이다. 모든 곳에서 모두 밝은 지혜로 분명히 알기 때문이다.

이것이 열 가지 붙잡음이다.

만약 보살들이 이를 붙잡는 데 편안히 거물면 일체 보살행이 끊이지 않아서 일체 여래의 위없이 붙잡을 수 없는 법을 얻는다.

◉ 疏 ◉

二十種取者는 明增盛攝取라 故晉經에 名熾然이라하니 由前積習愛樂하야 得增上故니라

둘째, '열 가지 붙잡음'이란 더욱 성대하게 붙잡음을 밝혔다. 이때문에 60화엄경에서는 '熾然'이라고 말하였다. 앞의 익혀 쌓아가면서 사랑하고 좋아함을 연유하여 더욱 행상되기 때문이다.

經

佛子여 菩薩摩訶薩이 有十種修하니
何等이 爲十고
所謂修諸波羅蜜하며 修學하며 修慧하며 修義하며 修法하며 修出離하며 修示現하며 修勤行匪懈하며 修成等正覺하며 修轉正法輪이 是爲十이니
若諸菩薩이 安住其中하면 則得無上修하야 修一切法이니라

불자여, 보살마하살이 열 가지 닦음이 있다.

무엇이 열 가지 닦음인가?

이른바 바라밀다를 닦고,

배움을 닦으며,

지혜를 닦고,

이치를 닦으며,

법을 닦고,

벗어남을 닦으며,

나타냄을 닦고,

부지런히 행하여 게으르지 않음을 닦으며,

정등각의 성취를 닦고,

바른 법륜 굴림을 닦음이다.

이것이 열 가지 닦음이다.

만약 보살들이 이 가운데 편안히 머물면 위없는 닦음을 얻어 일체 법을 닦을 수 있다.

◉ 疏 ◉

第二 '十種修'下 三門은 明所起厭行이라 卽分爲三이니 此門은 正顯修行이니 前八은 修因이오 後二는 修果니라

㈐ '열 가지 닦음' 이하 3문은 염행을 일으키는 대상을 밝혔다.

이의 경문은 3단락으로 나뉜다.

이의 첫째 문은 바로 수행을 밝혔다.

앞의 8구는 수행의 원인이고,
뒤의 2구는 수행의 결과이다.

經

佛子여 菩薩摩訶薩이 有十種成就佛法하니
何等이 爲十고
所謂不離善知識하야 成就佛法하며
深信佛語하야 成就佛法하며
不謗正法하야 成就佛法하며
以無量無盡善根廻向하야 成就佛法하며
信解如來境界無邊際하야 成就佛法하며
知一切世界境界하야 成就佛法하며
不捨法界境界하야 成就佛法하며
遠離諸魔境界하야 成就佛法하며
正念一切諸佛境界하야 成就佛法하며
樂求如來十力境界하야 成就佛法이 是爲十이니
若諸菩薩이 安住此法하면 則得成就如來의 無上大智慧니라

　　불자여, 보살마하살이 열 가지 불법의 성취가 있다.
　　무엇이 열 가지 불법의 성취인가?
　　이른바 선지식을 떠나지 않고서 불법을 성취하며,
　　부처의 말씀을 깊이 믿고서 불법을 성취하며,

바른 법을 비방하지 않고서 불법을 성취하며,

한량없고 다함없는 선근으로 회향하여 불법을 성취하며,

여래의 경계가 그지없음을 믿고 알면서 불법을 성취하며,

일체 세계의 경계를 알고서 불법을 성취하며,

법계의 경계를 버리지 않고서 불법을 성취하며,

마군의 경계를 멀리 버리고서 불법을 성취하며,

일체 부처님의 경계를 바르게 생각하여 불법을 성취하며,

여래의 열 가지 힘의 경계를 기쁜 마음으로 구하여 불법을 성취하였다.

이것이 열 가지 불법의 성취이다.

만약 보살들이 이 법에 편안히 머물면 여래의 위없는 큰 지혜를 얻는다.

◉ 疏 ◉

第二 成就佛法은 明修成勝緣이니 依託此十하야 能成就故니라

둘째, '불법의 성취'는 수행 성취의 좋은 인연을 밝혔다.

이 10가지에 의탁하여 성취하기 때문이다.

經

佛子여 菩薩摩訶薩이 有十種退失佛法을 應當遠離니 何等이 爲十고

所謂輕慢善知識하야 退失佛法하며

畏生死苦하야 退失佛法하며
厭修菩薩行하야 退失佛法하며
不樂住世間하야 退失佛法하며
耽著三昧하야 退失佛法하며
執取善根하야 退失佛法하며
誹謗正法하야 退失佛法하며
斷菩薩行하야 退失佛法하며
樂二乘道하야 退失佛法하며
嫌恨諸菩薩하야 退失佛法이 是爲十이니
若諸菩薩이 遠離此法하면 則入菩薩離生道니라

불자여, 보살마하살이 열 가지 불법 잃을 일을 멀리 여의었다.

무엇이 열 가지 불법을 잃는 일인가?

이른바 선지식을 가벼이 여겨서 불법을 잃으며,

생사의 고통을 두려워하여 불법을 잃으며,

보살행을 닦기 싫어서 불법을 잃으며,

세간에 머묾을 싫어하여 불법을 잃으며,

삼매에 탐착하여 불법을 잃으며,

선근에 집착하여 불법을 잃으며,

바른 법을 비방하여 불법을 잃으며,

보살행을 단절하여 불법을 잃으며,

이승의 도를 좋아하여 불법을 잃으며,

보살행을 원망하여 불법을 잃는다.

이것이 열 가지 불법을 잃는 일이다.

만약 보살들이 이 법을 멀리 여의면 보살의 생사를 떠나는 길에 들어갈 수 있다.

◉ 疏 ◉

第三 十種退失은 明修行離過니 別擧十過하야 總令遠離니 文並可知니라

셋째, '열 가지 불법을 잃는 일'은 수행으로 허물을 여읨을 밝혔다. 개별로 10가지 허물을 들추어, 총체로 멀리 여의게 함이다.

경문은 모두 설명하지 않아도 알 수 있다.

已上 五門 明三地中行 竟하다

이상 5문에서 밝힌 제3 발광지의 행을 끝마치다.

經

佛子여 菩薩摩訶薩이 有十種離生道하니

何等이 爲十고

所謂出生般若波羅蜜호대 而恒觀察一切衆生이 是爲一이오

遠離諸見호대 而度脫一切見縛衆生이 是爲二오

不念一切相호대 而不捨一切著相衆生이 是爲三이오

超過三界호대 而常在一切世界 是爲四오

永離煩惱호대 而與一切衆生共居 是爲五오

得離欲法호대 **而常以大悲로 哀愍一切著欲衆生**이 **是爲
六**이오
常樂寂靜호대 **而恒示現一切眷屬**이 **是爲七**이오
離世間生호대 **而死此生彼**하야 **起菩薩行**이 **是爲八**이오
不染一切世間法호대 **而不斷一切世間所作**이 **是爲九**오
諸佛菩提 已現其前호대 **而不捨菩薩의 一切願行**이 **是
爲十**이니라
佛子여 **是爲菩薩摩訶薩의 十種離生道**니 **出離世間**하야
不與世共호대 **而亦不雜二乘之行**하나니 **若諸菩薩**이 **安
住此法**하면 **則得菩薩決定法**이니라

불자여, 보살마하살이 열 가지 설익은 데에서 벗어난 순숙(純熟)의 도가 있다.

무엇이 열 가지 설익은 데에서 벗어나는 도인가?

이른바 반야바라밀을 내면서도 일체중생을 항상 관찰한다. 이것이 첫째이다.

여러 소견을 멀리 여의면서도 소견에 얽매인 일체중생을 제도한다. 이것이 둘째이다.

일체 모양을 생각지 않으면서도 일체 모양에 집착한 중생을 버리지 않는다. 이것이 셋째이다.

삼세를 초월하고서도 항상 일체 세계에 있다. 이것이 넷째이다.

번뇌를 길이 여의고서도 일체중생과 함께 있다. 이것이 다섯째이다.

탐욕을 여의는 법을 얻고서도 크게 가엾이 여기는 마음으로 탐욕에 집착한 일체중생을 불쌍히 여긴다. 이것이 여섯째이다.

언제나 고요함을 즐기면서도 일체 권속을 나타낸다. 이것이 일곱째이다.

세간에 태어남을 여의고서도 여기서 죽고 저기에 태어나 보살의 행을 일으킨다. 이것이 여덟째이다.

일체 세간법에 물들지 않으면서도 세간에서 하는 일을 끊어버리지 않는다. 이것이 아홉째이다.

부처의 보리가 앞에 나타났으나 보살의 일체 서원과 수행을 버리지 않는다. 이것이 열째이다.

불자여, 이것이 보살마하살의 열 가지 설익은 데에서 벗어나는 도이다.

세간을 떠나서 세간과 함께하지 않지만, 또한 이승의 행과 섞이지도 않는다.

만약 보살들이 이 법에 편안히 머물면 보살의 결정한 법을 얻는다.

◉ 疏 ◉

第四 '離生道' 下 五門은 明四地中行이라

分三이니 初 此門은 明淸淨對治修行增長因이오 次門은 明其淸淨이오 後三門은 明對治修行增長이라【鈔_ '初門明' 等은 彼有四分이어늘 今具其三은 但畧無果니 果非正地故니라 然諸門은 一一皆與

彼本分相應이니 有不曉者는 尋前自了니라
今初 前三地는 寄同世間이니 有見等惑이 猶如生食在腹이오 四地
는 寄同出世니 對治淸淨하야 能離彼生이니 謂離有爲行故며 得無
生故며 顯行純熟하야 離生澁故니 廣如婆沙니라
今是彼淸淨對治之因일새 故名爲道니라 地經에 有十法明門하니
初는 是觀察衆生이니 今但廣斯一句오 餘畧不具니라 結云 '不雜二
乘'者는 以於十句雙行而修일새 故不同二乘 見道離生矣라】

(4) '설익은 데에서 벗어나는 도' 이하 5문은 제4 염혜지 부분의 행을 밝혔다.

이의 경문은 3단락으로 나뉜다.

㈀ 첫째 문은 청정으로 다스림과 수행을 더욱 키워나가는 원인을 밝혔고,

㈁ 둘째 문은 그 청정함을 밝혔으며,

㈂ 뒤의 3문은 청정으로 다스림과 수행이 더욱 커나감을 밝혔다.【초_ '初門明淸淨對治' 등은 저 십지에서는 4단락으로 나뉘었으나 여기에서 그 3가지만을 갖춰 말한 것은 생략하여 결과 부분이 없다. 결과 부분은 진정 正地가 아니기 때문이다. 그러나 여러 법문에서는 하나하나 모두 저 십지에서 말한 본분과 상응하고 있다. 이를 이해하지 못한 자는 앞의 경문을 찾아보면 절로 알 수 있다.

이의 첫 부분 제1 환희지에서 제3 발광지까지는 세간에 함께 머무는 것이다. 見惑 등은 마치 설익은 음식[生食]이 배 속을 더부룩하게 만드는 것과 같다. 그러나 제4 염혜지는 세간을 벗어나 함

께하는 것이다. 청정하게 다스려서 그 더부룩한 설익은 음식을 버리는 것이다. 이는 有爲行을 여의기 때문이며, 無生을 얻기 때문이며, 나타난 행이 순숙하여 생삽하지 않기 때문이다. 이는 바사론에서 자세히 말한 바와 같다.

여기에서는 그 설익은 부분을 청정하게 다스리는 원인을 밝힌 까닭에 이를 '道'라고 말하였다. 地經에 十法明門이 있는데, 첫째 중생을 관찰하는 것이다. 여기에서는 1구만을 자세히 말하고, 나머지는 생략하여 구체적으로 언급하지 않았다.

끝맺음 부분에서 '不雜二乘'이라 말한 것은 10구에 이것과 저것을 함께 들어 닦는 까닭에 '二乘이 견도 후에 중생에서 벗어난다.'는, '生' 자를 중생으로 인식한 것과는 같지 않다.】

經

佛子여 菩薩摩訶薩이 有十種決定法하니
何等이 爲十고
所謂決定於如來種族中生하며
決定於諸佛境界中住하며
決定了知菩薩所作事하며
決定安住諸波羅蜜하며
決定得預如來衆會하며
決定能顯如來種性하며
決定安住如來力하며

決定深入佛菩提하며
決定與一切如來同一身하며
決定與一切如來로 所住無有二 是爲十이니라

  불자여, 보살마하살이 열 가지 결정된 법이 있다.
  무엇이 열 가지 결정된 법인가?
  이른바 결정코 여래의 종족에 태어나며,
  결정코 부처님의 경계 속에 머무르며,
  결정코 보살이 한 일을 알며,
  결정코 여러 바라밀다에 안주하며,
  결정코 여래의 대중법회에 참여하며,
  결정코 여래의 종성을 나타내며,
  결정코 여래의 힘에 안주하며,
  결정코 부처의 보리에 깊이 들어가며,
  결정코 일체 여래와 동일한 몸이며,
  결정코 일체 여래의 머무른 바와 둘이 없다.
  이것이 열 가지 결정된 법이다.

◉ **疏** ◉

第二 決定法者는 明其淸淨이니 上明能離요 今顯所得이니 以得出世決定法故니라 故彼文에 云 '得彼內法하야 生如來家'라하니라
十中에 前五는 自分이오 後五는 勝進이라

  (ㄴ) '결정된 법'이란 그 청정하게 다스림을 밝혔다.

위에서는 여읜 주체를 밝혔고, 여기에서는 얻은 바의 대상을 나타냈다. 출세간의 결정된 법을 얻었기 때문이다. 이 때문에 십지품 제4 염혜지의 경문에서는 "저 내면의 법을 얻어 여래의 집안에 태어난다."고 말하였다.

10구 가운데 앞의 5구는 자신의 본분이고, 뒤의 5구는 훌륭하게 나아감이다.

經

佛子여 菩薩摩訶薩이 有十種出生佛法道하니
何等이 爲十고
所謂隨順善友 是出生佛法道니 同種善根故며
深心信解 是出生佛法道니 知佛自在故며
發大誓願이 是出生佛法道니 其心寬廣故며
忍自善根이 是出生佛法道니 知業不失故며
一切劫에 修行無厭足이 是出生佛法道니 盡未來際故며
阿僧祇世界에 皆示現이 是出生佛法道니 成熟衆生故며
不斷菩薩行이 是出生佛法道니 增長大悲故며
無量心이 是出生佛法道니 一念에 徧一切虛空界故며
殊勝行이 是出生佛法道니 本所修行을 無失壞故며
如來種이 是出生佛法道니 令一切衆生으로 樂發菩提心하야 **以一切善法資持故니라**
是爲十이니 若諸菩薩이 安住此法하면 則得大丈夫名號

니라

　　불자여, 보살마하살이 열 가지 불법을 낳는 도가 있다.
　　무엇이 열 가지 불법을 낳는 도인가?
　　이른바 선지식을 따르는 것이 불법을 낳는 도이다. 똑같이 선근을 심기 때문이다.
　　깊은 마음으로 믿고 이해함이 불법을 낳는 도이다. 부처의 자재함을 알기 때문이다.
　　큰 서원을 세움이 불법을 낳는 도이다. 그 마음이 너그럽기 때문이다.
　　자신의 선근을 인식함이 불법을 낳는 도이다. 업의 잃지 않음을 알기 때문이다.
　　일체 겁에 수행하되 만족하지 않음이 불법을 낳는 도이다. 미래 세월이 다하도록 행하기 때문이다.
　　아승지 세계에 모두 나타남이 불법을 낳는 도이다. 중생을 성숙시켜 주기 때문이다.
　　보살행을 끊지 않음이 불법을 낳는 도이다. 큰 자비를 증장하기 때문이다.
　　한량없는 마음이 불법을 낳는 도이다. 한 생각의 찰나에 일체 허공계에 두루 미치기 때문이다.
　　훌륭한 행이 불법을 낳는 도이다. 본래 수행한 바를 잃지 않기 때문이다.
　　여래의 종족이 불법을 낳는 도이다. 일체중생으로 하여금 보리심을 기쁜 마음으로 내게 하고, 일체 선법을 지니게 하기 때문이다.

이것이 열 가지 불법을 낳는 도이다.

만약 보살들이 이 법에 편안히 머물면 대장부의 명호를 얻는다.

◉ 疏 ◉

第三 '出生佛法'下 三門은 明對治修行增長이라

於中 分二니

先 二門은 明修行增長이오 後一門은 明修行對治라

今初 亦二니

此門은 正明增長이오 後門은 顯立勝名이라

今初는 從緣出生이니 卽增長義니 亦猶出息하야 增長其多라

十中에 初二는 順人信法이오 次二는 願智不虛오 次二는 時處廣長이오 次二는 無間普徧이오 後二는 勝行攝生이라

㈐ '불법을 낳는 도' 이하 3문은 다스림과 수행의 증장을 밝혔다.

이의 경문은 2단락으로 나뉜다.

제1 단락, 2문은 수행의 증장을 밝혔고,

제2 단락, 1문은 수행과 다스림을 밝혔다.

이의 '제1 단락, 2문'은 또한 2단락이다.

첫째, 바로 증장을 밝혔고,

둘째, 훌륭한 명호를 세움에 대해 밝혔다.

'첫째, 증장을 밝힌' 부분은 인연을 따라 낳은 것이다. 이것이 곧 증장의 뜻이다. 또한 '낳아 키워주다[出息].'와 같은 뜻으로, 그 많은

것을 더욱 키워주는 것이다.

  10구 가운데 앞의 2구는 사람을 따름과 불법을 믿음이며,

다음 2구는 서원과 지혜가 공허하지 않음이며,

다음 2구는 장구한 시간과 광대한 공간이며,

다음 2구는 간단이 없음과 두루 널리 함이며,

마지막 2구는 뛰어난 행과 중생을 받아들임이다.

經

佛子여 菩薩摩訶薩이 有十種大丈夫名號하니

何等이 爲十고

所謂名爲菩提薩埵니 菩提智所生故며

名爲摩訶薩埵니 安住大乘故며

名爲第一薩埵니 證第一法故며

名爲勝薩埵니 覺悟勝法故며

名爲最勝薩埵니 智慧最勝故며

名爲上薩埵니 起上精進故며

名爲無上薩埵니 開示無上法故며

名爲力薩埵니 廣知十力故며

名爲無等薩埵니 世間無比故며

名爲不思議薩埵니 一念成佛故니라

是爲十이니 若諸菩薩이 得此名號하면 則成就菩薩道니라

  불자여, 보살마하살이 열 가지 대장부의 명호가 있다.

무엇이 열 가지 대장부의 명호인가?

이른바 그 이름을 '보리살타'라 한다. 보리의 지혜로 생기기 때문이다.

그 이름을 '마하살타'라 한다. 대승에 머무르기 때문이다.

그 이름을 '제일살타'라 한다. 제일 법을 증득하기 때문이다.

그 이름을 '수승한 살타'라 한다. 수승한 법을 깨닫기 때문이다.

그 이름을 '가장 수승한 살타'라 한다. 지혜가 가장 수승하기 때문이다.

그 이름을 '최상 살타'라 한다. 최상의 정진을 일으키기 때문이다.

그 이름을 '위없는 살타'라 한다. 위없는 법을 열어 보이기 때문이다.

그 이름을 '힘의 살타'라 한다. 열 가지 힘을 널리 알기 때문이다.

그 이름을 '같을 이 없는 살타'라 한다. 세간에 견줄 이가 없기 때문이다.

그 이름을 '불가사의의 살타'라 한다. 한 생각의 찰나에 성불하기 때문이다.

이것이 열 가지 대장부의 명호이다.

만약 보살들이 이 명호를 얻으면 보살의 도를 성취할 수 있다.

◉ 疏 ◉

二 丈夫名號는 卽立勝名이니 由德行內增일세 故嘉名外立이라
十中에 前四는 從境立名이오 五六은 約當體受名이니 上皆自利이오

七八은 利他오 九는 通顯勝이니 具二利故니라 上은 皆自分因名이오 後一은 勝進果稱이니 上은 皆隨德假名이라 故瑜伽四十六에 明菩薩隨德假名이 有十六種이니 初名은 菩提薩埵오 十六은 名爲法師라 顯揚第八과 莊嚴論十二는 皆同此說이오 又商主天子經은 五義立名이니 恐繁不會니라【鈔_ '瑜伽四十六'者 彼論云 '一切菩薩은 當知復有如是等類 無有差別하야 隨德假名이니 所謂名爲菩提薩埵 摩訶薩埵 成就覺慧 最上照明 最勝眞子 最勝任持 普能降伏 最勝萌芽오 亦名勇健 亦名最勝 亦名商主 亦名大名稱 亦名憐愍 亦名大福 亦名自在 亦名法師니라 如是十方 無邊無際諸世界中에 無邊菩薩은 當知乃至內德各別하야 無量無邊하야 假立相號니라'

釋曰 下引二論은 與此全同이니 一二는 小異나 義無以別이라

又商主者는 一은 於菩提分에 住持入故일세 改名菩提薩埵오

二는 入大乘故오 滿大智故일세 故名摩訶薩埵니라

三은 不可求法이오 智德入故일세 故名最勝薩埵오

四는 不與煩惱共住나 爲諸衆生 滅煩惱故오 發精進故일세 故名淨薩埵오

五는 令諸衆生으로 行淨道故일세 故名極淨薩埵니라】

　　둘째, '대장부의 명호'는 훌륭한 명호를 세움에 대해 밝혔다. 내면 덕행의 증장에 의해 밖으로 아름다운 명호가 세워지는 것이다.

　　10구 가운데 앞의 4구는 경계에 의해 세워진 명호이고,

　　제5, 6구는 해당 자체에 의해 명호가 붙여진 것이다.

위는 모두 자리행에 의함이다.

제7, 8구는 이타행이고,

제9구는 모두 훌륭함을 나타냄이다. 이는 자리와 이타를 모두 갖추었기 때문이다.

위는 모두 자신의 본분에 의한 원인의 명호이다.

마지막 제10구는 훌륭하게 나아간 과덕이다.

위는 모두 공덕에 따라 임시로 붙여진 명호이다.

이 때문에 유가론 46에서는 "공덕에 따라 임시로 붙여진 보살의 명호에는 16가지가 있다. 제1은 보리살타이고, 제16은 법사라 하였다."고 하며, 현양론 제8과 장엄론 12에서는 모두 유가경에서 말한 바와 같으며, 또한 상주천자경에서는 5가지 뜻으로 명호를 세웠다. 번잡할까 두려워 이를 회통하지 않는다.【초_ '유가론 46' 이란 유가론에서 다음과 같이 말하였다.

"일체 보살은 이와 같은 유들은 차이가 없이 공덕을 따라 임시로 붙여진 명호임을 알아야 한다.

이른바 보리살타, 마하살타, 각혜를 성취한 분, 최상으로 비추는 광명을 지닌 분, 가장 뛰어난 참된 아들, 가장 훌륭하게 맡아 지닌 분, 널리 항복시키는 분, 가장 훌륭한 싹이 되신 분이며,

또한 용맹하고 씩씩한 분, 가장 거룩한 분, 상인의 우두머리, 큰 명성을 지니신 분, 가엾이 여기는 분, 큰 복을 지니신 분, 자재하신 분, 법사라 부르기도 한다.

이처럼 시방의 그지없고 끝이 없는 세계 가운데 그지없는 보

살은 내면의 공덕이 각기 다름에 따라서 한량없고 그지없이 명호를 세운 것임을 알아야 한다."

이에 대한 해석은 다음과 같다.

아래 인용한 현양론, 장엄론은 유가론과 모두 똑같다. 한두 가지는 차이가 있지만 그 뜻만큼은 차이가 없다.

또한 상인의 우두머리는 5가지 뜻이 있다.

① 보리 부분에 머물러 들어간 까닭에 '보리살타'라 말한다.

② 대승에 들어가고 大智가 원만한 까닭에 '마하살타'라 말한다.

③ 법을 구하지 않고서 지혜공덕에 들어간 까닭에 '최승살타'라 말한다.

④ 번뇌와 함께 머물지 않지만 모든 중생을 위해 번뇌를 없애주고 정진을 분발한 까닭에 '청정살타'라 말한다.

⑤ 모든 중생으로 하여금 청정한 도를 행하게 한 까닭에 '극정살타'라 말한다.】

經

佛子여 菩薩摩訶薩이 有十種道하니

何等이 爲十고

所謂一道 是菩薩道니 不捨獨一菩提心故오

二道 是菩薩道니 出生智慧와 及方便故오

三道 是菩薩道니 行空無相無願하야 不着三界故오

四行이 是菩薩道니 懺除罪障하며 隨喜福德하며 恭敬尊

重하야 勸請如來하며 善巧廻向하야 無休息故오
五根이 是菩薩道니 安住淨信하야 堅固不動하며 起大精進하야 所作究竟하며 一向正念하야 無異攀緣하며 巧知三昧入出方便하며 善能分別智慧境界故오
六通이 是菩薩道니 所謂天眼으로 悉見一切世界所有衆色하야 知諸衆生의 死此生彼故며 天耳로 悉聞諸佛說法하야 受持憶念하고 廣爲衆生하야 隨根演暢故며 他心智로 能知他心하야 自在無礙故며 宿命念으로 憶知過去一切劫數하야 增長善根故며 神足通으로 隨所應化一切衆生하야 種種爲現하야 令樂法故며 漏盡智로 現證實際하고 起菩薩行하야 不斷絶故오
七念이 是菩薩道니 所謂念佛이니 於一毛孔에 見無量佛하야 開悟一切衆生心故며 念法이니 不離一如來衆會하고 於一切如來衆會中에 親承妙法하고 隨諸衆生의 根性欲樂하야 而爲演說하야 令悟入故며 念僧이니 恒相續見하야 無有休息하야 於一切世間에 見菩薩故며 念捨니 了知一切菩薩捨行하야 增長廣大布施心故며 念戒니 不捨菩提心하고 以一切善根으로 廻向衆生故며 念天이니 常憶念兜率陀天宮의 一生補處菩薩故며 念衆生이니 智慧方便으로 敎化調伏호대 普及一切하야 無間斷故오
隨順菩提八聖道 是菩薩道니 所謂行正見道니 遠離一切諸邪見故며 起正思惟니 捨妄分別하고 心常隨順一切

智故며 常行正語니 離語四過하고 順聖言故며 恒修正業이니 敎化衆生하야 令調伏故며 安住正命이니 頭陀知足하며 威儀審正하며 隨順菩提하며 行四聖種하야 一切過失을 皆永離故며 起正精進이니 勤修一切菩薩苦行하야 入佛十力하야 無罣礙故며 心常正念이니 悉能憶持一切言音하야 除滅世間散動心故며 心常正定이니 善入菩薩不思議解脫門하야 於一三昧中에 出生一切諸三昧故오

入九次第定이 是菩薩道니 所謂離欲恚害호대 而以一切語業으로 說法無礙하며 滅除覺觀호대 而以一切智覺觀으로 敎化衆生하며 捨離喜愛호대 而見一切佛에 心大歡喜하며 離世間樂호대 而隨順出世菩薩道樂하며 從此不動하야 入無色定호대 而亦不捨欲色受生하며 雖住滅一切想受定이니 而亦不息菩薩行故오

學佛十力이 是菩薩道니 所謂善知是處非處智와 善知一切衆生의 去來現在業報因果智와 善知一切衆生의 上中下根不同하야 隨宜說法智와 善知一切衆生의 種種無量性智와 善知一切衆生의 軟中上解差別하야 令入法方便智와 徧一切世間一切刹一切三世一切劫하야 普現如來形相威儀호대 而亦不捨菩薩所行智와 善知一切諸禪解脫과 及諸三昧의 若垢若淨과 時與非時하야 方便出生諸菩薩解脫門智와 知一切衆生의 於諸趣中死此生彼差別智와 於一念中에 知三世一切劫數智와 善知一

切衆生의 樂欲諸使惑習滅盡智로 而不捨離諸菩薩行이 是爲十이니

若諸菩薩이 安住此法하면 則得一切如來의 無上巧方便道니라

불자여, 보살마하살이 열 가지 도가 있다.

무엇이 열 가지 도인가?

이른바 하나의 도가 보살의 도이다.

유독 하나의 보리심을 버리지 않기 때문이다.

두 가지의 도가 보살의 도이다.

지혜와

방편을 낳기 때문이다.

세 가지의 도가 보살의 도이다.

공하고

모양이 없고

원한 바 없음을 행하여 삼계에 집착하지 않기 때문이다.

네 가지의 행이 보살의 도이다.

죄업을 참회하여 없애고,

복덕을 따라 기뻐하며,

공경하고 존중하며,

여래께 청하며 뛰어나게 회향하여 멈추지 않기 때문이다.

다섯 가지의 뿌리가 보살의 도이다.

청정한 믿음에 안주하여 든든하게 흔들리지 않으며,

큰 정진을 일으켜 하는 일이 최고의 경지에 이르며,

한결같은 바른 생각으로 다른 반연이 없으며,

삼매에 들고 나는 뛰어난 방편을 알며,

지혜의 경계를 잘 분별하기 때문이다.

여섯 가지의 신통이 보살의 도이다.

하늘눈으로 일체 세계의 여러 가지 빛을 보고서, 중생들이 여기서 죽어 저기에 태어남을 알기 때문이며,

하늘의 귀로 부처님들의 법문을 듣고 받들어 지니고 기억하여, 중생을 위해 그들의 근기에 따라 연설하기 때문이며,

남의 마음을 아는 지혜로 다른 이의 마음을 자재하게 알아 걸림이 없기 때문이며,

전생의 일을 아는 신통[宿命通]으로 과거 세상의 일체 겁을 기억하여 선근을 증장하기 때문이며,

마음대로 가는 발의 신통[神足通]으로 교화할 일체중생을 따라서 그들을 위해 가지가지 몸을 나타내어 법을 좋아하기 때문이며,

번뇌가 다한 지혜[漏盡智]로 실상을 증득하고 보살행을 일으켜 끊이지 않게 하기 때문이다.

일곱 가지의 생각이 보살의 도이다.

이른바 부처님을 생각함이다. 하나의 모공에서 한량없는 부처님을 보고서 일체중생의 마음을 깨우쳐주기 때문이다.

법을 생각함이다. 한 여래의 대중법회를 떠나지 않고서 일체 여래 대중법회의 미묘한 법문을 듣고 중생의 근성과 그들이 원하

는 바를 따라 연설하여, 그들을 깨닫게 하기 때문이다.

　스님을 생각함이다. 항상 계속 친견하여 멈추지 않고서 일체 세간의 보살을 보기 때문이다.

　버림을 생각함이다. 일체 보살의 버리는 행을 알고서 널리 보시하는 마음을 더욱 키워나가기 때문이다.

　계율을 생각함이다. 보리심을 버리지 않고 일체 선근으로 중생에게 회향하기 때문이다.

　하늘을 생각함이다. 항상 도솔천궁의 일생보처 보살을 생각하기 때문이다.

　중생을 생각함이다. 지혜방편으로 교화하고 조복하되 일체중생에게 널리 미치어 끊임이 없기 때문이다.

　보리를 따르는 여덟 가지의 성인 도가 보살의 도이다.

　이른바 바른 소견을 행함이다. 일체 모든 삿된 소견을 멀리 여의기 때문이다.

　바른 생각을 일으킴이다. 허망한 분별을 버리고 마음이 항상 일체 지혜를 따르기 때문이다.

　언제나 바른말을 행함이다. 말하는 데에 네 가지 허물을 여의고 성인의 말을 따르기 때문이다.

　언제나 바른 업을 닦음이다. 중생을 교화하여 조복하도록 하기 때문이다.

　바른 생활에 머무름이다. 두타행으로 만족함을 알고 위의가 바르며 보리를 따라서 네 가지 성인의 종성을 행하여 일체 허물을 길이 여의기 때문이다.

바른 정진을 일으킴이다. 일체 보살의 고행을 부지런히 닦아 부처의 열 가지 힘에 들어가 장애가 없기 때문이다.

마음이 항상 바르게 생각함이다. 일체 언어와 음성을 기억하여 세간의 산란한 마음을 없애기 때문이다.

마음이 항상 바른 선정에 듦이다. 보살의 불가사의한 해탈문에 들어가 하나의 삼매 속에서 일체 삼매를 내기 때문이다.

아홉 가지의 차례로 얻는 선정에 들어감이 보살의 도이다.

이른바 욕심과 성내는 일을 여의되 일체 말로써 걸림 없이 설법하며,

감각과 지각을 없애고 일체 지혜의 감각과 지각으로 중생을 교화하며,

기쁨과 사랑을 여의되 일체 부처님을 보고서 마음이 크게 환희하며,

세간의 낙을 버리되 출세간의 보살도의 낙을 따르며,

이로부터 흔들리지 않고서 무색계의 선정에 들어가되 욕계와 색계에 몸을 받아 태어남을 버리지 않으며,

일체 생각과 느낌을 없앤 선정에 머물지만 보살행을 멈추지 않기 때문이다.

부처의 열 가지 힘을 배움이 보살의 도이다.

이른바 옳은 곳, 그른 곳을 아는 지혜,

일체중생의 과거·미래·현재의 업보 인과를 아는 지혜,

일체중생의 상근·중근·하근이 각기 다른 점을 잘 알고서 시의 적절함을 따라 설법하는 지혜,

일체중생의 가지가지 한량없는 성품을 잘 아는 지혜,

일체중생의 하·중·상의 각기 다른 이해를 잘 알고서 그들로 하여금 법에 들어가도록 하는 방편의 지혜,

일체 세간·일체 세계·일체 삼세·일체 겁에 두루 여래의 형상과 위의를 널리 나타내면서도 보살의 행했던 바를 버리지 않는 지혜,

일체 선정과 해탈 및 모든 삼매의 더러움과 청정함, 때와 때가 아닌 것을 알고 방편으로 보살의 해탈문을 내는 지혜,

일체중생의 모든 길에 여기서 죽고 저기에서 태어나는 각기 다름을 아는 지혜,

한 생각의 찰나에 삼세의 일체 겁의 수효를 아는 지혜,

일체중생의 좋아하는 욕망과 모든 번뇌와 의혹 습기를 아주 없애줄 줄 아는 지혜로 보살의 행을 버리지 않음이다.

이것이 열 가지 도이다.

만약 보살들이 이 법에 편안히 머물면 일체 여래의 위없는 뛰어난 방편의 도를 얻는다.

● 疏 ●

第二 有十種道는 明修行對治니 地經寄位하야 廣明三十七品이어니와 今約實位라 故增數顯十이니 皆爲對治니 竝是正道니라

十中에 前二·後一은 名義 皆不共이오

三道는 則名義俱共이오

四道至九는 名共小乘이로되 義唯實教니 前三可知니 言義唯實者故니라

四行云 善巧廻向은 無休息故오

五根은 定根이니 知三昧入出이오

六通은 天眼은 見死此生彼이오

七은 六念成七은 加念衆生이니 爲大悲故오 亦是廣七覺中에 一念覺故이라 餘例此知니라

八正思惟는 順一切智오

九次第定은 皆寂用雙行이니

初禪은 離欲患害로되 而逆化衆生이며 亦用欲等言說일세 故云一切語業이오

二禪은 雖無覺觀이나 不壞淨覺하고 以爲說因이오

三禪은 離喜나 而生法喜오

四禪은 離樂이나 而受解脫道樂이라

'從此不動'下는 明四無色定이니 但總相顯勝이라

'雖住滅'下는 卽滅盡定이니 此定이 雖盡滅諸不恒行心心所法하고 及滅恒行染汙一分이나 而以厭患想受로 爲先일세 故名滅想受定이라 由非想地猶有細想이니 是捨受故니라 今實教明이니 卽受等性滅故로 不息菩薩行이라 是以로 七地云 '能念念入이오 亦念念起'等이라하니 餘如三地와 及七地中辨이라

十力中六에 '徧一切'下는 是一切至處道智오 八은 是天眼이오 九는

是宿命이니 今三世悉知은 況乎宿命가 餘如初會中辨이라

　제2 단락, '열 가지 도'는 수행과 다스림을 밝혔다.

　지경에서는 지위에 붙여 자세히 37품으로 밝혔지만, 여기에서는 실제 지위를 들어 말한 까닭에 수효를 더하여 10가지를 나타냈다. 이는 모두 다스림이며, 아울러 이는 바른 도이다.

　10가지 도 가운데 앞의 2가지와 뒤의 1가지는 명칭과 의의가 모두 같지 않고,

　'3가지의 도'는 명칭과 의의가 모두 같고,

　'4가지의 행'으로부터 '9가지의 차례로 얻는 선정'에 이르기까지는 명칭은 소승과 같지만 뜻은 오직 實敎이다.

　앞의 제4, 5, 6 3가지는 말하지 않아도 알 수 있다. 그 의의는 오직 실교임을 말한 까닭이다.

　'4가지의 행'에서 '뛰어나게 회향[善巧廻向]'이라 말한 것은 멈춤이 없기 때문이며,

　'5가지 뿌리'는 선정의 뿌리이다. 삼매에 들고 남을 앎이며,

　'6가지 신통'에서 말한 '天眼'은 여기에서 죽고 저곳에서 태어남을 봄이며,

　'7가지의 생각'은 6가지 생각이 '7가지의 생각'으로 된 것은 '중생의 생각' 부분을 더한 것이다. 大悲를 위한 까닭이며, 또한 '7가지 깨달음' 가운데 한 생각의 깨달음을 넓힌 까닭이다. 나머지는 이런 예로 미루어 알 수 있다.

　'8가지의 바른 사유'는 일체 지혜를 따름이며,

'9가지의 차례로 얻는 선정'은 모두가 고요함과 작용 2가지를 다 행함이다.

初禪은 탐욕과 성냄의 해를 여의되 역으로 중생을 교화하며, 또한 탐욕 등 말을 사용하기에 '一切語業'이라 말하였다.

二禪은 비록 覺觀이 없으나 청정한 지각을 무너뜨리지 않고 이로써 설법의 원인을 삼았다.

三禪은 기쁨을 여의었으나 법의 기쁨을 내며,

四禪은 즐거움을 여의었으나 해탈의 도에 대한 즐거움을 느끼는 것이다.

'從此不動' 이하는 '무색계의 4가지 선정[四無色定]'을 밝혔다. 다만 총상으로 훌륭함을 밝혔을 뿐이다.

'雖住滅' 이하는 滅盡定이다. 멸진정이란 비록 모든 '하나같이 이어가지 않는 행[不恒行]'의 마음과 마음의 작용이 모두 사라짐과 '하나같이 이어가는 행[恒行]'의 일부분의 오염이 사라졌지만, '우환을 싫어하는 생각과 느낌[厭患想受]'으로 우선을 삼기에 '滅想受定'이라고 말한다. 非想地에도 오히려 미세한 생각이 있는 데서 연유한 까닭이다. 이는 捨受이기 때문이다.

여기에서는 實敎를 밝힘이니 느낌 등 체성이 사라진 까닭에 보살행을 멈추지 않음이다. 이로써 제7 원형지에 이르기를, "한 생각 한 생각마다 들어가고, 또한 한 생각 한 생각마다 일어난다." 등이다.

나머지는 제3 발광지 및 제7 원행지에서 말한 바와 같다.

十力 가운데 여섯 번째 힘의 '徧一切' 이하는 '일체 모든 곳에 갈 수 있는 도의 지혜[一切至處道智]'이며, 여덟 번째 힘은 天眼이며, 아홉 번째 힘은 숙명통이다. 여기에서는 삼세를 모두 아는데, 하물며 숙명이야. 나머지는 初會에서 말한 바와 같다.

已上 五門 明四地中行 竟하다

이상 5문에서 밝힌 제4 염혜지 부분의 행을 끝마치다.

經

佛子여 菩薩摩訶薩이 有無量道와 無量助道와 無量修道와 無量莊嚴道어든

불자여, 보살마하살에게 한량없는 도, 한량없는 돕는 도, 한량없는 닦는 도, 한량없는 장엄의 도가 있다.

● 疏 ●

第五 '無量道'下 二門은 明五地中行이라 分二니 此門은 明勝慢對治中行이오 後門은 明後二分中行이라

今初는 分二니 先은 總標四門이니 以此四門으로 同顯道義일새 義皆無量이오 類例相從일새 故總標之오 約義須分일새 故後二는 屬後니라【鈔_ '以此四門'下는 出經總標所以오 '約義須分'下는 出疏別配所以니 四中에 前二는 是五地오 修道는 爲六地오 莊嚴道는 是七地라 故云約義須分이라하니라 後二屬後는 恐是譯人一時標耳라】

(5) '한량없는 도' 이하 2문은 제5 난승지 부분의 행을 밝혔다.

이의 경문은 2단락으로 나뉜다.

첫째 문은 거만함을 다스리는 부분의 행을 밝혔고,

둘째 문은 助道와 修道分의 행을 밝혔다.

첫째 문은 다시 2단락으로 나뉜다.

앞은 4문을 총괄하여 표장하였다. 이 4문은 道義를 똑같이 밝힌 것이기에 그 뜻이 모두 한량없고, 유례를 서로 따른 까닭에 총괄하여 표장하였고, 뜻에 따라 구분한 까닭에 뒤의 2문은 뒤에 속한다.

【초_ '이 4문' 이하는 경문을 총괄하여 표장한 이유를 말하였고,

'뜻에 따라 구분한' 이하는 청량소에서 개별로 짝하게 된 이유를 말하였다. 4문 가운데 앞의 2문은 제5 난승지이고, 修道는 제6 현전지이고, 莊嚴道는 제7 원행지이다. 이 때문에 "뜻에 따라 구분한다."고 하였다.

"뒤의 2문은 뒤에 속한다."는 이는 번역한 사람이 일시에 표장한 것으로 생각된다.】

經

佛子여 菩薩摩訶薩이 有十種無量道하니

何等이 爲十고

所謂虛空이 無量故로 菩薩道도 亦無量하며

法界 無邊故로 菩薩道도 亦無量하며

衆生界 無盡故로 菩薩道도 亦無量하며

世界 無際故로 菩薩道도 亦無量하며

劫數 不可盡故로 **菩薩道**도 **亦無量**하며
一切衆生語言法이 **無量故**로 **菩薩道**도 **亦無量**하며
如來身이 **無量故**로 **菩薩道**도 **亦無量**하며
佛音聲이 **無量故**로 **菩薩道**도 **亦無量**하며
如來力이 **無量故**로 **菩薩道**도 **亦無量**하며
一切智智 無量故로 **菩薩道**도 **亦無量**이 **是爲十**이니라

불자여, 보살마하살이 열 가지 한량없는 도가 있다.

무엇이 열 가지 한량없는 도인가?

이른바 허공이 한량없으므로 보살의 도 또한 한량없으며,

법계가 그지없으므로 보살의 도 또한 한량없으며,

중생계가 다함이 없으므로 보살의 도 또한 한량없으며,

세계가 끝이 없으므로 보살의 도 또한 한량없으며,

겁의 수효가 다할 수 없으므로 보살의 도 또한 한량없으며,

일체중생의 언어의 법이 한량없으므로 보살의 도 또한 한량없으며,

여래의 몸이 한량없으므로 보살의 도 또한 한량없으며,

부처의 음성이 한량없으므로 보살의 도 또한 한량없으며,

여래의 힘이 한량없으므로 보살의 도 또한 한량없으며,

일체 지혜의 지혜가 한량없으므로 보살의 도 또한 한량없다.

이것이 열 가지 한량없는 도이다.

● 疏 ●

二 '從佛子'下는 別明初門이니 謂十平等心과 及隨如道行이니 皆是菩薩正道所游路일세 故以觸境皆如라 道無不在온 況虛空等 十이 一一無量이어니 道豈有涯리오
十中 前四는 各一無量이오 後四는 皆佛界無量이라
語言은 亦屬衆生이오 亦是調伏界無量이며 劫數는 卽豎論無量이라
餘七은 橫論無量이며
虛空은 亦橫亦豎이오 法界는 非橫非豎니 虛空法界는 約無分量이며 餘八은 廣多無量이오 兼無分量이라

뒤의 '불자' 이하는 첫 법문을 개별로 밝혔다. 10가지 평등심과 '…와 같음'을 따른 道行을 말한다. 이는 모두 보살의 바른 도로서 거닐어야 할 길이다. 따라서 모든 경계가 모두 진여로서 도가 있지 않은 데가 없다. 하물며 '한량없는 허공' 등 10가지가 하나하나 한량없는데, 어찌 도가 끝이 있겠는가.

10구 가운데 앞의 4구는 각각 하나의 한량없음이며,

뒤의 4구는 모두 한량없는 부처의 경계이다.

언어는 또한 중생에 속하고, 또한 세계의 조복이 한량없음이며, 겁수는 종적으로 한량없음을 말하였으며, 나머지 7구는 횡으로 한량없음을 말하였다.

허공은 횡으로, 또는 종으로 말하였고, 법계는 횡, 또는 종이 아니다. 허공과 법계는 분량이 없는 것으로 말하였고, 나머지 8구는 광대하고 많음이 한량없으며, 분량이 없음을 겸하였다.

經

佛子여 菩薩摩訶薩이 有十種無量助道하니
所謂如虛空界無量하야 菩薩集助道도 亦無量하며
如法界無邊하야 菩薩集助道도 亦無邊하며
如衆生界無盡하야 菩薩集助道도 亦無盡하며
如世界無際하야 菩薩集助道도 亦無際하며
如劫數說不可盡하야 菩薩集助道도 亦一切世間이 說不能盡하며
如衆生語言法無量하야 菩薩集助道로 出生智慧하야 知語言法도 亦無量하며
如如來身無量하야 菩薩集助道 徧一切衆生一切刹一切世一切劫도 亦無量하며
如佛音聲無量하야 菩薩이 出一言音에 周徧法界하야 一切衆生이 無不聞知故로 所集助道도 亦無量하며
如佛力無量하야 菩薩이 承如來力하야 積集助道도 亦無量하며
如一切智智無量하야 菩薩積集助道도 亦如是無有量이 是爲十이니
若諸菩薩이 安住此法하면 則得如來無量智慧니라

　　불자여, 보살마하살이 열 가지 한량없는 보조의 도가 있다.
　　무엇이 열 가지 보조의 도인가?
　　이른바 허공계가 한량없는 것처럼 보살이 보조의 도를 쌓아감

또한 한량이 없으며,

　법계가 그지없는 것처럼 보살이 보조의 도를 쌓아감 또한 그지없으며,

　중생계가 다함없는 것처럼 보살이 보조의 도를 쌓아감 또한 다함이 없으며,

　세계가 경계가 없는 것처럼 보살이 보조의 도를 쌓아감 또한 경계가 없으며,

　겁의 수효를 말로 다할 수 없는 것처럼 보살이 보조의 도를 쌓아감 또한 일체 세간에서 말로 다할 수 없으며,

　중생의 언어의 법이 한량없는 것처럼 보살이 보조의 도를 쌓아가는 것으로 지혜를 내어 언어의 법을 아는 것 또한 한량이 없으며,

　여래의 몸이 한량없는 것처럼 보살이 보조의 도를 쌓아 일체 중생, 일체 세계, 일체 세상, 일체 겁에 두루 미치는 것 또한 한량이 없으며,

　부처의 음성이 한량없는 것처럼 보살이 하나의 음성으로 법계에 두루 가득하여 일체중생이 듣지 못하는 이가 없으므로 보조의 도를 쌓아감 또한 한량이 없으며,

　부처의 힘이 한량없는 것처럼 보살이 여래의 힘을 받들어 보조의 도를 쌓아감 또한 한량이 없으며,

　일체 지혜의 지혜가 한량없는 것처럼 보살이 보조의 도를 쌓아감 또한 이와 같이 한량이 없다.

　이것이 열 가지 한량없이 도를 돕는 법이다.

만약 보살들이 이 법에 편안히 머물면 여래의 한량없는 지혜를 얻는다.

● 疏 ●

二 無量助道는 卽不住道行勝과 及彼果勝中行이니 以智契如 是謂正道오 萬行資緣 皆爲助道오 此二合行을 名不住道어늘 今以圓融之修 無不契如로 並爲正道오 皆互相資하야 並爲助道일세 故擧虛空等十이니 不異前章이라 然正道는 不隨事轉일세 同稱無量이오 助道隨事일세 故隨所等事하야 名無邊無盡等이라

둘째, '한량없는 보조의 도'는 머물지 않는 道行이 수승함과 훌륭한 결과 부분의 행이다.

지혜로써 진여에 계합함을 '바른 도〔正道〕'라 말하고,

萬行이 인연을 힘입음이 모두 '보조의 도〔助道〕'라 하고,

이 2가지를 합하여 행함을 '머물지 않는 도〔不住道〕'라 말하지만, 여기에서는 원융하게 닦음이 진여에 계합하지 않음이 없음으로 아울러 '바른 도'가 되고, 모든 게 서로 힘입음으로 아울러 '보조의 도'이기에 '허공' 등 10가지를 열거하였다. 이는 앞의 문장과 다르지 않다.

그러나 '바른 도'는 현상의 일을 따라 변하지 않음이 한량없기에 똑같이 말하였고, '보조의 도'는 현상의 일을 따라 변하기에 그와 같은 일을 따라 '끝이 없다.' '그지없다.' 등이라 말하였다.

已上 二門 明五地中行 竟

이상 2문에서 밝힌 제5 난승지 부분의 행을 끝마치다.

經

佛子여 菩薩摩訶薩이 有十種無量修道하니
何等이 爲十고
所謂不來不去修니 身語意業이 無動作故며
不增不減修니 如本性故며
非有非無修니 無自性故며
如幻如夢하며 如影如響하며 如鏡中像하며 如熱時燄하며
如水中月修니 離一切執著故며
空無相無願無作修니 明見三界하고 而集福德하야 不休息故며
不可說無言說離言說修니 遠離施設安立法故며
不壞法界修니 智慧現知一切法故며
不壞眞如實際修니 普入眞如實際虛空際故며
廣大智慧修니 諸有所作이 力無盡故며
住如來十力四無所畏一切智智平等修니 現見一切法하야 無疑惑故니라
是爲十이니 若諸菩薩이 安住此法하면 則得如來一切智無上善巧修니라

불자여, 보살마하살이 열 가지 한량없이 닦는 도가 있다.

무엇이 열 가지 한량없이 닦는 도인가?

이른바 오지도 않고 가지도 않음을 닦음이다. 몸과 말과 뜻의 업이 동작이 없기 때문이다.

더하지 않고 덜하지 않게 닦음이다. 본성과 같기 때문이다.

있지도 않고 없지도 않게 닦음이다. 자성과 같기 때문이다.

요술 같고 꿈같고 그림자 같고 메아리 같고 거울 속에 형상 같고 더울 적의 아지랑이 같고 물속의 달처럼 닦음이다. 일체 집착을 여의기 때문이다.

공하여 모양이 없고 서원이 없고 지음이 없게 닦음이다. 삼세를 밝게 보고 복덕을 모아 멈춤이 없기 때문이다.

말할 수 없고 말이 없고 말을 여의어 닦음이다. 베풀고 안립하는 법을 멀리 여의기 때문이다.

법계를 무너뜨리지 않고 닦음이다. 지혜로 일체 법을 현재에 알기 때문이다.

진여의 진실한 경계를 무너뜨리지 않고 닦음이다. 진여의 진실한 경계와 허공의 경계에 두루 들어가기 때문이다.

광대한 지혜로 닦음이다. 일체 하는 일에 힘이 그지없기 때문이다.

여래의 열 가지 힘, 네 가지 두려움 없음, 일체 지혜의 지혜가 평등한 데 머물러 닦음이다. 일체 법을 그대로 보고서 의혹이 없기 때문이다.

이것이 열 가지 한량없이 닦는 도이다.

만약 보살들이 이 법에 편안히 머물면 여래의 일체 지혜와 위없이 뛰어남으로 닦을 수 있다.

● 疏 ●

第六 無量修道 一門은 明六地中行이니 般若現前이 爲眞修故며 無去來等이 卽十平等等故니라

十中에 前四는 卽勝慢對治中行이니 攝十平等이오 後六은 卽彼果勝中行이니 不住道行勝에 十種觀緣은 彼已廣故로 此畧不明이라

四中에 前三은 約法이오 後一은 約喩라

法中에 彼從別義하야 開成前八일새 今總明之니 一은 不起心이오 二는 稱本性이오 三은 遣修相이니 亦可配三性三無性이니 如理思之니라 四는 擧七喩하야 通顯無著이라 亦可配三性者는 如初來去는 卽徧計所執性이니 以不不之면 卽相無自性性이오 下二는 以依他 圓成으로 對生無自性性과 勝義無自性性이니 可以意得이라

'四擧七喩'者는 七喩는 全同彼文하니

論釋云 '此明遣我非有相이니 而有二釋이라

一者는 前七句는 以無破有오 七喩는 以有遣無하야 令不著無故니라 二者는 例同於前하야 亦以無遣有일새 故云我非有相이라 幻夢影像은 不壞虛相이니 取不可得이라'

後六中에 五는 雖證三空이나 集福德이오

六은 不著敎法이니 不可說者는 理圓言偏일세 言不能詮故오 無言說者는 性無言故오 離言說者는 忘言方會故니라

七은 不壞事法界이오

八은 不壞眞如理오

九는 總明權實之智일세 故力無盡이니 上皆自分修오

十은 卽勝進修니라

(6) '한량없이 닦는 도' 1문은 제6 현전지 부분의 행을 밝혔다.

반야가 앞에 나타남이 진실한 닦음이기 때문이며, '오지도 않고 가지도 않음' 등이 바로 10가지 평등 등이기 때문이다.

10구 가운데 앞의 4구는 거만함을 다스리는 부분의 행이니 10가지 평등을 포괄하고, 뒤의 4구는 훌륭한 결과 부분의 행이다. 머물지 않는 도의 행이 뛰어난 부분에 10가지 관조의 반연은 저 십지 부분에서 이미 자세히 말한 까닭에 여기에서는 생략한 채 밝히지 않았다.

앞의 4구 가운데 앞의 3구는 법으로 말하였고, 뒤의 1구는 비유로 말하였다.

'앞 3구의 법으로 말한' 부분에서 저 십지에서는 개별의 의의를 따라서 앞의 8구를 나눴기에 여기에서는 총체로 밝혔다.

제1구의 '오지도 않고 가지도 않음을 닦음'은 마음을 일으키지 않음이며,

제2구의 '더하지 않고 덜하지 않게 닦음'은 본성에 칭합함이며,

제3구의 '있지도 않고 없지도 않게 닦음'은 닦는다는 생각을 떨쳐버림이다. 이는 또한 3가지 자성과 3가지 자성이 없음에 짝할 수 있다. 문리와 같이 생각해야 한다.

제4구의 '요술 …달처럼 닦음'은 '요술, 꿈, 그림자, 메아리, 거

울 속에 형상, 아지랑이, 물속의 달' 7가지 비유를 들어 집착이 없음을 총괄하여 밝혔다. 또한 3가지 자성에 짝한다는 것은 첫째 오고 가는 것은 변계소집성이다. '…하지 않은' 것으로 그렇게 하지 않으면 이는 相無自性性이며, 아래 2구는 의타기성과 원성실성으로 生無自性性과 勝義無自性性에 배대하니 그 뜻을 알 수 있다.

'제4구의 7가지 비유'의 7가지 비유는 모두 저 십지에서 말한 바와 같다. 논에서 해석하기를, "이는 '나'라는 것을 떨쳐버려 두지 않은 모양[遣我非有相]을 밝힘이다. 이는 2가지 해석이 있다.

① 앞의 7구는 無로써 有를 타파함이다. 7가지 비유는 有로써 無를 떨쳐버려, 無에 집착하지 않도록 하기 위함이다.

② 앞의 예와 같이 또한 無로써 有를 떨쳐버리기에, '나'라는 것을 두지 않은 모양[我非有相]이라 말하였다. '요술, 꿈, 그림자'는 虛相을 무너뜨리지 않음이다. 이는 취하려 해도 취할 수 없다."고 하였다.

뒤의 6구 가운데,

제5구의 '공하여 …없게 닦음'은 비록 3가지 空[無相·無願·無作]을 증득하였으나 복덕을 모음이며,

제6구의 '말할 수 없고 …여의어 닦음'은 敎法에 집착하지 않음이다.

'말할 수 없다.'는 것은 이치는 원만하고 언어는 한쪽에 치우친 터라, 언어로 말할 수 없기 때문이며,

'말이 없다.'는 것은 그 자성이 말이 없기 때문이며,

'말을 여의었다.'는 것은 말을 잊어야 비로소 알 수 있기 때문이다.

제7구의 '법계를 무너뜨리지 않고 닦음'은 事法界를 무너뜨리지 않음이며,

제8구의 '진여의 진실한 경계를 무너뜨리지 않고 닦음'은 진여의 이치를 무너뜨리지 않음이며,

제9구의 '광대한 지혜로 닦음'은 방편의 권교와 진리의 실교에 의한 지혜를 총괄하여 밝힌 까닭에 그 힘이 그지없음이다.

위는 모두 자신의 본분에 의한 수행이다.

제10구의 '여래의 열 가지 힘, …머물러 닦음'은 곧 훌륭하게 닦아나감이다.

已上一門 明六地中行 竟하다

이상 1문에서 밝힌 제6 현전지 부분의 행을 끝마치다.

經

佛子여 菩薩摩訶薩이 有十種莊嚴道하니
何等이 爲十고
佛子여 菩薩摩訶薩이 不離欲界하고 入色界無色界禪定解脫과 及諸三昧호대 亦不因此하야 而受彼生이 是爲第一莊嚴道오
智慧現前하야 入聲聞道호대 不以此道로 而取出離 是爲第二莊嚴道오

智慧現前하야 入辟支佛道호대 而起大悲하야 無有休息
이 是爲第三莊嚴道오
雖有人天眷屬圍遶와 百千婇女歌舞侍從이나 未曾暫
捨禪定解脫과 及諸三昧 是爲第四莊嚴道오
與一切衆生으로 受諸欲樂하야 共相娛樂호대 乃至未曾
於一念間도 捨離菩薩平等三昧 是爲第五莊嚴道오

불자여, 보살마하살이 열 가지 장엄의 도가 있다.

무엇이 열 가지 장엄의 도인가?

불자여, 보살마하살이 욕계를 떠나지 않고, 색계와 무색계의 선정과 해탈 및 모든 삼매에 들어가되 또한 이로 인하여 저기 태어남을 받지도 않는다.

이것이 첫째 장엄의 도이다.

지혜가 앞에 나타나 성문의 도에 들어가지만, 이 도로써 벗어남을 얻지도 않는다.

이것이 둘째 장엄의 도이다.

지혜가 앞에 나타나 벽지불의 도에 들어가지만, 크게 가엾이 여김을 일으켜 멈추지 않는다.

이것이 셋째 장엄의 도이다.

비록 인간, 천상의 권속이 둘러 있고, 백천 명의 아름다운 여인이 노래와 춤으로 시중하더라도, 잠깐도 선정해탈과 일체 삼매를 버리지 않는다.

이것이 넷째 장엄의 도이다.

일체중생과 함께 일체 쾌락을 받고서 똑같이 함께 즐거워하지만 한 생각의 찰나에도 보살의 평등한 삼매를 버리지 않는다.

이것이 다섯째 장엄의 도이다.

● 疏 ●

第七'莊嚴道'下 三門은 明七地中行이라

分三이니 初門은 明權實雙行이오 次門은 明念念進趣오 後門은 取授自在니라

今初는 卽彼地中에 樂無作行對治니 十種方便智와 及雙行果로 發起勝行中行이니 以權實交飾일새 故曰莊嚴이라

列中에 前五는 自行無染이라

(7) '장엄의 도' 이하 3문은 제7 원행지 부분의 행을 밝혔다.

3문은 3단락으로 나뉜다.

첫째, 방편의 권교와 진리의 실교를 모두 행함을 밝혔고,

둘째, 한 생각 한 생각 나아감을 밝혔으며,

셋째, 취함과 건네줌이 자재함이다.

첫째는 제7 원행지에서 말한 '작위가 없음을 좋아하는 행으로 다스림[樂無作行對治]'이다. 10가지 방편 지혜 및 권교와 실교를 행한 결과로 수승한 행 부분의 행을 일으킴이다. 방편의 권교와 진리의 실교로 서로 꾸미기에 이를 '장엄'이라 말하였다.

10가지 나열 부분의 앞 5가지는 자신의 행으로 오염됨이 없다.

已到一切世間彼岸하야 於諸世法에 悉無所著호대 而亦
不捨度衆生行이 是爲第六莊嚴道오

安住正道正智正見호대 而能示入一切邪道하야 不取爲
實하며 不執爲淨하야 令彼衆生으로 遠離邪法이 是爲第七
莊嚴道오

常善護持如來淨戒하야 身語意業이 無諸過失호대 爲欲
敎化犯戒衆生하야 示行一切凡愚之行하며 雖已具足淸
淨福德하야 住菩薩趣나 而示生於一切地獄畜生餓鬼와
及諸險難貧窮等處하야 令彼衆生으로 皆得解脫호대 而
實菩薩은 不生彼趣 是爲第八莊嚴道오

不由他敎하고 得無礙辯智慧光明하야 普能照了一切佛
法이나 爲一切如來神力所持하며

與一切諸佛로 同一法身하야 成就一切堅固大人明淨密
法이나 安住一切平等諸乘하며

諸佛境界 皆現其前하야 具足一切世智光明하야 照見一
切諸衆生界하야 能爲衆生作知法師나 而示求正法하야
未曾休息하며

雖實與衆生으로 作無上師나 而示行尊敬闍黎和尙하나니
何以故오

菩薩摩訶薩이 善巧方便으로 住菩薩道하야 隨其所應하야
皆爲示現이 是爲第九莊嚴道오

이미 일체 세간의 피안에 이르러 세간의 법에 모두 집착한 바 없지만 중생 제도의 행을 버리지 않는다.

이것이 여섯째 장엄의 도이다.

바른 도, 바른 지혜, 바른 소견에 안주하되 일체 삿된 도에 들어감을 보여 실상이라 하지도 않으며, 청정하다 집착하지도 않아, 중생으로 하여금 삿된 법을 여의도록 하였다.

이것이 일곱째 장엄의 도이다.

언제나 여래의 청정한 계율을 잘 보호하고 지니어 몸과 말과 뜻의 업이 모두 허물이 없으나, 계율을 범한 중생을 교화하기 위하여 일부러 일체 범부의 행을 행하여 보여주며, 청정한 복덕을 두루 갖춰 보살의 길에 머물지만, 일체 지옥·축생·아귀 및 모든 험난하고 빈궁한 곳에 태어나, 저 중생들을 해탈케 하되, 실로 보살은 저런 길에 태어나지 않는다.

이것이 여덟째 장엄의 도이다.

다른 이의 가르침을 따르지 않고 걸림 없는 변재, 지혜 광명을 얻어, 널리 일체 불법을 비춰주지만, 일체 여래의 신통력으로 지닌 바이며,

일체 부처님과 법신이 똑같아 일체 견고하고 거룩한 이의 밝고 청정한 비밀스러운 법을 성취하였지만, 일체 평등한 여러 가지 승(乘)에 안주하며,

여러 부처님의 경계가 앞에 나타나 일체 세상 지혜의 광명을 두루 갖춰 일체 중생계를 비춰주어, 중생을 위해 법을 아는 스승이 되

였지만, 바른 법을 구하여 보여주는 일을 일찍이 멈춘 적이 없으며,

비록 중생에게 위없는 스승이 되었지만 아사리와 화상에게 존경하는 행을 보여주었다.

무엇 때문일까?

보살마하살이 뛰어난 방편으로 보살의 도에 머물면서 그 감응할 바를 따라서 모두 그들을 위해 나타내어 보여주는 것이다.

이것이 아홉째 장엄의 도이다.

● 疏 ●

次四는 隨有攝化니
一은 無染而化오 二는 處正入邪오 三은 持犯權實이오 四는 人法權實이라

다음 4가지 장엄의 도는 유정의 세계를 따라 받아들이고 교화함이다.

① 물든 바 없이 교화함이다.
② 바른 도에 머물면서 삿된 길에 들어감이다.
③ 계율을 잘 지키는 것과 계율을 범하는 권교와 실교이다.
④ 사람과 법의 권교와 실교이다.

經

善根具足하고 諸行究竟하야 一切如來의 所共灌頂이며 到一切法自在彼岸하야 無礙法繒으로 以冠其首하며 其

身이 徧至一切世界하야 普現如來無礙之身하며 於法自在하야 最上究竟하야 轉於無礙淸淨法輪하며 一切菩薩自在之法을 皆已成就호대 而爲衆生故로 於一切國土에 示現受生하며

與三世諸佛로 同一境界호대 而不廢菩薩行하며 不捨菩薩法하며 不懈菩薩業하며 不離菩薩道하며 不弛菩薩儀하며 不斷菩薩取하며 不息菩薩巧方便하며 不絶菩薩所作事하며 不厭菩薩生成用하며 不止菩薩住持力하나니 何以故오

菩薩이 欲疾證阿耨多羅三藐三菩提하야 觀一切智門하고 修菩薩行하야 無休息故니라

是爲第十莊嚴道니 若諸菩薩이 安住此法하면 則得如來無上大莊嚴道호대 亦不捨菩薩道니라

 선근을 두루 갖추고 모든 행이 최고의 경지에 이르러 일체 여래께서 함께 관정할 바이며,

 일체 법의 자재한 피안에 이르러 걸림 없는 법의 비단으로 머리에 관을 꾸몄으며,

 그 몸이 일체 세계에 두루 이르러 여래의 걸림 없는 몸을 널리 나타내며,

 법에 자재하여 최상의 마지막 지위에서 걸림 없이 청정한 법륜을 굴리며,

 일체 보살의 자재한 법을 이미 모두 성취하였으나 중생을 위

하여 일체 국토에 몸을 받아 태어나며,

　　삼세제불의 경계와 같지만, 보살의 행을 버리지 않으며, 보살의 법을 버리지 않으며, 보살의 업을 게을리하지 않으며, 보살의 도를 여의지 않으며, 보살의 의식을 늦추지 않으며, 보살이 취한 바를 끊지 않으며, 보살의 뛰어난 방편을 멈추지 않으며, 보살의 할 일을 끊지 않으며, 보살의 이룬 작용을 싫어하지 않으며, 보살의 주지하는 힘을 그치지 않았다.

　　무슨 까닭일까?

　　보살은 빠르게 아뇩다라삼먁삼보리를 증득하고자 일체 지혜의 문을 관찰하고, 보살의 행을 닦아 멈추지 않기 때문이다.

　　이것이 열째 장엄의 도이다.

　　만약 보살들이 이 법에 편안히 머물면 여래의 위없이 큰 장엄의 도를 얻고 보살의 도를 버리지 않을 것이다.

● 疏 ●

十은 總顯因果權實이라

於中三이니

初는 因圓示缺이니 示現受生은 是因未滿故오

次與三世下는 同果境界而不捨因이라

因有十句니 行은 通二利오 法은 卽敎法이오 業은 謂利他오 道는 謂正智오 儀는 謂制聽이오 取는 卽願求오 巧는 謂權變이니 上皆所作事는 總語因體라 生成用者는 卽因成大用이오 住持力者는 長用不

絶이라

後'何以'下는 徵釋可知

　제10은 인과의 권교와 실교를 총괄하여 밝혔다.

　이의 경문은 3단락이다.

　첫 단락은 원인이 원만하되 부족함을 보여줌이다. 몸을 받아 태어남은 원인이 원만하지 못한 까닭이며,

　다음 단락의 '與三世' 이하는 결과의 경계와 같되 원인을 버리지 않음이다.

　원인에는 10구가 있다.

　行은 자리이타에 모두 통하고, 법은 교법이며, 업은 이타를 말하고, 도는 바른 지혜를 말하며, 儀는 制聽을 말하고, 取는 원하고 구함이며, 巧는 방편의 변화를 말한다.

　위는 모두 해야 할 일이다. 이는 모두 원인의 본체를 말한다.

　生成用이란 곧 원인의 성취가 큰 작용이며, 住持力이란 장구한 작용이 끊이지 않음이다.

　뒷부분의 '何以' 이하는 묻고 해석함이다. 이는 말하지 않아도 알 수 있다.

經

佛子여 菩薩摩訶薩이 有十種足하니

何等이 爲十고

所謂持戒足이니 殊勝大願이 悉成滿故며

精進足이니 集一切菩提分法하야 不退轉故며
神通足이니 隨衆生欲하야 令歡喜故며
神力足이니 不離一佛刹하고 往一切佛刹故며
深心足이니 願求一切殊勝法故며
堅誓足이니 一切所作이 咸究竟故며
隨順足이니 不違一切尊者敎故며
樂法足이니 聞持一切佛所說法하야 不疲懈故며
法雨足이니 爲衆生演說에 無怯弱故며
修行足이니 一切諸惡을 悉遠離故니라
是爲十이니 若諸菩薩이 安住此法하면 則得如來無上最勝足하야 若一擧步에 悉能徧至一切世界니라

　　불자여, 보살마하살이 열 가지 발이 있다.

　　무엇이 열 가지 발인가?

　　이른바 계행을 지니는 발, 훌륭한 큰 서원을 모두 원만 성취하기 때문이다.

　　정진의 발, 일체 보리분법을 모아 물러서지 않기 때문이다.

　　신통의 발, 중생의 원하는 바를 따라 그들을 즐겁게 해주기 때문이다.

　　신통력의 발, 한 부처의 세계를 떠나지 않고서 일체 부처의 세계에 가기 때문이다.

　　깊은 마음의 발, 일체 훌륭한 법을 구하기 때문이다.

　　견고한 서원의 발, 일체 하는 일이 모두 최고의 경지까지 이르

기 때문이다.

　따르는 발, 일체 높은 이의 가르침을 어기지 않기 때문이다.

　법을 좋아하는 발, 일체 부처님이 말씀한 법을 듣고 지니면서 게으르지 않기 때문이다.

　법 비의 발, 대중을 위해 연설함에 겁약이 없기 때문이다.

　수행하는 발, 일체 모든 악을 모두 멀리 여의기 때문이다.

　이것이 열 가지 발이다.

　만약 보살들이 이 법에 편안히 머물면 여래의 위없고 가장 훌륭한 발을 얻어 한번 걸으면 일체 세계에 두루 이를 수 있다.

● 疏 ●

二十足은 明念念進趣行이니 卽彼障對治中에 修行無量種과 及雙行分中에 菩提分差別等이라

十中에

初二는 約行이니 一戒 二進이오

次二는 約通이니 一總 二別이오

次二는 約心이니 一願 二誓오

次二는 約法이니 一順 二持오

後二는 約德이니 一演 二伏이라

　둘째, '열 가지 발'은 한 생각 한 생각 나아가는 행을 밝혔다.

　이는 그 장애를 다스리는 가운데 수행의 한량없는 종성과 雙行 부분 가운데 보리분법의 차별 등이다.

10구 가운데,

앞의 2구는 行으로 말한다. 제1구는 계율이며, 제2구는 정진이다.

다음 2구는 신통으로 말한다. 제3구는 총체이며, 제4구는 개별이다.

다음 2구는 마음으로 말한다. 제5구는 소원이며, 제6구는 맹세이다.

다음 2구는 법으로 말한다. 제7구는 따름이며, 제8구는 지님이다.

뒤의 2구는 덕으로 말한다. 제9구는 연설이며, 제10구는 조복이다.

經

佛子여 菩薩摩訶薩이 有十種手하니

何等이 爲十고

所謂深信手니 於佛所說에 一向忍可하야 究竟受持故며

布施手니 有來求者에 隨其所欲하야 皆令充滿故며

先意問訊手니 舒展右掌하야 相迎引故며

供養諸佛手니 集衆福德하야 無疲厭故며

多聞善巧手니 悉斷一切衆生疑故며

令超三界手니 授與衆生하야 拔出欲泥故며

置於彼岸手니 四暴流中에 救溺衆生故며

不吝正法手니 所有妙法을 悉以開示故며

善用衆論手니 以智慧藥으로 滅身心病故며

恒持智寶手니 **開法光明**하야 **破煩惱暗故**니라
是爲十이니 **若諸菩薩**이 **安住此法**하면 **則得如來無上手**하야 **普覆十方一切世界**니라

불자여, 보살마하살이 열 가지 손이 있다.

무엇이 열 가지 손인가?

이른바 깊이 믿는 손, 부처님의 말씀을 하나같이 알고 끝까지 받들어 지니기 때문이다.

보시하는 손, 찾아와 구하는 이에게 그들의 원하는 바를 따라서 그들을 만족케 하기 때문이다.

먼저 문안하는 손, 오른손을 펼쳐 영접하기 때문이다.

부처님께 공양하는 손, 많은 복덕을 모으면서 싫어함이 없기 때문이다.

많은 것을 듣고서 뛰어난 손, 일체중생의 의혹을 끊기 때문이다.

삼계를 벗어나도록 하는 손, 중생에게 전수하여 욕심의 수렁에서 빼내주기 때문이다.

피안에 보내는 손, 네 가지 폭포[見流·欲流·有流·無明流]에 빠진 중생을 구제하기 때문이다.

바른 법을 아끼지 않는 손, 소유한 미묘한 법을 모두 열어 보여주기 때문이다.

많은 의론을 잘 쓰는 손, 지혜의 약으로 몸과 마음의 병을 치료하기 때문이다.

항상 지혜 보배를 지닌 손, 법의 광명을 쏟아내어 번뇌의 어둠

을 깨뜨리기 때문이다.

이것이 열 가지 손이다.

만약 보살들이 이 법에 편안히 머물면 여래의 위없는 손을 얻어 시방의 일체 세계를 두루 덮을 수 있다.

● 疏 ●

三十種手는 明取授自在行이니 即雙行分中에 能作大義니라
十中에 初一은 約取니 謂念念中에 修習一切佛法하야 向佛智故오 餘九는 約授니
於中에 前五는 明四攝이니 一은 布施오 二는 愛語오 三四는 皆利行이오 五는 即同事니 共一手而作拔出故니라
後四는 即四家니 一은 苦淸淨故오 二는 示諸諦故오 三은 般若力故오 四는 捨煩惱故니라

셋째, '열 가지 손'은 취함과 건네줌이 자재한 행을 밝혔다.

이는 雙行 부분 가운데 일으키는 주체의 大義이다.

10구 가운데 제1구는 취함으로 말하였다. 한 생각 한 생각 가운데 일체 불법을 닦아 부처의 지혜에 지향한 까닭이다.

나머지 9구는 건네줌으로 말하였다.

그 가운데 앞 제2~6의 5구는 四攝을 밝히고 있다.

제2구는 보시,

제3구는 愛語,

제4, 5구는 모두 利行,

제6구는 同事이니 하나의 손으로 뽑아내기 때문이다.

뒤 제7~10의 4구는 四家이다.

제7구는 苦淸淨家이기 때문이며,

제8구는 여러 이치를 보여주는 諦家이기 때문이며,

제9구는 般若力家이기 때문이며,

제10구는 번뇌를 버리는 捨煩惱家이기 때문이다.

已上三門 明七地中行 竟하다

이상 3문에서 밝힌 제7 원행지 부분의 행을 끝마치다.

經

佛子여 菩薩摩訶薩이 有十種腹하니

何等이 爲十고

所謂離諂曲腹이니 心淸淨故며

離幻僞腹이니 性質直故며

不虛假腹이니 無險詖故며

無欺奪腹이니 於一切物에 無所貪故며

斷煩惱腹이니 具智慧故며

淸淨心腹이니 離諸惡故며

觀察飮食腹이니 念如實法故며

觀察無作腹이니 覺悟緣起故며

覺悟一切出離道腹이니 善成熟深心故며

遠離一切邊見垢腹이니 令一切衆生으로 得入佛腹故니라

是爲十이니 若諸菩薩이 安住此法하면 則得如來無上廣大腹하야 悉能容受一切衆生이니라

불자여, 보살마하살이 열 가지 배가 있다.

무엇이 열 가지 배인가?

이른바 아첨과 정직하지 못함을 여읜 배, 마음이 청정하기 때문이다.

거짓을 여읜 배, 성품이 소박하고 정직하기 때문이다.

헛되지 않은 배, 험하고 치우침이 없기 때문이다.

속이고 빼앗음이 없는 배, 모든 물건에 탐심이 없기 때문이다.

번뇌를 끊은 배, 지혜를 갖추었기 때문이다.

청정한 마음의 배, 숱한 나쁜 생각을 여의었기 때문이다.

음식을 살펴보는 배, 진여실상의 법을 생각하기 때문이다.

강작(强作)이 없음을 관찰하는 배, 인연으로 일어남을 깨닫기 때문이다.

일체 벗어날 도를 깨달은 배, 깊은 마음을 잘 성숙하였기 때문이다.

일체 치우친 소견의 때를 멀리 여의는 배, 일체중생을 부처의 배 속으로 들어가게 하기 때문이다.

이것이 열 가지 배이다.

만약 보살들이 이 법에 편안히 머물면 여래의 위없는 광대한 배를 얻어 일체중생을 용납할 수 있다.

● 疏 ●

第八 ˙十腹下 三門은 明第八地中行이니 以內證無生故로 皆約 內事하야 明內德圓滿이라

卽分爲三이니 初門은 明含容淸淨德이니 卽彼集地分中에 無住道 淸淨等故며 及淨忍分中得無生故며 亦是得勝行分中에 離一切 貪著等故니 世人之腹은 多含穢惡이라

今此十中에 前六은 明惡無不離오 七·八·九 三은 明善無不積이니 若能如是면 凡卽佛腹이라

(8) '열 가지 배' 이하 3문은 제8 부동지 부분의 행을 밝혔다.

내면으로 無生을 증득한 까닭에 모두 내면의 일을 들어서 내면의 덕성이 원만함을 밝혔다.

이의 경문은 3단락으로 나뉜다.

첫 법문은 함용하는 청정한 공덕을 밝혔다. 지위의 행을 모아가는 부분 가운데 머묾이 없는 청정 등이기 때문이며, 청정한 법인 부분 가운데 無生을 얻었기 때문이며, 또한 수승한 행을 얻은 부분 가운데 일체 탐착 등을 여의었기 때문이다. 세간 사람의 배는 추악함을 간직한 바 많다.

이의 10구 가운데 앞의 6구는 악을 여의지 않음이 없음을 밝혔고,

제7~9 3구는 선을 쌓아가지 않음이 없음을 밝혔다.

만약 이와 같으면 범부의 배가 바로 부처의 배이다.

佛子여 菩薩摩訶薩이 有十種藏하니

何等이 爲十고

所謂不斷佛種이 是菩薩藏이니 開示佛法無量威德故며

增長法種이 是菩薩藏이니 出生智慧廣大光明故며

住持僧種이 是菩薩藏이니 令其得入不退法輪故며

覺悟正定衆生이 是菩薩藏이니 善隨其時하야 不踰一念故며

究竟成熟不定衆生이 是菩薩藏이니 令因相續하야 無有間斷故며

爲邪定衆生하야 發起大悲 是菩薩藏이니 令未來因으로 悉得成就故며

滿佛十力不可壞因이 是菩薩藏이니 具降伏魔軍無對善根故며

最勝無畏大師子吼 是菩薩藏이니 令一切衆生으로 皆歡喜故며

得佛十八不共法이 是菩薩藏이니 智慧普入一切處故며

普了知一切衆生一切刹一切法一切佛이 是菩薩藏이니 於一念中에 悉明見故니라

是爲十이니 若諸菩薩이 安住此法하면 則得如來無上善根不可壞大智慧藏이니라

불자여, 보살마하살이 열 가지 법장이 있다.

무엇이 열 가지 법장인가?

이른바 부처의 종성을 끊지 않음이 보살의 법장이다. 불법의 한량없는 위엄과 공덕을 열어 보이기 때문이다.

법의 종성을 증장함이 보살의 법장이다. 지혜의 광대한 광명을 내기 때문이다.

스님의 종성에 머묾이 보살의 법장이다. 그들로 하여금 물러서지 않는 법륜에 들게 하기 때문이다.

바른 선정의 중생을 깨닫게 함이 보살의 법장이다. 그 시기를 잘 따라 설법하여 한 생각의 찰나도 어기지 않기 때문이다.

끝까지 선정에 들지 못한 중생을 성숙케 함이 보살의 법장이다. 원인이 서로 계속하여 끊이지 않게 하기 때문이다.

삿된 선정의 중생을 위하여 크게 가엾이 여김을 일으킴이 보살의 법장이다. 미래의 원인을 모두 성숙하도록 하기 위한 때문이다.

부처님 열 가지 힘의 깨뜨릴 수 없는 원인을 만족함이 보살의 법장이다. 마군을 항복 받는, 상대가 없는 뛰어난 선근을 갖추었기 때문이다.

가장 훌륭한 두려움 없는 사자후가 보살의 법장이다. 일체중생을 모두 기쁘게 해주기 때문이다.

부처의 열여덟 가지 그 누구도 함께할 수 없는 법을 얻음이 보살의 법장이다. 지혜로 모든 곳에 널리 들어가기 때문이다.

일체중생, 일체 세계, 일체 법, 일체 부처님을 아는 것이 보살의 법장이다. 한 생각의 찰나에 모두 분명하게 보았기 때문이다.

이것이 열 가지 법장이다.

만약 보살들이 이 법에 편안히 머물면 여래의 위없는 선근인 깨뜨릴 수 없는 큰 지혜의 법장을 얻는다.

◉ 疏 ◉

二有十藏은 前總擧其腹하고 今別明五藏이니 由得勝行하야 諸佛勸起하야 一念出生하야 含攝成熟無量德故니라
十中에 初三은 出生三寶오
次三은 成熟三聚니 邪定도 亦有佛性하야 爲未來因일세 故起悲爲緣이라 涅槃云 '一闡提人이 雖復斷善이나 由佛性力하야 未來善根이 還得生長이라'하니 卽其義也니라
後四는 攝授佛果오 最後는 卽一切智也니라

둘째, '열 가지 법장'은 앞에서는 배를 총체로 들어 말하였고, 여기에서는 5가지 법장을 개별로 밝혔다. 수승한 행을 얻음을 따라서 여러 부처가 일어나 한 생각의 찰나에 낳아서 한량없는 공덕을 포함하여 성숙시킨 까닭이다.

10구 가운데 앞의 3구는 삼보를 낳음이며,

다음 3구는 三聚淨戒를 성숙시킴이다. 삿된 선정 또한 불성이 있어 미래의 원인이 되기에 가엾이 여기는 마음을 일으켜 반연을 삼는다. 열반경에 이르기를, "어느 악한 사람이 아무리 선행과 단절할지라도 불성의 힘을 연유하여 미래의 선근이 그 또한 생겨나고 커나가는 것이다."고 하니 바로 그런 뜻이다.

뒤의 4구는 일체중생을 받아들이고 전수하는 佛果이며, 맨 끝 구절은 바로 일체 지혜이다.

經
佛子여 菩薩摩訶薩이 有十種心하니
何等이 爲十고
所謂精進心이니 一切所作이 悉究竟故며
不懈心이니 積集相好福德行故며
大勇健心이니 摧破一切諸魔軍故며
如理行心이니 除滅一切諸煩惱故며
不退轉心이니 乃至菩提에 終不息故며
性淸淨心이니 知心不動하야 無所著故며
知衆生心이니 隨其解欲하야 令出離故며
令入佛法大梵住心이니 知諸衆生의 種種解欲호대 不以別乘으로 而救護故며
空無相無願無作心이니 見三界相호대 不取着故며
卍字相金剛堅固勝藏莊嚴心이니 一切衆生數等魔來라도 乃至不能動一毛故니라
是爲十이니 若諸菩薩이 安住此法하면 則得如來無上大智光明藏心이니라

불자여, 보살마하살이 열 가지 마음이 있다.
무엇이 열 가지 마음인가?

이른바 정진하는 마음, 일체 하는 일에 모두 최고의 경지까지 이르기 때문이다.

게으르지 않은 마음, 잘생긴 모습을 얻을 복덕의 행을 쌓아 모으기 때문이다.

큰 용맹의 마음, 일체 모든 마군의 번뇌를 타파하기 때문이다.

이치대로 행하는 마음, 일체 모든 번뇌를 없애기 때문이다.

물러서지 않는 마음, 보리에 이르도록 멈추지 않기 때문이다.

성품이 청정한 마음, 흔들리지 않는 마음을 알고서 집착한 바 없기 때문이다.

중생을 아는 마음, 그 이해와 원하는 바를 따라서 그들을 삼계에서 벗어나도록 해주기 때문이다.

불법의 대범주(大梵住: 四無量心)에 들어가는 마음, 중생의 가지가지 이해와 욕구를 알되 다른 법으로 구호하지 않기 때문이다.

공하여 형상 없고 소원 없고 지음 없는 마음, 삼세의 모양을 보되 집착하지 않기 때문이다.

만(卍) 자 형상의 금강처럼 견고하여 뛰어난 법장으로 장엄한 마음, 일체중생의 수효와 같은 마군이 올지라도 한 터럭도 흔들리지 않기 때문이다.

이것이 열 가지 마음이다.

만약 보살들이 이 법에 편안히 머물면 여래의 위없는 큰 지혜 광명의 법장 마음을 얻는다.

◉ 疏 ◉

三有十心은 卽五藏之一이 最爲勝故며 五藏主故로 卽此地에 能成諸善無功用心이라

前初地中에 明心은 梵云質多어든 卽慮知心이니 對身口故며 今此는 梵云繬唎陀耶어늘 此云肉團心이니 對餘藏故니라

十中에 前六은 自利니 於中에 初二는 攝善이니 一勤, 二策이오 次二는 破惡이니 一破緣, 二破因이오 次二는 成行이니 一堅, 二淨이라

次二는 攝生心이니 一은 智令悟오 二는 慈拯救니 大梵住는 卽四無量이라

後二는 成德이니 一은 深이오 二는 固니라

　　셋째, '열 가지 마음'은 곧 5가지 법장의 하나이다. 가장 수승하기 때문이며, 5가지 법장의 주체이기 때문이다. 바로 제8 부동지는 모든 선의 작용이 없는 마음을 성취함이다.

　　앞의 初地 가운데 마음을 밝힘은 범어로 말하면 '質多(citta)'이다. 이는 생각하고 아는 마음이다. 신업, 구업을 상대로 말한 까닭이며, 여기에서는 범어로 말하면 '繬唎陀耶'인데, 중국에서는 '육신의 마음[肉團心]'이라는 뜻이다. 나머지 臟器를 상대로 말한 까닭이다.

　　10구 가운데 앞의 6구는 자리행이다.

　　앞의 2구는 선업을 받아들임이다. 제1구는 부지런함이며, 제2구는 경책이다.

　　다음 2구는 악업을 타파함이다. 제3구는 반연을 타파함이며,

제4구는 인연을 타파함이다.

다음 2구는 행을 성취함이다. 제5구는 견고함이며, 제6구는 청정함이다.

다음 2구는 중생을 받아들이는 마음이다. 제7구는 지혜로 깨닫게 함이며, 제8구는 사랑으로 구제함이다. 大梵住는 곧 四無量心이다.

뒤의 2구는 공덕을 성취함이다. 제9구는 심오함이며, 제10구는 견고함이다.

已上 三門은 明第八地中行이니 竟하다

이상 3문에서 밝힌 제8 부동지의 행을 끝마치다.

經

佛子여 菩薩摩訶薩이 有十種被甲하니
何等이 爲十고
所謂被大慈甲이니 救護一切衆生故며
被大悲甲이니 堪忍一切諸苦故며
被大願甲이니 一切所作究竟故며
被廻向甲이니 建立一切佛莊嚴故며
被福德甲이니 饒益一切諸衆生故며
被波羅蜜甲이니 度脫一切諸含識故며
被智慧甲이니 滅一切衆生煩惱暗故며
被善巧方便甲이니 生普門善根故며

被一切智心堅固不散亂甲이니 不樂餘乘故며
被一心決定甲이니 於一切法에 離疑惑故니라
是爲十이니 若諸菩薩이 安住此法하면 則被如來無上甲
冑하야 悉能摧伏一切魔軍이니라

불자여, 보살마하살이 열 가지 입는 갑옷이 있다.

무엇이 열 가지 입는 갑옷인가?

이른바 크게 인자한 갑옷을 입음, 일체중생을 구호하기 때문이다.

크게 가엾이 여기는 갑옷을 입음, 모든 괴로움을 참고 견디기 때문이다.

큰 서원의 갑옷을 입음, 일체 하는 일이 최고의 경지에 이르기 때문이다.

회향의 갑옷을 입음, 일체 부처님의 장엄을 세우기 때문이다.

복덕의 갑옷을 입음, 일체중생에게 이익을 베풀기 때문이다.

바라밀다의 갑옷을 입음, 일체중생을 제도하기 때문이다.

지혜의 갑옷을 입음, 일체중생의 암흑 번뇌를 없애기 때문이다.

뛰어난 방편의 갑옷을 입음, 넓은 문의 선근을 내기 때문이다.

일체 지혜의 마음이 견고하여 산란하지 않은 갑옷을 입음, 다른 법을 좋아하지 않기 때문이다.

한 마음의 결정된 갑옷을 입음, 일체 법에 의혹을 여의었기 때문이다.

이것이 열 가지 입는 갑옷이다.

만약 보살들이 이 법에 편안히 머물면 여래의 위없는 갑옷을 입고 모든 마군을 모두 꺾을 수 있다.

◉ 疏 ◉

第九 '被甲'下 二門은 明九地行이니 法師入有는 備外嚴故니라
初門은 明入地十心이니 如被甲防內하야 將趣入故니라
十句니 可知니라

(9) '被甲' 이하 2문은 제9 선혜지 부분의 행을 밝혔다. 법사가 有의 세계에 들어가는 것은 외적인 장엄을 갖춘 까닭이다.

첫 법문은 선혜지에 들어가는 10가지 마음을 밝혔다. 갑옷을 입고 내면을 방비하여 장차 달려 들어가는 것과 같기 때문이다.

이의 경문은 10구이다. 이는 설명하지 않아도 알 수 있다.

經

佛子여 菩薩摩訶薩이 有十種器仗하니
何等이 爲十고
所謂布施 是菩薩器仗이니 摧破一切慳悋故며
持戒 是菩薩器仗이니 棄捨一切毀犯故며
平等이 是菩薩器仗이니 斷除一切分別故며
智慧 是菩薩器仗이니 消滅一切煩惱故며
正命이 是菩薩器仗이니 遠離一切邪命故며

善巧方便이 是菩薩器仗이니 於一切處에 示現故며
略說貪瞋癡等一切煩惱 是菩薩器仗이니 以煩惱門으로
度衆生故며
生死 是菩薩器仗이니 不斷菩薩行하야 敎化衆生故며
說如實法이 是菩薩器仗이니 能破一切執著故며
一切智 是菩薩器仗이니 不捨菩薩行門故니라
是爲十이니 若諸菩薩이 安住此法하면 則能除滅一切衆
生의 長夜所集煩惱結使니라

불자여, 보살마하살이 열 가지 병장기가 있다.

무엇이 열 가지 병장기인가?

이른바 보시가 보살의 병장기이다. 일체 인색함을 부수기 때문이다.

계율을 지님이 보살의 병장기이다. 일체 범하는 일을 버리기 때문이다.

평등함이 보살의 병장기이다. 일체 분별을 끊어버리기 때문이다.

지혜가 보살의 병장기이다. 일체 번뇌를 소멸하기 때문이다.

바른 생활이 보살의 병장기이다. 일체 삿된 생활을 멀리 여의기 때문이다.

뛰어난 방편이 보살의 병장기이다. 일체 모든 곳에 몸이 나타나기 때문이다.

간략히 말하면 탐욕, 성내는 일, 어리석음 등의 일체 번뇌가 보살의 병장기이다. 번뇌의 문으로 중생을 제도하기 때문이다.

생사가 보살의 병장기이다. 보살의 행을 끊지 않고서 중생을 교화하기 때문이다.

진여실상의 법을 말함이 보살의 병장기이다. 일체 집착을 깨뜨리기 때문이다.

일체 지혜가 보살의 병장기이다. 보살행의 법문을 버리지 않기 때문이다.

이것이 열 가지 병장기이다.

만약 보살들이 이 법에 편안히 머물면 일체중생의 긴긴밤에 모은 번뇌를 없앨 수 있다.

◉ 疏 ◉

二十器仗은 器仗破外하야 以住地心이니 窮十稠林 無不破故니라
十中에 前五는 順仗破障이오
次三은 違仗破障이니 如令賊破賊故오
次一은 非順非違仗이니 如以良謀로 不用兵仗코 無不破故오
後一은 切成立德仗이라

둘째, '열 가지 병장기'는 병장기로 밖을 격파하여 선혜지의 마음에 안주함이다. 10가지 빽빽한 숲을 다하여 격파하지 않음이 없기 때문이다.

10구 가운데 앞의 5구는 隨順의 병장기로 장애를 타파함이며, 다음 3구는 違逆의 병장기로 장애를 타파함이다. 이는 적으로

하여금 적을 격파하는 것과 같기 때문이다.
 다음 1구는 수순도 위역도 아닌 병장기이다. 뛰어난 계책으로 병장기를 쓰지 않고 격파하지 않음이 없음과 같기 때문이다.
 뒤의 1구는 간절히 성취하여 공덕을 세운 병장기이다.

已上 二門 明第九地中行 竟하다
 이상 2문에서 밝힌 제9 선혜지 부분의 행을 끝마치다.

經
佛子여 菩薩摩訶薩이 有十種首하니
何等이 爲十고
所謂涅槃首니 無能見頂故며
尊敬首니 一切人天의 所敬禮故며
廣大勝解首니 三千界中에 最爲勝故며
第一善根首니 三界衆生이 咸供養故며
荷戴衆生首니 成就頂上肉髻相故며
不輕賤他首니 於一切處에 常尊勝故며
般若波羅蜜首니 長養一切功德法故며
方便智相應首니 普現一切同類身故며
敎化一切衆生首니 以一切衆生으로 爲弟子故며
守護諸佛法眼首니 能令三寶種으로 不斷絶故니라
是爲十이니 若諸菩薩이 安住此法하면 則得如來無上大智慧首니라

불자여, 보살마하살이 열 가지 머리가 있다.

무엇이 열 가지 머리인가?

이른바 열반의 머리, 볼 수 없는 정수리이기 때문이다.

존경의 머리, 일체 사람과 하늘이 경례할 바이기 때문이다.

광대하고 훌륭한 이해의 머리, 삼천세계에서 가장 훌륭하기 때문이다.

제일 선근의 머리, 삼계의 중생이 모두 공양하기 때문이다.

중생을 받드는 머리, 정수리 위의 육계 모습을 성취하기 때문이다.

다른 이를 업신여기지 않는 머리, 일체 모든 곳에서 항상 존중하기 때문이다.

반야바라밀의 머리, 일체 공덕의 법을 기르기 때문이다.

방편 지혜에 상응하는 머리, 일체 같은 종류의 몸을 두루 나타내기 때문이다.

일체중생을 교화하는 머리, 일체중생으로 제자를 삼기 때문이다.

부처님의 법안을 수호하는 머리, 삼보의 종성을 끊이지 않게 하기 때문이다.

이것이 열 가지 머리이다.

만약 보살들이 이 법에 편안히 머물면 여래의 위없는 큰 지혜의 머리를 얻는다.

● 疏 ●

第十 '十種首'下 十三門은 明十地行이니 十地德圓일새 故寄六根四儀業用明之라

且爲三이니 初一은 總標德首오 次六은 六根勝德이오 後六은 四儀成規니라

今初는 居受職位일새 首出衆聖故니 十中에 初三은 果首오 次三은 標之以因하고 釋之以果오 後四는 直明行首니라

⑽ '열 가지 머리' 이하 13문은 제10 법운지 부분의 행을 밝혔다. 십지의 공덕이 원만한 까닭에 6근과 4의의 작용에 붙여 그 뜻을 밝혔다.

이는 또한 3단락이다.

㈀ 1문은 공덕의 으뜸을 총괄하여 밝혔고,

㈁ 6문은 6근의 수승한 공덕이며,

㈂ 6문은 4의가 이루어진 법규이다.

'㈀ 1문'은 직책을 받는 지위에 있기에 많은 성인이 윗자리에 나오기 때문이다.

10구 가운데 첫 3구는 결과의 으뜸이며,

다음 3구는 원인을 표장하여 결과로써 해석함이며,

뒤의 4구는 직접 행의 으뜸을 밝혔다.

經

佛子여 菩薩摩訶薩이 有十種眼하니

〈何等이 爲十고〉

所謂肉眼이니 見一切色故며

天眼이니 見一切衆生心故며

慧眼이니 見一切衆生諸根境界故며

法眼이니 見一切法如實相故며

佛眼이니 見如來十力故며

智眼이니 知見諸法故며

光明眼이니 見佛光明故며

出生死眼이니 見涅槃故며

無礙眼이니 所見無障故며

一切智眼이니 見普門法界故니라

是爲十이니 若諸菩薩이 安住此法하면 則得如來無上大智慧眼이니라

불자여, 보살마하살이 열 가지 눈이 있다.

〈무엇이 열 가지 눈인가?〉

이른바 육안의 눈, 모든 빛을 보기 때문이다.

하늘눈, 일체중생의 마음을 보기 때문이다.

지혜의 눈, 일체중생의 육근의 경계를 보기 때문이다.

법의 눈, 일체 법의 진여실상을 보기 때문이다.

부처의 눈, 여래의 열 가지 힘을 보기 때문이다.

지혜의 눈, 일체 법을 알고 보기 때문이다.

광명의 눈, 부처의 광명을 보기 때문이다.

생사에서 벗어난 눈, 열반을 보기 때문이다.

걸림 없는 눈, 보는 바가 걸림 없기 때문이다.

일체 지혜의 눈, 넓은 문의 법계를 보기 때문이다.

이것이 열 가지 눈이다.

만약 보살들이 이 법에 편안히 머물면 여래의 위없는 큰 지혜의 눈을 얻는다.

● 疏 ●

第二 '十眼'下 六門은 六根 卽分爲六이니 初明十眼者는 卽大盡分中에 如實知見一切法故니라

十中에 前五는 名同諸敎나 而體用不同이라 諸宗 肉眼은 見障內色이라 故智論三十七에 說호되 '肉眼은 見近不見遠이며 見前不見後等이오 天眼이라야 方見遠等이라'하야 仍有分齊어니와 今肉眼 見一切色호되 已過二眼이니 然天眼은 是假和合이라 不見實相이어니와 今明見心이니 卽似同於彼라 然心通性相하니 則亦不同이라【鈔_ 言 '假和合'者는 卽是出體니 以肉天眼이 皆是淸淨四大라 不可見有오 對色爲體로되 但人天趣別耳라

言'不見實相'者는 卽是所見境이어늘 但翻前見近不見遠等이니 則 前五는 不見이로되 天眼은 皆見이나 而不見實相이라 實相은 是慧眼境故니라

'今明見心'下는 顯此十眼이오

言'似同彼'者는 心若約相인댄 非實相故니 今具性相일세 故亦不

同이라】

(ㄴ) '열 가지 눈' 이하 6문은 6근의 수승한 공덕을 밝혔다.

이는 6단락으로 나뉜다.

첫 법문에서 10가지 눈을 밝힌 것은 크게 다한 부분 가운데 일체 법을 진여실상대로 알고 보기 때문이다.

10구 가운데 앞의 5구는 여러 종파의 명칭은 같으나 體用은 같지 않다. 여러 종파에서 말한 육신의 눈은 장애 내의 색을 보는 것이다. 그러므로 지도론 37에 이르기를, "육신의 눈은 가까운 곳을 볼 뿐, 먼 곳을 보지 못하며, 앞을 볼 뿐, 뒤를 보지 못하는 등이다. 하늘눈이라야 바야흐로 먼 곳을 본다." 등이라 하여, 여전히 한계가 있지만, 여기에서 말한 육신의 눈은 일체 색을 보되 이미 2가지 눈을 뛰어넘은 것이다.

그러나 하늘눈은 임시 화합된 존재라 실상을 보지 못하지만, 여기에서 말한 하늘눈은 마음을 본 것임을 밝혔다. 저기에서 말한 바와 같은 듯하나 마음은 性相에 통하니 또한 똑같지 않다.【초_"임시 화합된 존재"라 말한 것은 곧 신체에서 벗어난 것이다. 육신의 눈과 하늘눈이 모두 청정한 사대의 몸이어서 有를 보지 못하고, 색을 상대로 몸이라 하지만, 사람과 하늘의 길이 다를 뿐이다.

"실상을 보지 못한다."고 말한 것은 볼 수 있는 대상의 경계이지만, 다만 앞서 말한 가까운 것을 볼 뿐, 멀리 보지 못한다는 등을 뒤집은 것이다. 앞의 5가지는 보지 못하지만, 하늘눈은 모두 볼 수 있다. 그러나 실상은 보지 못한다. 실상은 지혜 눈의 경계이기 때문이다.

'今明見心' 이하는 이 10가지 눈을 밝혔다.

"저기에서 말한 바와 같다."고 말한 것은 마음을 만약 모양으로 말하면 실상이 아니기 때문이다. 여기에서는 性相을 모두 갖추고 있기에 또한 똑같지 않다.】

此中慧眼은 似彼法眼이오 此中法眼은 似彼慧眼이니 所以互者는 以彼慧眼은 不能見衆生盡滅一異하고 不能度生이어니와 今顯實過權일세 反此明能이라

彼中法眼은 雖知於法이나 不能徧知衆生方便道일세 今反此故로 明知一切니 意欲 異權故耳니라

彼佛眼은 細無不知어니와 今舉勝況劣이오 又十力無不該故니라

後五中에 智眼은 見事니 卽法眼開出이오

光明眼은 通身智光이니 義兼法慧오

出生死眼者는 然涅槃不可見일세 絶見이라야 方見이니 見圓寂故오

無礙眼者는 總見諸眼境하야 皆無障故니 此卽一眼具多어니와 爲不壞相故로 須列十眼이라

一切智眼은 卽是普眼이니 非但見法界重重이라 亦乃法界卽眼일세 故爲普門이라

故知十眼은 全以無礙法界而爲其體니라

若辨次第인댄 以肉眼으로 見生受苦오 次以天眼으로 了知其心이오 次別知根境이오 次引入如實이오 次令得佛力이오 次尋光而見이오 次同歸寂滅이오 後等同法界니라

餘如別章하다【鈔_ 佛之三身에 化身은 具五로되 報身은 無肉眼이오

法身은 無五眼이어니와 若約法性之眼인댄 亦得具五니라 然隨法相宗差別이오 斯法性宗中에 一一圓融하야 具如上說이라】

여기에서 말한 '지혜의 눈'은 저기에서 말한 '법의 눈'과 같고, 여기에서 말한 '법의 눈'은 저기에서 말한 '지혜의 눈'과 같다.

이처럼 서로 통하는 것은 저기에서 말한 '지혜의 눈'은 중생의 한 가지와 다름이 모두 사라짐을 보지 못하고, 중생을 제도하지 못하지만, 여기에서는 진리의 실교가 방편의 권교보다 뛰어남을 나타내기에 이와 반대로 주체를 밝혔다.

저기에서 말한 '법의 눈'은 비록 법을 알지만, 중생의 방편도를 두루 알지 못하거니와 여기에서는 이에 반대가 되기에 일체를 분명히 아는 것이다. 그 뜻은 방편의 권교와 달리하고자 한 까닭이다.

저기에서 말한 '부처의 눈'은 미세한 것까지 모르는 것이 없지만, 여기에서는 수승함을 들어 용렬함을 비유하였고, 또한 10가지 힘을 갖추지 않음이 없기 때문이다.

뒤의 5구 가운데 지혜의 눈은 현상의 사법계를 본 것이다. 이는 법의 눈에서 분리한 것이다.

광명의 눈은 몸의 지혜 광명에 통하니 법의 지혜를 겸한 뜻이다.

생사를 벗어난 눈은 하지만 열반은 볼 수 없다. 보는 것이 끊어진 자리여야 비로소 열반을 볼 수 있다. 圓寂을 보기 때문이다.

걸림 없는 눈은 눈으로 볼 수 있는 경계를 모두 보아서, 그 모든 것에 장애가 없기 때문이다. 이것은 바로 하나의 눈으로 많은 것을 갖춘 것이지만, 모양을 무너뜨리지 않는다. 이 때문에 반드시 10가지 눈을 열거한 것이다.

일체 지혜의 눈은 곧 널리 보는 눈이다. 거듭된 법계를 볼 뿐 아니라, 또한 법계가 바로 눈이기에 普門이라 한다.

따라서 10가지 눈이 모두 걸림 없는 법계로써 체성을 삼음을 알아야 한다.

만약 차례로 말하면, 육신의 눈으로 태어난 몸으로 고통받음을 보고,

다음은 하늘눈으로 그 마음을 잘 알며,

다음은 별도로 6근과 경계를 알고,

다음은 진여실상에 끌어들이며,

다음은 부처의 10가지 힘을 얻게 하고,

다음은 빛을 찾아서 보며,

다음은 함께 적멸의 자리로 돌아가고,

끝은 법계와 똑같음이다.

나머지는 다른 장에서 말한 바와 같다.【초_ 부처의 3가지 몸에 화신은 5가지 눈을 갖추었지만, 보신은 육신의 눈이 없고 법신은 5가지 눈이 없다. 그러나 법성의 눈을 들어 말하면 또한 5가지 눈을 갖추고 있다. 그러나 법상종을 따라 각기 다르고, 이 법성종에서는 하나하나가 원융하여 위에서 말한 바와 같다.】

經
佛子여 菩薩摩訶薩이 有十種耳하니

何等이 爲十고

所謂聞讚歎聲에 斷除貪愛하며

聞毁呰聲에 斷除瞋恚하며

聞說二乘에 不着不求하며

聞菩薩道에 歡喜踊躍하며

聞地獄等諸苦難處에 起大悲心하고 發弘誓願하며

聞說人天勝妙之事에 知彼皆是無常之法하며

聞有讚歎諸佛功德에 勤加精進하야 令速圓滿하며

聞說六度四攝等法에 發心修行하야 願到彼岸하며

聞十方世界一切音聲에 悉知如響하야 入不可說甚深妙義하며

菩薩摩訶薩이 從初發心으로 乃至道場히 常聞正法하야 未曾暫息호대 而恒不捨化衆生事 是爲十이니

若諸菩薩이 成就此法하면 則得如來無上大智慧耳니라

　　불자여, 보살마하살이 열 가지 귀가 있다.

　　무엇이 열 가지 귀인가?

　　이른바 찬탄하는 소리를 듣고서 탐욕과 애정을 끊고,

　　훼방하는 소리를 듣고서 성냄을 끊으며,

　　이승의 말을 듣고서 집착하거나 구하지 않고,

　　보살의 도를 듣고서 기쁨에 날뛰며,

　　지옥 등 모든 고난이 있는 곳을 듣고서 자비한 마음을 일으켜 큰 서원을 내고,

인간과 천상의 훌륭한 일을 듣고서 그것이 모두 덧없는 법임을 알며,

부처님 공덕의 찬탄을 듣고서 부지런히 정진을 더하여 빨리 원만케 하고,

육바라밀과 사섭법 등의 설법을 듣고서 발심 수행하여 피안에 이르기를 원하며,

시방세계의 일체 음성을 듣고서 모두 메아리와 같음을 알아 말할 수 없는 미묘한 이치에 들어가고,

보살마하살이 처음 발심함으로부터 도량에 이르기까지 항상 바른 법을 듣고서 잠깐도 쉬지 않으면서 중생 교화의 일을 저버리지 않는다.

이것이 열 가지 귀이다.

만약 보살들이 이 법을 성취하면 여래의 위없는 큰 지혜의 귀를 얻는다.

● 疏 ●

二 '十耳'者는 然眼等六根은 由得解脫神通無上하야 見聞齅觸等이 皆自在故로 總就行辨이니 此門은 亦卽釋名分中에 聞持如來大法雨故니라

初二는 離順離違오 次二는 棄小欣大오 次二는 愍苦厭樂이오 次二는 滿果圓因이오 後二는 了俗同眞하야 悲智俱運이라

둘째, '열 가지 귀'란 그러나 눈 등 6근의 해탈로 신통이 위없음

을 연유하여 보고 듣고 냄새 맡고 촉감 등이 모두 자재하기 때문에 모두 행의 측면에서 말하였다.

이 법문 또한 명제 해석 부분에서 말한, 여래의 大法雨를 듣고 지닌 까닭이다.

첫 2구는 따르는 것도 여의고 어기는 것도 여읨이며,

다음 2구는 작은 것을 버리고 큰 것을 좋아함이며,

다음 2구는 고통을 불쌍히 여기고 쾌락을 싫어함이며,

다음 2구는 결과와 원인이 원만함이며,

뒤의 2구는 俗諦가 眞諦와 같음을 알고서 大悲와 大智를 모두 운용함이다.

經

佛子여 菩薩摩訶薩이 有十種鼻하니

何等이 爲十고

所謂聞諸臭物호대 不以爲臭하며

聞諸香氣호대 不以爲香하며

香臭俱聞호대 其心平等하며

非香非臭에 安住於捨하며

若聞衆生의 衣服臥具와 及其肢體의 所有香臭에 則能知彼貪恚愚癡等分之行하며

若聞諸伏藏草木等香에 皆如對目前하야 分明辯了하며

若聞下至阿鼻地獄과 上至有頂衆生之香에 皆知彼過

去所行之行하며

若聞諸聲聞의 布施持戒多聞慧香에 住一切智心하야 不令散動하며

若聞一切菩薩行香에 以平等慧로 入如來地하며

聞一切佛智境界香호대 亦不廢捨諸菩薩行이 是爲十이니

若諸菩薩이 成就此法하면 則得如來無量無邊淸淨鼻니라

　　불자여, 보살마하살이 열 가지 코가 있다.

　　무엇이 열 가지 코인가?

　　이른바 모든 구린내를 맡고서도 구리다 하지 않으며,

　　모든 향기를 맡고서도 향기롭다 하지 않으며,

　　향기와 구린내를 함께 맡고서도 마음이 평등하며,

　　향기도 아니고 구린내도 아닌 것을 맡고서도 모두 버리는 데 편안히 머물며,

　　중생의 의복·이부자리 및 몸에서 나는 냄새를 맡으면 그들의 탐욕·성냄·어리석음 세 가지가 평등한 행을 알며,

　　묻혀 있는 초목의 모든 냄새를 맡으면 모두 눈앞에 마주한 것처럼 분명히 알며,

　　아래로 아비지옥까지 위로 꼭대기 하늘까지 중생의 냄새를 맡으면 그들의 과거 세상에 행하던 일을 알며,

　　만약 성문들의 보시, 계율, 많이 들었던 지혜 향기를 맡으면 일체 지혜의 마음에 머물면서 흐트러지지 않도록 하며,

　　일체 보살행의 향기를 맡으면 평등한 지혜로 여래의 경지에 들

어가며,

　일체 부처님의 지혜 경계의 향을 맡되 또한 보살의 행을 버리지 않는다.

　이것이 열 가지 코이다.

　만약 보살들이 이 법을 성취하면 여래의 한량없고 그지없는 청정한 코를 얻는다.

● 疏 ●

三有十鼻는 覷行香故니라
於中에 初四는 聞香體니 俱舍에 有四하니 總名爲香이니 一은 好香이니 謂沈檀等이오 二는 惡香이니 謂葱韮等이오 三은 等香이오 四는 不等香이니 謂於前二에 增益依身은 名爲等香이오 損減依身은 名不等香故니라 亦不離好惡라
今此中俱聞은 聞其上二오 更無別體며 非香非臭는 對前成三이니 謂如柴炭等이라
次三은 聞香表用이니 瑜伽等中에 上二界는 旣無鼻舌二識일세 亦無香味二塵이라하니 語其無麤聞이오 此有頂香者는 明其聞細니 菩薩力故니라 又有頂言은 餘處에 多明是色究竟이나 準晉經中에 聞非想香이면 則有頂言은 亦是三有之頂이니 旣有通果之色일세 亦有通果之香이니라
後三은 聞出世人法이라

　셋째, '열 가지 코'는 행의 향기를 맡기 때문이다.

그 가운데 첫 4구는 향기의 본체를 맡음이다. 구사론에는 4가지가 있는데, 모두 그 이름이 향기이다.

① 좋은 향기이다. 침향, 단향 등을 말한다.

② 나쁜 향기이다. 파 냄새, 부추 냄새 등을 말한다.

③ 평등한 향기,

④ 평등하지 않은 향기이다.

앞의 2가지에 '더욱 더한 것으로 몸에 의지함[增益依身]'은 그 이름을 '평등한 향기'라 하고, '줄이는 것으로 몸에 의지함[損減依身]'은 그 이름을 '평등하지 않은 향기'라 한다. 그러므로 이 또한 좋은 향기와 나쁜 향기에서 벗어나지 않는다.

여기에서 말한, "향기와 구린내를 함께 맡는다."는 것은 위의 '모든 구린내'와 '모든 향기' 2가지를 모두 맡은 것이지, 또 다른 개별의 자체가 없으며, "향기도 아니고 구린내도 아니다."는 것은 앞서 말한 것을 상대로 3가지를 이루었다. 이는 땔나무와 숯 등과 같다.

다음 3구는 냄새를 맡는 것으로 작용을 나타냄이다. 유가론 등에서 위의 2경계는 이미 鼻識·舌識이 없기에 또한 香塵·味塵 2가지도 없다고 하였다. 이는 그 거친 맡음이 없음을 말한 것이며, 여기에서 말한 '有頂香'이란 미세한 맡음을 밝힌 것이다. 보살의 힘이기 때문이다. 또한 '有頂'이란 말은 다른 곳에서는 대부분 '色究竟'이라 밝혔으나, 60화엄경의 "非想의 향기를 맡는다."는 말에 준하여 보면, 有頂이란 말 또한 三有의 정상이다. 이미 通果色이 있기에 또한 通果香이 있다.

뒤의 3구는 출세간의 사람과 법을 맡음이다.

經

佛子여 菩薩摩訶薩이 有十種舌하니
何等이 爲十고
所謂開示演說無盡衆生行舌과
開示演說無盡法門舌과
讚歎諸佛無盡功德舌과
演暢詞辯無盡舌과
開闡大乘助道舌과
徧覆十方虛空舌과
普照一切佛刹舌과
普使衆生悟解舌과
悉令諸佛歡喜舌과
降伏一切諸魔外道하고 除滅一切生死煩惱하야 令至涅槃舌이 是爲十이니
若諸菩薩이 成就此法하면 則得如來徧覆一切諸佛國土無上舌이니라

불자여, 보살마하살이 열 가지 혀가 있다.

무엇이 열 가지 혀인가?

이른바 그지없는 중생의 행을 보여 연설하는 혀,

다함이 없는 법문을 열어 연설하는 혀,

부처님의 그지없는 공덕을 찬탄하는 혀,

연설의 변재가 그지없는 혀,

대승의 보리조도를 열어 넓히는 혀,

시방 허공을 두루 덮은 혀,

일체 세계를 널리 비추는 혀,

널리 중생을 깨닫게 하는 혀,

부처님을 찬탄하고 기쁘게 하는 혀,

일체 마군과 외도를 항복 받고 일체 생사 번뇌를 없애어 열반에 이르게 하는 혀이다.

이것이 열 가지 혀이다.

만약 보살들이 이 법을 성취하면 여래의 일체 제불 국토를 두루 덮는, 위없는 혀를 얻는다.

◉ 疏 ◉

四有十舌은 演法味故니라 下三은 爲成六根이오 非顯三業이니 三業은 前已有故니라

十中에 前五는 約辨顯德이오 後五는 約用이라

十은 降四魔니 魔는 卽天魔오 生은 卽蘊魔故일세니라

넷째, '열 가지 혀'는 법을 연설하는 맛을 보기 때문이다.

아래 3구는 6근을 성취하기 위함이지, 삼업을 밝힘이 아니다. 삼업은 앞에 이미 소유한 까닭이다.

10구 가운데 앞의 5구는 논변을 들어 덕을 나타냄이며,

뒤의 5구는 작용을 들어 말하였다.

10구는 4가지 마군을 항복 받음이다. 마군은 天魔이며, 生은 곧 五蘊의 마군이기 때문이다.

經

佛子여 菩薩摩訶薩이 有十種身하니
何等이 爲十고
所謂人身이니 爲敎化一切諸人故며
非人身이니 爲敎化地獄畜生餓鬼故며
天身이니 爲敎化欲界色界無色界衆生故며
學身이니 示現學地故며
無學身이니 示現阿羅漢地故며
獨覺身이니 敎化令入辟支佛地故며
菩薩身이니 令成就大乘故며
如來身이니 智水灌頂故며
意生身이니 善巧出生故며
無漏法身이니 以無功用으로 示現一切衆生身故니라
是爲十이니 若諸菩薩이 成就此法하면 則得如來無上之身이니라

불자여, 보살마하살이 열 가지 몸이 있다.

무엇이 열 가지 몸인가?

이른바 사람의 몸, 일체 모든 사람을 교화하기 위함이다.

사람 아닌 이의 몸, 지옥·축생·아귀를 교화하기 위함이다.

하늘의 몸, 욕계·색계·무색계 중생을 교화하기 위함이다.

배우는 몸, 배우는 자리를 나타내기 때문이다.

배울 게 없는 몸, 아라한의 지위를 나타내기 때문이다.

독각의 몸, 교화하여 벽지불의 지위에 들게 하기 때문이다.

보살의 몸, 대승을 성취케 하기 때문이다.

여래의 몸, 지혜의 물로 관정하기 때문이다.

뜻대로 나는 몸, 뛰어나게 태어나기 때문이다.

번뇌가 없는 법의 몸, 하는 일이 없으므로 일체중생의 몸을 나타내기 때문이다.

이것이 열 가지 몸이다.

만약 보살들이 이 법을 성취하면 여래의 위없는 몸을 얻는다.

◉ 疏 ◉

五有十身은 隨行成身故니라

다섯째, 열 가지 몸은 행을 따라 몸을 이루기 때문이다.

經

佛子여 菩薩摩訶薩이 有十種意하니

何等이 爲十고

所謂上首意니 發起一切善根故며

安住意니 深信堅固不動故며

深入意니 隨順佛法而解故며
內了意니 知諸衆生心樂故며
無亂意니 一切煩惱不雜故며
明淨意니 客塵不能染著故며
善觀衆生意니 無有一念失時故며
善擇所作意니 未曾一處生過故며
密護諸根意니 調伏不令馳散故며
善入三昧意니 深入佛三昧하야 無我我所故니라
是爲十이니 若諸菩薩이 安住此法하면 則得一切佛無上意니라

　불자여, 보살마하살이 열 가지 뜻이 있다.

　무엇이 열 가지 뜻인가?

　이른바 우두머리의 뜻, 일체 선근을 일으키기 때문이다.

　안주의 뜻, 깊은 신심이 견고하여 흔들리지 않기 때문이다.

　깊이 들어가는 뜻, 불법을 따라 이해하기 때문이다.

　내면으로 아는 뜻, 중생의 마음에 좋아하는 바를 알기 때문이다.

　어지럽지 않은 뜻, 일체 번뇌가 뒤섞이지 않기 때문이다.

　밝고 청정한 뜻, 객진번뇌가 물들이지 못하기 때문이다.

　중생을 잘 관찰하는 뜻, 어느 한 생각도 때를 놓침이 없기 때문이다.

　할 일을 잘 선택하는 뜻, 어느 한 곳에도 허물이 생기지 않기 때문이다.

6근을 엄밀히 보호하는 뜻, 조복하여 달아나지 못하도록 하기 때문이다.

삼매에 잘 들어가는 뜻, 부처의 삼매에 깊이 들어가 '나'와 '나의 것'이 없기 때문이다.

이것이 열 가지 뜻이다.

만약 보살들이 이 법에 편안히 머물면 일체 부처님의 위없는 뜻을 얻는다.

◉ 疏 ◉

六有十意니 初一은 總이오 餘九는 別이니 文竝可知니라

여섯째, '열 가지 뜻'이다.

첫 구절은 총괄이며, 나머지 9구는 개별로 말하였다.

경문은 모두 설명하지 않아도 알 수 있다.

經

佛子여 菩薩摩訶薩이 有十種行하니
何等이 爲十고
所謂聞法行이니 愛樂於法故며
說法行이니 利益衆生故며
離貪恚癡怖畏行이니 調伏自心故며
欲界行이니 敎化欲界衆生故며
色無色界三昧行이니 令速轉還故며

趣向法義行이니 速得智慧故며
一切生處行이니 自在敎化衆生故며
一切佛刹行이니 禮拜供養諸佛故며
涅槃行이니 不斷生死相續故며
成滿一切佛法行이니 不捨菩薩法行故니라
是爲十이니 若諸菩薩이 安住此法하면 則得如來無來無去行이니라

불자여, 보살마하살이 열 가지 행이 있다.

무엇이 열 가지 행인가?

이른바 법을 듣는 행, 법을 좋아하기 때문이다.

설법하는 행, 중생에게 이익을 주기 때문이다.

탐욕·성내는 일·어리석음·두려움을 여의는 행, 제 마음을 조복하기 때문이다.

욕계의 행, 욕계의 중생을 교화하기 때문이다.

색계·무색계의 삼매의 행, 빠르게 전환하기 때문이다.

법과 이치에 나아가는 행, 지혜를 빨리 얻기 때문이다.

모든 곳에 태어나는 행, 마음대로 중생을 교화하기 때문이다.

일체 부처 세계의 행, 여러 부처님께 예배하고 공양하기 때문이다.

열반의 행, 생사의 이어짐을 끊지 않기 때문이다.

일체 불법을 원만하게 이루는 행, 보살 법의 행을 버리지 않기 때문이다.

이것이 열 가지 행이다.

만약 보살들이 이 법에 편안히 머물면 여래의 오고 감이 없는 행을 얻는다.

◉ 疏 ◉

第三六門은 明四儀動止行이니 一 行者는 動游行法故니라
於中에 令轉還者는 轉有漏定하야 還無漏故며 不斷生死者는 若斷
이면 非眞涅槃故니라 餘는 可知니라

㈐ 6문은 行住坐臥 동정의 행을 밝혔다.

첫째, 行이란 움직이고 다니는 법이기 때문이다.

그 가운데 "빠르게 전환한다."는 것은 유루의 定에서 무루로 되돌리기 때문이며,

"생사의 이어짐을 끊지 않는다."는 것은 만약 생사의 윤회를 끊으면 참다운 열반이 아니기 때문이다.

나머지는 말하지 않아도 알 수 있다.

經

佛子여 菩薩摩訶薩이 有十種住하니
何等이 爲十고
所謂菩提心住니 曾不忘失故며
波羅蜜住니 不厭助道故며
說法住니 增長智慧故며

阿蘭若住니 **證大禪定故**며

隨順一切智頭陀知足四聖種住니 **少欲少事故**며

深信住니 **荷負正法故**며

親近如來住니 **學佛威儀故**며

出生神通住니 **圓滿大智故**며

得忍住니 **滿足授記故**며

道場住니 **具足力無畏一切佛法故**니라

是爲十이니 **若諸菩薩**이 **安住此法**하면 **則得一切智無上住**니라

불자여, 보살마하살이 열 가지 머무름이 있다.

무엇이 열 가지 머무름인가?

이른바 보리심에 머무름, 일찍이 잊어버린 적이 없기 때문이다.

바라밀다에 머무름, 보리조도를 싫어하지 않기 때문이다.

설법에 머무름, 지혜를 늘게 하기 때문이다.

아란야에 머무름, 큰 선정을 증득하기 때문이다.

일체 지혜를 따르는 두타와 만족함을 앎과 네 성인의 종성에 머무름, 욕심이 적고 일이 적기 때문이다.

깊은 신심에 머무름, 바른 법을 짊어지기 때문이다.

여래를 친근함에 머무름, 부처의 위의를 배우기 때문이다.

신통을 내는 데 머무름, 큰 지혜가 원만하기 때문이다.

법인을 얻는 데 머무름, 수기를 만족히 받기 때문이다.

도량에 머무름, 열 가지 힘, 네 가지 두려움 없음, 일체 불법을

구족하였기 때문이다.

　이것이 열 가지 머무름이다.

　만약 보살들이 이 법에 편안히 머물면 일체 지혜의 위없는 머무름을 얻는다.

◉ 疏 ◉

二十種住者는 止息散動故니 前七은 自分住요 後三은 勝進住라

　둘째, '열 가지 머무름'은 산란과 동요를 멈추기 때문이다.

　앞의 7구는 자신의 본분에 머무름이며,

　뒤의 3구는 잘 닦아나가는 데 머무름이다.

經

佛子여 菩薩摩訶薩이 有十種坐하니

何等이 爲十고

所謂轉輪王坐니 興十善道故며

四天王坐니 於一切世間에 自在安立佛法故며

帝釋坐니 與一切衆生으로 爲勝主故며

梵天坐니 於自他에 心得自在故며

師子坐니 能說法故며

正法坐니 以總持辯才力으로 而開示故며

堅固坐니 誓願究竟故며

大慈坐니 令惡衆生으로 悉歡喜故며

大悲坐니 **忍一切苦**하야 **不疲厭故**며
金剛坐니 **降伏衆魔**와 **及外道故**니라
是爲十이니 **若諸菩薩**이 **安住此法**하면 **則得如來無上正覺坐**니라

불자여, 보살마하살이 열 가지 앉음이 있다.

무엇이 열 가지 앉음인가?

이른바 전륜왕의 앉음, 열 가지 선한 도를 일으키기 때문이다.

사천왕의 앉음, 일체 세간에 불법을 자재하게 정돈하여 세우기 때문이다.

제석천왕의 앉음, 일체중생의 훌륭한 임금이 되어주기 때문이다.

범천왕의 앉음, 나와 남의 마음에 자재하기 때문이다.

사자의 앉음, 설법을 잘하기 때문이다.

바른 법에 앉음, 다라니와 변재의 힘으로 열어 보여주기 때문이다.

견고하게 앉음, 서원이 끝까지 이르기 때문이다.

크게 인자한 앉음, 악한 중생을 모두 기쁘게 하기 때문이다.

크게 가엾이 여기는 앉음, 일체 고통을 참고서 싫어하지 않기 때문이다.

금강의 앉음, 많은 마군과 외도를 항복 받기 때문이다.

이것이 열 가지 앉음이다.

만약 보살들이 이 법에 편안히 머물면 여래의 위없는 정각의

앉음을 얻는다.

◉ 疏 ◉

三坐者는 多時安處故니라
初四는 世坐니 以攝物이오 後六은 法坐니 以成德이라

 셋째, 앉음이란 많은 시간에 편안히 거처하기 때문이다.
 앞의 4구는 세간에 앉음이니 중생을 받아들임이며,
 뒤의 6구는 법에 앉음이니 공덕의 성취이다.

經

佛子여 菩薩摩訶薩이 有十種臥하니
何等이 爲十고
所謂寂靜臥니 身心憺怕故며
禪定臥니 如理修行故며
三昧臥니 身心柔軟故며
梵天臥니 不惱自他故며
善業臥니 於後不悔故며
正信臥니 不可傾動故며
正道臥니 善友開覺故며
妙願臥니 善巧廻向故며
一切事畢臥니 所作成辦故며
捨諸功用臥니 一切慣習故니라

是爲十이니 **若諸菩薩**이 **安住此法**하면 **則得如來無上大法臥**하야 **悉能開悟一切衆生**이니라

불자여, 보살마하살이 열 가지 누움이 있다.

무엇이 열 가지 누움인가?

이른바 고요한 누움, 몸과 마음이 담박하기 때문이다.

선정의 누움, 이치답게 수행하기 때문이다.

삼매의 누움, 몸과 마음이 부드럽기 때문이다.

범천의 누움, 나와 남을 괴롭히지 않기 때문이다.

선업의 누움, 뒤에 후회가 없기 때문이다.

바른 신심의 누움, 기울일 수 없기 때문이다.

바른 도의 누움, 선지식이 깨우쳐주기 때문이다.

미묘한 서원의 누움, 뛰어나게 회향하기 때문이다.

일체 일을 마치고 누움, 하는 일을 성취하였기 때문이다.

모든 하는 일을 버리고 누움, 일체 익혔기 때문이다.

이것이 열 가지 누움이다.

만약 보살들이 이 법에 편안히 머물면 여래의 위없는 큰 법의 누움을 얻어 일체중생을 모두 깨우쳐준다.

◉ **疏** ◉

四十臥者는 **放捨身心**하야 **合法體故**니라

十中에 **初三**은 **顯定**이니 **一**은 **加行調身心**이오 **二**는 **習修**오 **三**은 **得定**이라

餘七은 定益이오 亦兼餘善이라
然其十事 各同臥之一義니 初三과 後二는 可知오 四는 獨已臥故오 五는 離尸伏故오 六은 離依倚故오 七은 思明相故오 互驚覺故며 八은 右脇臥故니라

넷째, '열 가지 누움'은 몸과 마음을 내려놓아 법체에 합한 까닭이다.

10구 가운데 앞의 3구는 선정삼매를 밝혔다.

제1구 '고요한 누움'은 加行으로 몸과 마음을 조복하고,

제2구 '선정의 누움'은 익히고 닦음이며,

제3구 '삼매의 누움'은 선정을 얻음이다.

나머지 7구는 선정의 이익이며, 또한 나머지 선을 겸하였다. 그러나 그 10가지 일이 각각 누움의 뜻과 같다.

앞의 제1~3 3구와 뒤의 제9~10 2구는 말하지 않아도 알 수 있다.

제4구 '범천의 누움'은 홀로 이미 누웠기 때문이며,

제5구 '선업의 누움'은 주검처럼 엎드려 있음을 여의기 때문이며,

제6구 '바른 신심의 누움'은 한쪽에 의지함을 여의기 때문이며,

제7구 '바른 도의 누움'은 밝은 모양을 생각하기 때문이며, 서로 경각하기 때문이며,

제8구 '미묘한 서원의 누움'은 오른쪽 옆구리로 누웠기 때문이다.

佛子여 菩薩摩訶薩이 有十種所住處하니

何等이 爲十고

所謂以大慈로 爲所住處니 於一切衆生에 心平等故며

以大悲로 爲所住處니 不輕未學故며

以大喜로 爲所住處니 離一切憂惱故며

以大捨로 爲所住處니 於有爲無爲에 平等故며

以一切波羅蜜로 爲所住處니 菩提心爲首故며

以一切空으로 爲所住處니 善巧觀察故며

以無相으로 爲所住處니 不出正位故며

以無願으로 爲所住處니 觀察受生故며

以念慧로 爲所住處니 忍法成滿故며

以一切法平等으로 爲所住處니 得授記別故니라

是爲十이니 若諸菩薩이 安住此法하면 則得如來無上無礙所住處니라

불자여, 보살마하살이 열 가지 머물 곳이 있다.

무엇이 열 가지 머물 곳인가?

이른바 크게 사랑함으로 머물 곳을 삼는다. 일체중생에게 마음이 평등하기 때문이다.

크게 가엾이 여김으로 머물 곳을 삼는다. 배움이 없는 이를 경멸하지 않기 때문이다.

크게 기뻐함으로 머물 곳을 삼는다. 일체 걱정 근심을 여의기 때문이다.

크게 버림으로 머물 곳을 삼는다. 유위와 무위에 평등하기 때

문이다.

일체 바라밀로 머물 곳을 삼는다. 보리심이 으뜸이 되기 때문이다.

일체 공함으로 머물 곳을 삼는다. 뛰어나게 관찰하기 때문이다.

모양 없음으로 머물 곳을 삼는다. 바른 자리에서 벗어나지 않기 때문이다.

서원 없음으로 머물 곳을 삼는다. 몸을 받아 태어남을 관찰하기 때문이다.

생각의 지혜로 머물 곳을 삼는다. 아는 법을 원만 성취하기 때문이다.

일체 법이 평등함으로 머물 곳을 삼는다. 수기를 받기 때문이다.

이것이 열 가지 머물 곳이다.

만약 보살들이 이 법에 편안히 머물면 여래의 위없고 걸림 없는 머물 곳을 얻는다.

◉ 疏 ◉

五住處者는 知有棲止之所故니라 前明能住오 此辨所住니라 十句니 可知니라

다섯째, 머물 곳이란 머물러야 할 곳이 있음을 알기 때문이다. 앞에서는 머묾 주체를 밝혔고, 여기에서는 머묾 대상을 논변하였다.

이의 경문은 10구이다. 이는 설명하지 않아도 알 수 있다.

佛子여 菩薩摩訶薩이 有十種所行處하니

何等이 爲十고

所謂以正念으로 爲所行處니 滿足念處故며

以諸趣로 爲所行處니 正覺法趣故며

以智慧로 爲所行處니 得佛歡喜故며

以波羅蜜로 爲所行處니 滿足一切智智故며

以四攝으로 爲所行處니 敎化衆生故며

以生死로 爲所行處니 積集善根故며

以與一切衆生雜談戱로 爲所行處니 隨應敎化하야 令永離故며

以神通으로 爲所行處니 知一切衆生諸根境界故며

以善巧方便으로 爲所行處니 般若波羅蜜相應故며

以道場으로 爲所行處니 成一切智하야 而不斷菩薩行故니라

是爲十이니 若諸菩薩이 安住此法하면 則得如來無上大智慧所行處니라

불자여, 보살마하살이 열 가지 행할 곳이 있다.

무엇이 열 가지 행할 곳인가?

이른바 바른 생각으로 행할 곳을 삼는다. 생각하는 곳에 만족하기 때문이다.

여러 길로 행할 곳을 삼는다. 바로 깨닫는 법으로 나아가기 때

문이다.

지혜로 행할 곳을 삼는다. 부처님의 환희를 얻기 때문이다.

바라밀로 행할 곳을 삼는다. 일체 지혜의 지혜에 만족하기 때문이다.

사섭법으로 행할 곳을 삼는다. 중생을 교화하기 때문이다.

생사로 행할 곳을 삼는다. 선근을 모아 쌓아가기 때문이다.

일체중생과 잡담하고 희롱함으로 행할 곳을 삼는다. 알맞게 교화하여 길이 여의게 하기 때문이다.

신통으로 행할 곳을 삼는다. 일체중생의 육근 경계를 알기 때문이다.

뛰어난 방편으로 행할 곳을 삼는다. 반야바라밀과 상응하기 때문이다.

도량으로 행할 곳을 삼는다. 일체 지혜를 성취하여 보살행을 끊지 않기 때문이다.

이것이 열 가지 행할 곳이다.

만약 보살들이 이 법에 편안히 머물면 여래의 위없는 큰 지혜의 행할 곳을 얻는다.

● 疏 ●

六 所行處는 前辨能行이오 此明所行이라
於中에 初四는 自行이니 一依四念이니 阿難四問에 佛令依住니 今辨依行이라 餘可思準이라

여섯째, 행할 곳이란 앞에서는 행의 주체를 말하였고, 여기에서는 행할 대상을 밝혔다.

그 가운데 앞의 4구는 자신이 행할 일이다. 하나같이 4가지 생각에 의함이다. 아난이 4가지를 물을 적에 부처님이 아난에게 의지하여 머물게 하였다.

여기에서는 행할 의지처를 논변하였다.

나머지는 생각하여 준할 수 있다.

已上十三門 明十地行 竟하다

이상 13문에서 밝힌 제10 법운지를 끝마치다.

大文第六 '十觀察'下 五十一門은 答上因圓果滿이니 若剋實而論인댄 成如來力下 四門이라야 方明果滿이오 前皆因圓이니 以八相前五는 猶屬因故오 爲明八相이 皆示現故로 通入果中이라

6. '열 가지 관찰' 이하 51문은 인과의 원만한 행에 답하였다.

만약 사실을 파헤쳐 말하면 '如來力' 이하에 4문을 이루어야 비로소 결과의 원만을 밝힐 수 있다.

앞은 모두 원인의 원만이다. 8가지 모양의 앞 5가지는 오히려 원인에 속하기 때문이며, 8가지 모양이 모두 나타낸 몸을 밝히기 위한 까닭에 공통으로 결과 속에 들어가는 것이다.

佛子여 菩薩摩訶薩이 有十種觀察하니

何等이 爲十고

所謂知諸業觀察이니 微細悉見故며

知諸趣觀察이니 不取衆生故며

知諸根觀察이니 了達無根故며

知諸法觀察이니 不壞法界故며

見佛法觀察이니 勤修佛眼故며

得智慧觀察이니 如理說法故며

無生忍觀察이니 決了佛法故며

不退地觀察이니 滅一切煩惱하야 超出三界二乘地故며

灌頂地觀察이니 於一切佛法에 自在不動故며

善覺智三昧觀察이니 於一切十方에 施作佛事故니라

是爲十이니 若諸菩薩이 安住此法하면 則得如來無上大觀察智니라

불자여, 보살마하살이 열 가지 관찰이 있다.

무엇이 열 가지 관찰인가?

이른바 모든 업을 아는 관찰, 세밀하게 모두 보기 때문이다.

여러 길을 아는 관찰, 중생을 취하지 않기 때문이다.

육근을 아는 관찰, 육근이 없음을 통달하기 때문이다.

모든 법을 아는 관찰, 법계를 깨뜨리지 않기 때문이다.

불법을 보는 관찰, 부처 눈을 부지런히 닦기 때문이다.

지혜를 얻는 관찰, 이치대로 설법하기 때문이다.

무생법인의 관찰, 불법을 분명히 알기 때문이다.

물러서지 않는 자리의 관찰, 일체 번뇌를 없애어 삼계와 이승의 지위를 초월하기 때문이다.

관정 지위의 관찰, 일체 불법에 자재하여 흔들리지 않기 때문이다.

잘 깨달은 지혜 삼매의 관찰, 일체 시방에 불사를 짓기 때문이다.

이것이 열 가지 관찰이다.

만약 보살들이 이 법에 편안히 머물면 여래의 위없는 크게 관찰하는 지혜를 얻는다.

● 疏 ●

分二니 初는 三十二門은 明因圓究竟이니 卽等覺位오 後 十種住兜率下 一十九門은 明現果圓滿行이니 卽妙覺位라

前中은 分三이니 初一 十四門은 明因行體性이오 二 十種義下 八門은 明方便造修오 三 十種魔下 十門은 明因行除障이라

初中二니 初는 四門은 起行方便이오 二 十種施下는 十度行體라

前中三이니 初 二門은 意業觀察이오 次 一門은 身業自在오 後 一門은 語業宣暢이라

前中에 初觀察者는 解方便故오 達通塞故니 於中에 初三은 觀所化오 次四는 觀能化法이니 謂理果教行이오 後三은 觀位니 一은 超劣이오 二는 得位오 三은 同果用이라

2단락으로 나뉜다.

⑴ 32문은 원만한 원인의 최고 경지를 밝혔다. 이는 等覺位이다.

⑵ 뒤의 '열 가지 도솔천에 머무름' 이하 19문은 현재 결과의 원만한 행을 밝혔다. 이는 妙覺位이다.

'⑴ 32문'은 다시 3단락이다.

㈀ 14문은 因行의 체성을 밝혔고,

㈁ '十種義' 이하 8문은 방편으로 닦아나감을 밝혔으며,

㈂ '十種魔' 이하 10문은 因行으로 장애 제거를 밝혔다.

'㈀ 14문'은 다시 2단락으로 나뉜다.

제1 단락, 4문은 행을 일으킨 방편을 밝히고,

제2 단락, '十種施' 이하는 십바라밀행의 체성을 밝혔다.

'제1 단락, 4문'은 다시 3단락으로 나뉜다.

① 2문은 의업의 관찰이며,

② 1문은 신업의 자재이며,

③ 1문은 어업의 펼침이다.

'① 2문'의 첫 법문에서 말한 '관찰'이란 방편을 알기 때문이며, 통함과 막힘을 통달하기 때문이다.

그 가운데 앞의 3구는 교화 대상을 관찰함이며,

다음 제4~7 4구는 교화 주체의 관찰이다. 理果의 敎行을 말한다.

뒤의 제8~10 3구는 지위의 관찰이다.

제8구는 용렬함을 초월함이며,

제9구는 지위를 얻음이며,

제10구는 果德과 같은 작용이다.

經

佛子여 **菩薩摩訶薩**이 **有十種普觀察**하니

何等이 **爲十**고

所謂普觀一切諸來求者니 **以無違心**으로 **滿其意故**며

普觀一切犯戒衆生이니 **安置如來淨戒中故**며

普觀一切害心衆生이니 **安置如來忍力中故**며

普觀一切懈怠衆生이니 **勸令精勤**하야 **不捨荷負大乘擔故**며

普觀一切亂心衆生이니 **令住如來一切智地**하야 **無散動故**며

普觀一切惡慧衆生이니 **令除疑惑**하야 **破有見故**며

普觀一切平等善友니 **順其敎命**하야 **住佛法故**며

普觀一切所聞之法이니 **疾得證見最上義故**며

普觀一切無邊衆生이니 **常不捨離大悲力故**며

普觀一切諸佛之法이니 **速得成就一切智故**니라

是爲十이니 **若諸菩薩**이 **安住此法**하면 **則得如來無上大智慧普觀察**이니라

불자여, 보살마하살이 열 가지 두루 관찰함이 있다.

무엇이 열 가지 두루 관찰함인가?

이른바 모두 찾아와 달라는 이를 두루 관찰함이다. 어기지 않는 마음으로 그들의 마음을 만족시켜 주기 때문이다.

일체 파계 중생을 두루 관찰함이다. 여래의 청정한 계율 속에 두기 때문이다.

일체 해코지 마음을 지닌 중생을 두루 관찰함이다. 여래 인욕의 힘 속에 두기 때문이다.

일체 게으른 중생을 두루 관찰함이다. 부지런히 정진하여 대승의 짐을 버리지 않도록 권하기 때문이다.

일체 산란한 중생을 두루 관찰함이다. 여래의 일체 지혜의 지위에 머물러 흔들림이 없기 때문이다.

일체 나쁜 지혜의 중생을 두루 관찰함이다. 의혹을 없앴다는 견해를 깨뜨리도록 하기 때문이다.

일체 평등한 선지식을 두루 관찰함이다. 그의 가르침을 따라 불법에 머물기 때문이다.

일체 들은 법을 두루 관찰함이다. 최상의 이치를 빨리 증득하기 때문이다.

일체 그지없는 중생을 두루 관찰함이다. 항상 크게 가엾이 여기는 힘을 버리지 않기 때문이다.

일체 불법을 두루 관찰함이다. 일체 지혜를 빠르게 성취하기 때문이다.

이것이 열 가지 두루 관찰함이다.

만약 보살들이 이 법에 편안히 머물면 여래의 위없는 큰 지혜로 두루 관찰함을 얻는다.

◉ 疏 ◉

二普觀察者는 審慮周徧故니라
前六은 以六度로 治六蔽衆生이오
後四는 雙明二利니 謂順人證法과 下化上成이라

둘째, '두루 관찰함'이란 깊은 생각으로 두루 살피기 때문이다. 앞의 6구는 6바라밀로써 6가지에 가리어진 중생을 다스림이며, 뒤의 4구는 자리이타를 모두 밝혔다.

제7구의 사람을 따름[順人],

제8구의 최상의 법을 증득함[證法],

제9구의 아래로 중생을 교화함[下化],

제10구의 위로 보리를 성취함이다[上成].

經

佛子여 菩薩摩訶薩이 有十種奮迅하니
何等이 爲十고
所謂牛王奮迅이니 映蔽一切天龍夜叉乾闥婆等諸大衆故며
象王奮迅이니 心善調柔하야 荷負一切諸衆生故며
龍王奮迅이니 興大法密雲하고 耀解脫電光하고 震如實

義雷하야 降諸根力覺分禪定解脫三昧甘露雨故며
大金翅鳥王奮迅이니 竭貪愛水하고 破愚癡殼하야 搏撮煩惱諸惡毒龍하야 令出生死大苦海故며
大師子王奮迅이니 安住無畏平等大智로 以爲器仗하야 摧伏衆魔와 及外道故며
勇健奮迅이니 能於生死大戰陣中에 摧滅一切煩惱怨故며
大智奮迅이니 知蘊界處와 及諸緣起하야 自在開示一切法故며
陀羅尼奮迅이니 以念慧力으로 持法不忘하고 隨衆生根하야 爲宣說故며
辯才奮迅이니 無礙迅疾分別一切하야 咸令受益하야 心歡喜故며
如來奮迅이니 一切智智助道之法을 皆悉成滿하야 以一念相應慧로 所應得者를 一切皆得하며 所應悟者를 一切皆悟하야 坐師子座하야 降魔怨敵하고 成阿耨多羅三藐三菩提故니라
是爲十이니 若諸菩薩이 安住此法하면 則得諸佛의 於一切法에 無上自在奮迅이니라

불자여, 보살마하살이 열 가지 떨쳐 일어남이 있다.

무엇이 열 가지 떨쳐 일어남인가?

이른바 소의 떨쳐 일어남이 있다. 일체 하늘·용·야차·건달바

따위의 무리들을 가리기 때문이다.

코끼리의 떨쳐 일어남이 있다. 마음이 잘 조복되어 일체중생을 짊어졌기 때문이다.

용왕의 떨쳐 일어남이 있다. 큰 법구름을 일으키고 해탈의 번개 빛을 번쩍이며 진실한 이치의 우레를 진동하여, 육근의 힘, 깨닫는 부분, 선정, 해탈, 삼매의 감로 이슬비를 내려주기 때문이다.

가루라왕의 떨쳐 일어남이 있다. 탐애의 물을 말리고 어리석은 껍데기를 깨뜨리며 번뇌의 나쁜 용을 움켜잡아 생사의 고통 바다에서 나오게 하기 때문이다.

큰 사자왕의 떨쳐 일어남이 있다. 두려움 없는 평등한 큰 지혜에 안주하는 것으로 병장기를 삼아 많은 마군과 외도를 굴복시키기 때문이다.

용맹하게 떨쳐 일어남이 있다. 생사의 진중에서 일체 번뇌 원수를 쳐부수기 때문이다.

큰 지혜의 떨쳐 일어남이 있다. 5온·12처·18계와 모든 연기를 알고서 자재하게 일체 법을 열어 보이기 때문이다.

다라니의 떨쳐 일어남이 있다. 생각하는 지혜의 힘으로 법을 지니고 잊지 않으며 중생의 근성을 따라 말하기 때문이다.

변재의 떨쳐 일어남이 있다. 걸림 없고 빠르게 일체를 분별하여 모두 이익을 받아 마음을 기쁘게 하기 때문이다.

여래의 떨쳐 일어남이 있다. 일체 지혜의 지혜와 조도분법을 모두 성취하여, 한 생각에 상응하는 지혜로 얻어야 할 것을 모두 다

얻으며, 깨달아야 할 것을 모두 다 깨닫고서, 사자법좌에 앉아 마군과 원수를 항복 받고 아뇩다라삼먁삼보리를 성취하기 때문이다.

이것이 열 가지 떨쳐 일어남이다.

만약 보살들이 이 법에 편안히 머물면 부처님의 일체 법에 위없이 자재한 떨쳐 일어남을 얻는다.

◉ 疏 ◉

二身業自在中에 謂實德內充하고 威德外溢이 如師子王 奮迅威勢라 更有異釋하니 如法界品辨이라

於中에 前五는 寄喩오 次四는 約法이니 上皆自分이오 後一은 勝進이라

② 신업이 자재한 가운데 진실한 공덕이 내면에 충만하고 위엄의 공덕이 밖으로 넘쳐남이 마치 사자가 위엄을 떨치고 일어남과 같다. 여기에 또 다른 해석이 있다. 이는 제39 입법계품에서 말한 바와 같다.

그 가운데 앞의 5구는 비유에 붙여 말하였고, 다음 4구는 법으로 말하였다.

위는 모두 자신의 본분이고, 뒤의 1구는 훌륭하게 닦아나감이다.

經

佛子여 菩薩摩訶薩이 有十種師子吼하니

何等이 爲十고

所謂唱言호대 我當必定成正等覺이 是菩提心大師子

吼오

我當令一切衆生의 未度者로 度하며 未脫者로 脫하며 未安者로 安하며 未涅槃者로 令得涅槃이 是大悲大師子吼오

我當令佛法僧種으로 無有斷絕이 是報如來恩大師子吼오

我當嚴淨一切佛刹이 是究竟堅誓大師子吼오

我當除滅一切惡道와 及諸難處 是自持淨戒大師子吼오

我當滿足一切諸佛의 身語及意와 相好莊嚴이 是求福無厭大師子吼오

我當成滿一切諸佛所有智慧 是求智無厭大師子吼오

我當除滅一切衆魔와 及諸魔業이 是修正行하야 斷諸煩惱大師子吼오

我當了知一切諸法이 無我無衆生無壽命無補伽羅空無相無願하야 淨如虛空이 是無生法忍大師子吼오

最後生菩薩이 震動一切諸佛國土하야 悉令嚴淨이어든 是時에 一切釋梵四王이 咸來讚請호대 唯願菩薩은 以無生法으로 而現受生하소서하면 菩薩이 則以無礙慧眼으로 普觀世間一切衆生이 無如我者하고 卽於王宮에 示現誕生하야 自行七步하고 大師子吼호대 我於世間에 最勝第一이니 我當永盡生死邊際 是如說而作大師子吼라

是爲十이니 若諸菩薩이 安住此法하면 則得如來無上大師子吼니라

불자여, 보살마하살이 열 가지 사자후가 있다.

무엇이 열 가지 사자후인가?

이른바 나는 반드시 등정각을 이루리라 외침이다. 이는 보리심의 사자후이다.

나는 일체중생의 제도 받지 못한 이를 제도하고, 해탈하지 못한 이를 해탈케 하고, 편안하지 못한 이를 편안케 하며, 열반하지 못한 이를 열반케 하리라. 이는 대자비의 사자후이다.

나는 불·법·승의 종자를 끊이지 않게 하리라. 이는 여래의 은혜를 보답하는 사자후이다.

나는 일체 부처 세계를 장엄 청정하게 하리라. 이는 최고 경지의 견고한 서원의 사자후이다.

나는 일체 악도와 모든 고난 받는 곳을 없애리라. 이는 스스로 청정한 계율을 지닌 사자후이다.

나는 일체 부처님의 몸, 말, 뜻과 잘생긴 모습의 장엄을 만족하리라. 이는 복을 구하여 싫어함이 없는 사자후이다.

나는 일체 제불이 지닌 지혜를 원만 성취하리라. 이는 지혜를 구하여 싫어함이 없는 사자후이다.

나는 일체 마군과 마군의 업을 없애리라. 이는 바른 행을 닦아 번뇌를 끊는 사자후이다.

나는 일체 모든 법이 내가 없고 중생이 없고 수명이 없고 보특

가라가 없고 공하고 모양 없고 원함이 없어, 청정함이 허공과 같음을 알리라. 이는 무생법인의 사자후이다.

최후에 태어난 보살로서 일체 제불 국토를 진동하여 모두 장엄 청정케 하리라 하면, 그때에 제석천왕·범천왕·사천왕들이 모두 찾아와 찬탄하였다.

'바라건대 보살은 무생의 법으로 몸을 받아 태어나소서.'

보살이 곧 걸림 없는 지혜 눈으로, 세간의 일체중생이 나와 같은 이가 없음을 널리 살펴보고서 왕궁에 탄생하여 일곱 걸음을 걸으면서 크게 사자후를 하였다.

'나는 세간에서 가장 으뜸이다. 나는 생사의 가장자리를 영원히 다하리라.'

이는 말씀한 대로 실행하는 사자후이다.

이것이 열 가지 사자후이다.

만약 보살들이 이 법에 편안히 머물면 여래의 위없는 큰 사자후를 얻는다."

● 疏 ●

三師子吼者는 旣勇健無畏면 則能決定宣唱이라
二中에 令物度苦脫集하야 安道證滅故니라
餘立可知니라

③ 사자후란 이미 씩씩하고 힘차서 두려움이 없으면, 반드시 크게 외칠 수 있다.

제2구에서는 중생의 고통[苦]을 제도하고 번뇌의 원인을 모은 데[集]서 해탈하여 道에 안주하고 滅을 증득하도록 하였기 때문이다.

나머지는 모두 말하지 않아도 알 수 있다.

이세간품 제38-5 離世間品 第三十八之五
화엄경소론찬요 제94권 華嚴經疏論纂要 卷第九十四

화엄경소론찬요 제95권
華嚴經疏論纂要 卷第九十五

●

이세간품 제38-6
離世間品 第三十八之六

佛子여 菩薩摩訶薩이 有十種淸淨施하니

何等이 爲十고

所謂平等施니 不揀衆生故며

隨意施니 滿其所願故며

不亂施니 令得利益故며

隨宜施니 知上中下故며

不住施니 不求果報故며

開捨施니 心不戀著故며

一切施니 究竟淸淨故며

廻向菩提施니 遠離有爲無爲故며

敎化衆生施니 乃至道場不捨故며

三輪淸淨施니 於施者受者와 及以施物에 正念觀察하야 如虛空故니라

是爲十이니 若諸菩薩이 安住此法하면 則得如來無上淸淨廣大施니라

"불자여, 보살마하살이 열 가지 청정한 보시가 있다.

무엇이 열 가지 청정한 보시인가?

이른바 평등한 보시, 중생을 가리지 않기 때문이다.

뜻을 따르는 보시, 그들의 소원을 채워주기 때문이다.

산란하지 않은 보시, 이익을 얻게 해주기 때문이다.

편의를 따르는 보시, 상근·중근·하근을 알기 때문이다.

무주상의 보시, 과보를 구하지 않기 때문이다.

터놓은 보시, 마음에 연연하지 않기 때문이다.

일체의 보시, 최고 경지의 청정 때문이다.

보리에 회향하는 보시, 유위와 무위를 멀리 여의기 때문이다.

중생을 교화하는 보시, 도량에 이르도록 버리지 않기 때문이다.

삼륜이 청정한 보시, 주는 이·받는 이·보시하는 물건을 바른 생각으로 관찰하여 허공과 같기 때문이다.

이것이 열 가지 청정한 보시이다.

만약 보살들이 이 법에 편안히 머물면 여래의 위없는 청정하고 광대한 보시를 얻는다.

● 疏 ●

第二 '十種施'下 十門은 明其行體니 於中에 先明六度오 後顯四等이라 十度之義는 已如前釋이라

皆言淸淨者는 離蔽障故니 不同世間施戒等故니라 然皆寄十表圓하야 各爲一義니 與九三施等으로 開合不同이라 若具會釋인댄 恐厭繁文이라 故隨顯直釋이라【鈔_ 三施者는 卽財·法·無畏오 九施는 卽一은 自性이오 二는 一切오 三은 難行이오 四는 一切門이오 五는 善士오 六은 一切種이오 七은 遂求오 八은 二世樂이오 九는 淸淨이라 乃至六度四攝에 皆有此九라 十行之初는 已廣說竟이라】

제2 단락, '열 가지 청정한 보시' 이하 10문은 십바라밀행의 체성을 밝혔다.

① 6문은 6바라밀을 밝혔고,

② 4문은 4無量心을 밝혔다.

십바라밀 의의는 이미 앞에서 해석한 바와 같다. 모두 청정이라 말한 것은 장애를 여의었기 때문이다. 이는 세간의 보시·지계 등과 같지 않기 때문이다.

그러나 모두 십바라밀에 붙여 원만함을 밝히면서 각각 한 가지 의의를 삼았다. 따라서 9가지 보시, 3가지 보시 등의 구분과 종합과는 같지 않다. 만약 이를 구체적으로 회통하여 해석하고자 하면, 잡다한 문장을 싫어한 까닭에 분명한 뜻을 따라서 직접 해석하였다.

【초_ '3가지 보시'는 재물보시·법보시·두려움이 없는 보시이며,

'9가지 보시'는 ① 자성, ② 일체, ③ 행하기 어려움, ④ 일체 법문, ⑤ 선지식, ⑥ 일체 종성, ⑦ 구하는 바를 성취함, ⑧ 二世의 즐거움, ⑨ 청정이다. 내지 6바라밀, 4섭법에도 모두 이런 9가지가 있다. 십행의 첫 부분에서 이미 자세히 말하였다.】

今初十施者는 一은 無向背施니 卽淸淨施中別義오 二는 逐求施오 三은 二世樂施니 梵本에 名應時와 及濟難故니라 餘七은 皆一切施라【鈔_ '三二世樂'者는 二世樂에 有九어늘 今亦唯二라 所以引梵本者는 不亂之言은 不順二世樂하고 以應時濟難으로 順二世樂故니라

'餘七皆一切施'者는 一切는 卽是三施라 然亦九中之一이라 然一切有二하니 一은 內外之二오 二는 有其三이니 卽財·法·無畏라 故下結中에 十皆通三이라하니 今前三은 有其別相이오 後七은 無餘施別

143

相이라 故云卽一切耳라하니라】

① 6문은 6바라밀을 밝혔다.

이의 첫째 문의 '열 가지 보시'란 제1구는 向背가 없는 보시이다. 이는 청정한 보시 가운데 개별의 의의이다.

제2구는 구하는 바를 이뤄주는 보시이다.

제3구는 이세 즐거움의 보시이다. 범본에서는 때에 맞추는 것, 어려움을 제도하는 데에 이익을 잃지 않음을 말한 까닭이다.

나머지 7구는 모두 일체 보시이다.【초_ "제3구, 이세 즐거움의 보시"는 이세의 즐거움에는 9가지가 있지만, 여기에는 또한 오직 2가지뿐이다. 범본을 인용한 바는 산란하지 않다[不亂]는 말은 이세의 즐거움을 따르지 않은 것이다. 때에 맞추는 것과 어려움을 제도해 주는 것이 이세의 즐거움을 따르기 때문이다.

"나머지 7구는 모두 일체 보시"란 것은 '일체'는 곧 三世나 또한 9가지 가운데 한 가지이다. 그러나 '일체'에는 2가지가 있다. ① 內施·外施 2가지, ② 3가지가 있다. 곧 財施·法施·無畏施이다. 그러므로 아래의 끝맺은 부분에 10가지는 모두 3가지에 통한다. 여기에서는 앞의 3구는 別相이 있고, 뒤의 7구는 나머지 보시의 별상이 없기 때문에 '일체'라 말하였다.】

四는 卽觀其可不하야 有損不宜等이니 極貧下者는 應先施等이오

五는 不希異熟이니 亦淸淨施오

六은 亦難行施니 所愛重物 無戀著故오

七은 內外財等 無不捨故오

八九與十은 皆巧惠施니 此廻向巧治二過故니

一은 觀諸行性不堅牢하야 治於當果有爲 見勝功德이오

二는 由具大悲하야 治於二乘 趣證無爲故로 行不住道하야 而向菩提니라

九는 益生施니 常以財法施之일새 故名不捨오

十은 忘相成度니라 然其十度 皆有三輪이로되 而義有小異니라

　　제4구는 가부를 관찰하여 적절하지 못함을 줄여가는 등이니, 가장 가난한 자에게 마땅히 먼저 보시하는 등이다.

　　제5구는 異熟을 바라지 않음이니 또한 청정 보시이다.

　　제6구는 또한 행하기 어려운 보시이다. 가장 애지중지하는 물건에 연연하는 집착이 없기 때문이다.

　　제7구는 안팎의 재물 등을 건네주지 않음이 없기 때문이다.

　　제8, 9구 및 제10구는 모두 잘 베푸는 보시이다. 이런 회향이 2가지 허물을 잘 다스리기 때문이다.

　　㉠ 모든 행의 체성이 견고하지 못함을 나타내어 해당 결과에 有爲 소견의 수승한 공덕을 다스림이다.

　　㉡ 大悲가 갖춰짐에 따라서 무위를 증득하려는 이승을 다스림이다. 이 때문에 머묾이 없는 도를 행하여 보리에 향함이다.

　　제9구는 중생에게 이익이 되는 보시이다. 언제나 재물과 법을 보시하기에 '버리지 않는다.'고 말한다.

　　제10구는 모양을 잊고서 바라밀을 성취함이다. 그러나 십바라밀에 모두 三輪이 있되 의미는 조금 다르다.

佛子여 菩薩摩訶薩이 有十種淸淨戒하니
何等이 爲十고
所謂身淸淨戒니 護身三惡故며
語淸淨戒니 離語四過故며
心淸淨戒니 永離貪瞋邪見故며
不破一切學處淸淨戒니 於一切人天中에 作尊主故며
守護菩提心淸淨戒니 不樂小乘故며
守護如來所制淸淨戒니 乃至微細罪라도 生大怖畏故며
隱密護持淸淨戒니 善拔犯戒衆生故며
不作一切惡淸淨戒니 誓修一切善法故며
遠離一切有見淸淨戒니 於戒에 無著故며
守護一切衆生淸淨戒니 發起大悲故니라
是爲十이니 若諸菩薩이 安住此法하면 則得如來無上無過失淸淨戒니라

불자여, 보살마하살이 열 가지 청정한 계율이 있다.

무엇이 열 가지 청정한 계율인가?

이른바 몸이 청정한 계율, 몸의 세 가지 악을 보호하기 때문이다.

말이 청정한 계율, 말의 네 가지 허물을 여의기 때문이다.

마음이 청정한 계율, 탐욕·성냄·삿된 소견을 여의기 때문이다.

일체 배울 곳을 타파하지 않는 청정한 계율, 일체 인간과 천상에 높은 분이기 때문이다.

보리심을 수호하는 청정한 계율, 소승을 좋아하지 않기 때문이다.

여래께서 제정한 바를 수호하는 청정한 계율, 작은 죄라도 큰 두려움을 내기 때문이다.

은밀하게 보호하는 청정한 계율, 파계 중생을 잘 빼내기 때문이다.

일체 악을 짓지 않는 청정한 계율, 일체 선법을 닦기 때문이다.

일체 있다는 소견을 멀리 여읜 청정한 계율, 계율에 집착이 없기 때문이다.

일체중생을 수호하는 청정한 계율, 대자비의 마음을 내기 때문이다.

이것이 열 가지 청정한 계율이다.

만약 보살들이 이 법에 편안히 머물면 여래의 위없고 허물없는 청정한 계율을 얻는다.

◉ 疏 ◉

二十戒者는 前三은 律儀오 七·十은 攝生이오 餘皆攝善이라

둘째, '열 가지 계율'은 앞의 3구는 율의이고,

제7, 10구는 중생을 받아들임이며,

나머지는 모두 선을 받아들임이다.

佛子여 菩薩摩訶薩이 有十種淸淨忍하니
何等이 爲十고
所謂安受呰辱淸淨忍이니 護諸衆生故며
安受刀杖淸淨忍이니 善護自他故며
不生恚害淸淨忍이니 其心不動故며
不責卑賤淸淨忍이니 爲上能寬故며
有歸咸救淸淨忍이니 捨自身命故며
遠離我慢淸淨忍이니 不輕未學故며
殘毁不瞋淸淨忍이니 觀察如幻故며
有犯無報淸淨忍이니 不見自他故며
不隨煩惱淸淨忍이니 離諸境界故며
隨順菩薩眞實智하야 知一切法無生淸淨忍이니 不由他敎하고 入一切智境界故니라
是爲十이니 若諸菩薩이 安住其中하면 則得一切諸佛과 不由他悟無上法忍이니라

불자여, 보살마하살이 열 가지 청정한 인욕이 있다.

무엇이 열 가지 청정한 인욕인가?

이른바 욕되는 비방을 잘 받아들이는 청정한 인욕, 모든 중생을 보호하기 때문이다.

칼과 몽둥이를 잘 받아들이는 청정한 인욕, 나와 남을 잘 수호하기 때문이다.

성을 내지 않는 청정한 인욕, 그 마음이 흔들리지 않기 때문이다.

비천한 이를 꾸짖지 않는 청정한 인욕, 윗사람이 되어 너그럽기 때문이다.

귀의하는 이를 다 구제해 주는 청정한 인욕, 자기의 몸과 목숨을 버리기 때문이다.

아만을 멀리 여의는 청정한 인욕, 배움이 없는 이를 업신여기지 않기 때문이다.

훼방을 성내지 않는 청정한 인욕, 요술 같음을 관찰하기 때문이다.

범하여도 앙갚음하지 않는 청정한 인욕, 나와 남을 보지 않기 때문이다.

번뇌를 따르지 않는 청정한 인욕, 모든 경계를 여의기 때문이다.

보살의 진실한 지혜를 따라 일체 법의 무생을 아는 청정한 인욕, 다른 이의 가르침에 의하지 않고 일체 지혜의 경계에 들어가기 때문이다.

이것이 열 가지 청정한 인욕이다.

만약 보살들이 이 가운데 편안히 머물면 일체 제불의 다른 이의 도움을 연유하지 않고 깨닫는 위없는 법인을 얻는다.

● 疏 ●

三十忍者는 初三은 耐怨害忍이니 忍他三業惱害故오
次三은 安受苦忍이니 初後는 忍不稱情이오 中一은 忍身苦以濟物이오

後二는 諦察法忍이니 七八은 通三忍이라
又四는 難行忍이니 於下能忍하야 恕不逮故오
五는 亡身濟難이오
六은 忍己順他니 皆遂求忍이라 餘如前判하다【鈔_ '又四難行忍'下는 約三忍이니 今約九忍이라
難行 有三이니 今是其一이라 '於下能忍'은 是一難行이니 對於上流하야 生忍則易어니와 童僕子息은 生忍則難이니 彼合敬順이오 我合責罰故니라
言'恕不逮'者는 卽晉書中意니 晉 衛洗馬 凡所發言이 皆爲實錄이러니 時有一人이 非理相忤하고 後有僕使하야 所爲非理로되 於此二人에 竝無慍色이어늘 人問其故한대 彼對之曰 '非理相干은 可以理遣이오 人之不逮는 可以情恕니라 故云恕不逮라하니라 故以釋經中에 爲上能寬이니 此亦外典謂 '居上能寬하고 爲下能敬이 君子之行也'라 하니라】

　　셋째, '열 가지 인욕'은 앞의 3구는 원수와 해코지를 견디는 인욕이다. 남들의 3업 고뇌를 참기 때문이다.

　　다음 3구는 고통을 편안하게 받아들이는 인욕이다. 제4구와 제6구는 마음에 맞지 않은 일을 참음이며, 제5구는 나의 몸에 고통을 참고서 중생을 제도함이다.

　　뒤의 2구는 살펴보는 법인이다. 제7, 8구는 위의 3가지 인욕에 모두 통한다.

　　또한 제4구는 행하기 어려운 일을 참는 것이다. 아래의 비천한

이에게 참고서 그들의 미치지 못한 바를 용서한 까닭이며,

제5구는 나의 몸을 잊고서 고난을 구제함이며,

제6구는 자기가 좋아하는 일을 참고서 늠을 따름이다. 이는 모두 중생이 구하는 바를 이뤄주는 인욕이다.

나머지는 앞에서 논판한 바와 같다.【초_ "또한 제4구는 행하기 어려운 일을 참는다." 이하는 3가지 인욕으로 말한다. 여기에서는 9가지 인욕으로 말하였다.

행하기 어려움에는 3가지가 있다. 이는 그 가운데 하나이다.

"아래의 비천한 이에게 참는다."는 것은 하나의 행하기 어려운 일이다. 윗사람에 대해 성나는 일을 참기는 쉽지만, 어린 노비와 자식에게 성나는 일을 참기는 어렵다. 그들은 당연히 공경하고 따라야 하고, 나는 당연히 꾸짖기 때문이다.

"그들의 미치지 못한 바를 용서한다."고 말한 것은 晉書에서 인용한 뜻이다.

晉 衛洗馬가 말한 바가 모두 실록으로 남아 있다.

당시 어떤 사람이 이치에 맞지 않은 것으로 범하는 일이 있었고, 뒤에 어떤 노비의 한 일이 이치에 맞지 않았지만, 이 두 사람에 대해 모두 성내는 빛이 없었다.

어느 사람이 그 까닭을 묻자, 위세마가 대답하였다.

"이치에 맞지 않은 것으로 범하는 일은 이치에 따라 떨쳐버리고, 남들의 미치지 못한 바는 정실로써 용서한다."

이 때문에 "그들의 미치지 못한 바를 용서한다."고 말한 것은

경전에서 말한 "윗사람이 되어서는 너그러워야 한다."는 뜻을 해석한 것이다. 이 또한 外典(論語)에서 말한 "윗자리에 처해서는 너그러워야 하며, 아랫자리에 있어서는 공경함이 군자의 행이다."고 하였다.】

經

佛子여 菩薩摩訶薩이 有十種淸淨精進이니
何等이 爲十고
所謂身淸淨精進이니 承事供養諸佛菩薩과 及諸師長의 尊重福田하야 不退轉故오
語淸淨精進이니 隨所聞法하야 廣爲他說하며 讚佛功德하야 無疲倦故오
意淸淨精進이니 善能入出慈悲喜捨와 禪定解脫과 及諸三昧하야 無休息故오
正直心淸淨精進이니 無誑無諂하며 無曲無僞하야 一切勤修하야 無退轉故오
增勝心淸淨精進이니 志常趣求上上智慧하야 願具一切白淨法故오
不唐捐淸淨精進이니 攝取布施戒忍多聞과 及不放逸하야 乃至菩提히 無中息故오
摧伏一切魔淸淨精進이니 悉能除滅貪欲瞋恚愚癡邪見과 一切煩惱의 諸纏蓋故오

成滿智慧光淸淨精進이니 **有所施爲**를 **悉善觀察**하야 **咸
使究竟**하고 **不令後悔**하야 **得一切佛不共法故**오
無來無去淸淨精進이니 **得如實智**하야 **入法界門**하야 **身
語及心**이 **皆悉平等**하야 **了相非相**하야 **無所著故**오
成就法光淸淨精進이니 **超過諸地**하야 **得佛灌頂**하야 **以
無漏身**으로 **而示受生**하야 **出家成道**하고 **說法滅度**하야
具足如是普賢事故니라
是爲十이니 **若諸菩薩**이 **安住此法**하면 **則得如來無上大
淸淨精進**이니라

불자여, 보살마하살이 열 가지 청정한 정진이 있다.

무엇이 열 가지 청정한 정진인가?

이른바 몸의 청정한 정진, 부처님과 보살과 스승과 어른을 섬기고 공양하는, 복전을 존중하여 물러서지 않기 때문이다.

말의 청정한 정진, 들은 법을 따라 다른 이에게 널리 말하며, 부처의 공덕을 찬탄하여 게으름이 없기 때문이다.

뜻의 청정한 정진, 자비희사와 선정과 해탈, 삼매에 잘 들고 나면서 멈추지 않기 때문이다.

정직한 마음의 청정한 정진, 속이지 않고 아첨하지 않고 사곡하지 않고 거짓이 없어, 일체를 부지런히 닦아 물러섬이 없기 때문이다.

더욱 수승한 마음의 청정한 정진, 마음으로 상상의 지혜를 항상 구하여 일체 청정한 법을 갖추기를 원하기 때문이다.

153

헛되지 않은 청정한 정진, 보시·계율·많이 들음·방일하지 않음을 거두어 지니고서, 보리에 이르기까지 중간에 멈추지 않기 때문이다.

일체 마군을 굴복시키는 청정한 정진, 탐욕·성냄·어리석음·삿된 소견과 일체 번뇌의 속박과 덮임 따위를 모두 없앴기 때문이다.

지혜 광명을 원만 성취하는 청정한 정진, 일체 하는 일을 모두 잘 관찰하여 모두 최고의 경지까지 이르도록 하고, 후회하는 일이 없게 하여, 일체 부처님의 그 누구도 함께할 수 없는 법을 얻었기 때문이다.

오는 것도 없고 가는 것도 없는 청정한 정진, 진여실상의 지혜를 얻어 법계의 문에 들어가 몸과 말과 뜻이 모두 평등하여, 형상과 형상이 아닌 것을 모두 알아 집착이 없기 때문이다.

법의 광명을 성취하는 청정한 정진, 모든 지위를 초월하여 부처의 관정을 얻어 무루의 몸으로 죽고 태어나고 출가하여 도를 이루고 설법하다가 열반을 보여, 이러한 보현보살의 일을 두루 갖추었기 때문이다.

이것이 열 가지 청정한 정진이다.

만약 보살들이 이 법에 편안히 머물면 여래의 위없는 크게 청정한 정진을 얻는다.

● 疏 ●

四十精進中에 二與第十은 是饒益有情이오 五는 是被甲이오 餘皆攝善이라

又初三은 三業이니 卽精進自體오 四는 離染法이오 五는 引白法이니 上二는 一切門精進이라 六은 無所棄捨와 及無所退減이오 七은 無下劣이오 八은 無顚倒와 及勤勇加行이니 上三은 卽善士精進이라 九는 平等相應이니 卽一切種精進이니 上皆自分이라 十은 卽勝進廻向菩提淸淨精進이라

넷째, '열 가지 정진' 부분의 제2구와 제10구는 중생에게 도움을 줌이며, 제4구는 갑옷을 입은 정진이며, 나머지는 모두 선을 받아들임이다.

또한 앞의 3구는 삼업이니, 정진 자체이며,

제4구는 잡염의 법을 여읨이며,

제5구는 청정한 법을 이끌어냄이다.

위 2가지는 일체문의 정진이다.

제6구는 버리는 바가 없음과 물러남이 없는 바이며,

제7구는 못남이 없음이며,

제8구는 전도가 없음과 용맹정진의 加行이다.

위 3가지는 곧 선지식의 정진이다.

제9구는 평등에 상응함이다. 이는 일체 여러 가지의 정진이다.

위는 모두 자신의 본분이다.

제10구는 잘 닦아나가는 보리 회향의 청정한 정진이다.

佛子여 菩薩摩訶薩이 有十種淸淨禪하니
何等이 爲十고
所謂常樂出家淸淨禪이니 捨一切所有故며
得眞善友淸淨禪이니 示敎正道故며
住阿蘭若忍風雨等淸淨禪이니 離我我所故며
離憒鬧衆生淸淨禪이니 常樂寂靜故며
心業調柔淸淨禪이니 守護諸根故며
心智寂滅淸淨禪이니 一切音聲과 諸禪定刺 不能亂故며
覺道方便淸淨禪이니 觀察一切하야 皆現證故며
離於味著淸淨禪이니 不捨欲界故며
發起通明淸淨禪이니 知一切衆生根性故며
自在遊戱淸淨禪이니 入佛三昧하야 知無我故니라
是爲十이니 若諸菩薩이 安住其中하면 則得如來無上大淸淨禪이니라

　불자여, 보살마하살이 열 가지 청정한 선정이 있다.
　무엇이 열 가지 청정한 선정인가?
　이른바 항상 출가를 좋아하는 선정, 일체 소유한 바를 버리기 때문이다.
　진정한 선지식을 얻는 청정한 선정, 바른 도를 보이고 가르치기 때문이다.
　아란야에 머물면서 비바람 따위를 참는 청정한 선정, '나'라는

것과 '나의 것'을 여의기 때문이다.

번잡한 중생을 여의는 청정한 선정, 고요한 데를 항상 좋아하기 때문이다.

마음의 업이 조복되어 청정한 선정, 모든 근을 수호하기 때문이다.

마음과 지혜가 고요한 선정, 일체 음성과 선정의 병통이 산란하지 못하기 때문이다.

도를 깨닫는 방편의 청정한 선정, 일체를 관찰하여 모두 현재 증득하기 때문이다.

맛들임을 여의는 청정한 선정, 욕계를 버리지 않기 때문이다.

신통과 밝음을 발기하는 선정, 일체중생의 근성을 알기 때문이다.

자재하게 유희하는 청정한 선정, 부처의 삼매에 들어가 '나'라는 것이 없음을 알기 때문이다.

이것이 열 가지 청정한 선정이다.

만약 보살들이 이 가운데 편안히 머물면 여래의 위없는 크게 청정한 선정을 얻는다.

● **疏** ●

五十禪中에 初五는 方便이오 次一은 正定堅成이오 次二는 發慧斷惑이니 上八은 現法樂住禪이오 九는 利益衆生禪이오 十은 引生功德禪이라

다섯째, '열 가지 선정' 가운데 앞의 5구는 방편이며,
다음 제6구는 바른 선정을 견고하게 성취함이며,
다음 제7, 제8 2구는 지혜가 일어나 의혹을 끊음이다.
위의 8구는 현재 법에 기꺼이 머무는 선정이다.
제9구는 중생에게 이익을 주는 선정이며,
제10구는 중생을 이끌어주는 공덕의 선정이다.

經

佛子여 菩薩摩訶薩이 有十種淸淨慧하니
何等이 爲十고
所謂知一切因淸淨慧니 不壞果報故오
知一切緣淸淨慧니 不違和合故오
知不斷不常淸淨慧니 了達緣起 皆如實故오
拔一切見淸淨慧니 於衆生相에 無取捨故오
觀一切衆生心行淸淨慧니 了知如幻故오
廣大辯才淸淨慧니 分別諸法하야 問答無礙故오
一切諸魔外道와 聲聞獨覺의 所不能知淸淨慧니 深入
一切如來智故오
見一切佛의 微妙法身하며 見一切衆生의 本性淸淨하며
見一切法이 皆悉寂滅하며 見一切刹이 同於虛空淸淨慧
니 知一切相이 皆無礙故오
一切總持辯才方便波羅蜜淸淨慧니 令得一切最勝智

故오

一念相應金剛智로 了一切法平等淸淨慧니 得一切法最尊智故니라

是爲十이니 若諸菩薩이 安住其中하면 則得如來無障礙大智慧니라

불자여, 보살마하살이 열 가지 청정한 지혜가 있다.

무엇이 열 가지 청정한 지혜인가?

이른바 일체 원인을 아는 청정한 지혜, 과보를 깨뜨리지 않기 때문이다.

모든 반연을 아는 청정한 지혜, 화합을 어기지 않기 때문이다.

단견(斷見)도 상견(常見)이 아님을 아는 청정한 지혜, 연기가 모두 진여실상과 같음을 통달하기 때문이다.

일체 소견을 뽑아내는 청정한 지혜, 중생의 형상을 취하거나 버림이 없기 때문이다.

일체중생의 마음과 행을 관찰하는 청정한 지혜, 요술과 같음을 분명히 알기 때문이다.

광대한 변재의 청정한 지혜, 모든 법을 분별하여 묻고 대답함에 걸림이 없기 때문이다.

일체 마군·외도·성문·독각이 알지 못하는 청정한 지혜, 일체 여래의 지혜에 깊이 들어가기 때문이다.

일체 부처님의 미묘한 법신을 보고, 일체중생의 본성이 청정함을 보고, 일체 법이 모두 고요함을 보고, 일체 세계가 허공과 같음을

보는 청정한 지혜, 일체 모양이 모두 걸림 없음을 알기 때문이다.

일체 다라니·변재·방편·바라밀이 청정한 지혜, 일체 가장 훌륭한 지혜를 얻게 하기 때문이다.

한 생각에 상응하는 금강 지혜로 일체 법이 평등함을 아는 지혜, 일체 법에 가장 존귀한 지혜를 얻기 때문이다.

이것이 열 가지 청정한 지혜이다.

만약 보살들이 이 가운데 편안히 머물면 여래의 장애가 없는 큰 지혜를 얻는다.

● 疏 ●

六有十慧에 初三은 解法이니 卽加行慧오 次四는 攝生이니 卽後得慧오 後三은 證理니 卽正體慧니라

여섯째, '열 가지 지혜'에 앞의 3구는 법을 이해함이니 加行의 지혜이며,

다음 4구는 중생을 받아들임이니 後得의 지혜이며,

뒤의 3구는 이치를 증득함이니 正體의 지혜이다.

經

佛子여 菩薩摩訶薩이 有十種淸淨慈하니
何等이 爲十고
所謂等心淸淨慈니 普攝衆生하야 無所揀擇故며
饒益淸淨慈니 隨有所作하야 皆令歡喜故며

攝物同己淸淨慈니 究竟皆令出生死故며
不捨世間淸淨慈니 心常緣念하야 集善根故며
能至解脫淸淨慈니 普使衆生으로 除滅一切諸煩惱故며
出生菩提淸淨慈니 普使衆生으로 發求一切智心故며
世間無礙淸淨慈니 放大光明하야 平等普照故며
充滿虛空淸淨慈니 救護衆生하야 無處不至故며
法緣淸淨慈니 證於如如眞實法故며
無緣淸淨慈니 入於菩薩離生性故니라
是爲十이니 若諸菩薩이 安住此法하면 則得如來無上廣大淸淨慈니라

불자여, 보살마하살이 열 가지 청정한 인자함이 있다.

무엇이 열 가지 청정한 인자함인가?

이른바 평등한 마음의 청정한 인자함, 중생을 널리 받아들여 간택이 없기 때문이다.

이익을 주는 청정한 인자함, 하는 일을 따라 모두 기쁘게 하기 때문이다.

중생을 받아들여 나와 함께하는 청정한 인자함, 결국은 모두 생사에서 벗어나게 하기 때문이다.

세간을 버리지 않는 청정한 인자함, 마음에 항상 선근 모음을 생각하기 때문이다.

해탈에 이르는 청정한 인자함, 널리 중생으로 하여금 일체 번뇌를 없애주기 때문이다.

보리를 내는 청정한 인자함, 널리 중생으로 하여금 일체 지혜 구하는 마음을 내도록 하기 때문이다.

세간에 걸림 없는 청정한 인자함, 큰 광명을 쏟아내어 평등하게 널리 비추기 때문이다.

허공에 가득한 청정한 인자함, 중생을 구호하여 안 가는 곳이 없기 때문이다.

법연의 청정한 인자함, 진여와 같은 진실한 법을 증득하기 때문이다.

반연이 없는 청정한 인자함, 보살의 생사를 여읜 성품에 들어가기 때문이다.

이것이 열 가지 청정한 인자함이다.

만약 보살들이 이 법에 편안히 머물면 여래의 위없는 넓고 크고 청정한 인자함을 얻는다.

● 疏 ●

第二, 四門은 明四等者는 六度는 多明自利어니와 四等은 多約利他라 然四等이 於境有別은 已見十地라 今文은 從通이나 但約與樂等하야 以爲顯別이라

今初는 明慈니 前八은 衆生緣이오 九十은 文顯이라

然瑜伽四十四 三緣之中에 初는 共外道오 次는 共二乘이오 後는 方不共이라 此中三緣은 皆不共凡小니 如文思之니라

② 4문은 4無量心을 밝혔다.

162

6바라밀은 대부분 자리행을 밝혔지만, 4무량심은 대부분 이타행으로 말하였다. 그러나 4무량심이 경계에 따라 차별이 있음은 이미 십지에 보인다.

이의 경문은 통상으로 말했으나 다만 '즐거움을 주는' 등을 들어서 별상을 나타냈다.

이의 첫째 문은 사랑을 밝혔다.

앞의 8구는 중생의 반연이며, 제9, 10구 경문의 뜻은 뚜렷하다. 그러나 유가론 44에서는 3가지 반연 가운데 첫째는 외도와 함께함이고, 다음은 이승과 함께함이며, 뒤는 바야흐로 그 누구도 함께할 수 없음이다. 여기에서 말한 3가지 반연은 범부 소인과 함께하지 않음이다. 이는 경문과 같이 생각해야 한다.

經

佛子여 菩薩摩訶薩이 有十種淸淨悲하니
何等이 爲十고
所謂無儔伴淸淨悲니 獨發其心故며
無疲厭淸淨悲니 代一切衆生受苦호대 不以爲勞故며
難處受生淸淨悲니 爲度衆生故며
善趣受生淸淨悲니 示現無常故며
爲邪定衆生淸淨悲니 歷劫不捨弘誓故며
不著己樂淸淨悲니 普與衆生快樂故며
不求恩報淸淨悲니 修潔其心故며

能除顚倒淸淨悲니 說如實法故며
菩薩摩訶薩이 知一切法本性淸淨하야 無染著無熱惱호
대 以客塵煩惱故로 而受衆苦하고 如是知已에 於諸衆生
에 而起大悲 名本性淸淨이니 爲說無垢淸淨光明法故며
菩薩摩訶薩이 知一切法이 如空中鳥迹이어늘 衆生이 癡
翳하야 不能照了하고 觀察於彼하야 起大悲心이 名眞實
智니 爲其開示涅槃法故니라
是爲十이니 若諸菩薩이 安住此法하면 則得如來無上廣
大淸淨悲니라

불자여, 보살마하살이 열 가지 청정한 가엾이 여김이 있다.

무엇이 열 가지 청정한 가엾이 여김인가?

이른바 짝할 이 없이 청정한 가엾이 여김이다. 홀로 그 마음을 내기 때문이다.

고달픈 줄 모르는 청정한 가엾이 여김이다. 일체중생을 대신하여 고통을 받으면서도 힘들다 생각하지 않기 때문이다.

어려운 곳에 몸을 받아 태어나는 청정한 가엾이 여김이다. 중생을 제도하고자 하기 때문이다.

좋은 세계에 몸을 받아 태어나는 청정한 가엾이 여김이다. 덧없음을 나타내기 때문이다.

삿된 선정의 중생을 위하는 청정한 가엾이 여김이다. 오랜 겁에 큰 서원을 버리지 않기 때문이다.

자신의 쾌락에 집착하지 않는 청정한 가엾이 여김이다. 중생에게 두루 쾌락을 주기 때문이다.

　보은을 구하지 않는 청정한 가엾이 여김이다. 그 마음을 깨끗하게 닦기 때문이다.

　전도망상을 없애주는 청정한 가엾이 여김이다. 진여실상의 법을 말하기 때문이다.

　보살마하살은 일체 법의 본성이 청정하여 물들지도 않고 고뇌도 없지만, 객진번뇌로써 많은 고통을 받는 줄을 알며, 이처럼 안 뒤에는 모든 중생을 크게 가엾이 여기는 마음을 일으킨다. 그 이름을 본성의 청정이라 한다. 때 없이 청정하고 광대한 법을 말하기 때문이다.

　보살마하살은 일체 법이 공중에 새의 발자국 같지만, 중생이 어리석어 밝게 비추어 관찰하지 못함을 알고, 그들을 관찰하면서 크게 가엾이 여기는 마음을 일으킨다. 그 이름을 진실한 지혜라 한다. 그들을 위하여 열반의 법을 열어 보여주기 때문이다.

　이것이 열 가지 청정한 가엾이 여김이다.

　만약 보살들이 이 법에 편안히 머물면 여래의 위없는 광대하고 청정한 가엾이 여김을 얻는다.

● 疏 ●

二有十悲에 前七은 衆生緣이오 次一은 法緣이오 後二는 無緣이라
於中에 初는 傷其眞隱일세 故爲顯이오 後는 念彼不知일세 故令悟니라

　둘째, '열 가지 가엾이 여김'은 앞의 7구는 중생의 반연이며,
　다음 제8구는 법의 반연이며,

뒤의 제9, 10구는 반연이 없음이다. 그 가운데 첫 구절은 본성의 진실이 숨겨짐을 슬퍼한 까닭에 이를 위해 밝혔으며, 뒤 구절은 중생이 알지 못함을 염려한 까닭에 그들로 하여금 깨닫도록 하였다.

經
佛子여 菩薩摩訶薩이 有十種淸淨喜하니
何等이 爲十고
所謂發菩提心淸淨喜와
悉捨所有淸淨喜와
不嫌棄破戒衆生하고 而敎化成就淸淨喜와
能忍受造惡衆生하야 誓願救度淸淨喜와
捨身求法에 不生悔心淸淨喜와
自捨欲樂하고 常樂法樂淸淨喜와
令一切衆生으로 捨資生樂하고 常樂法樂淸淨喜와
見一切佛하고 恭敬供養호대 無有厭足하야 法界平等淸淨喜와
令一切衆生으로 愛樂禪定解脫三昧하야 遊戱入出淸淨喜와
心樂具行順菩薩道一切苦行하야 證得牟尼寂靜不動無上定慧淸淨喜
是爲十이니 若諸菩薩이 安住此法하면 則得如來無上廣大淸淨喜니라

불자여, 보살마하살이 열 가지 청정한 기쁨이 있다.

무엇이 열 가지 청정한 기쁨인가?

이른바 보리심을 일으킨 청정한 기쁨,

가진 것을 모두 버리는 청정한 기쁨,

파계한 중생을 버리지 않고 교화하여 성취시켜 주는 청정한 기쁨,

악업 짓는 중생을 받아들여 맹세코 제도하려는 청정한 기쁨,

몸을 버리고 법을 구하면서 후회하는 마음을 내지 않는 청정한 기쁨,

자기의 욕망과 즐거움을 버리고 언제나 법의 즐거움을 좋아하는 청정한 기쁨,

일체중생으로 하여금 살림살이 즐거움을 버리고 항상 법의 즐거움을 좋아하는 청정한 기쁨,

일체 부처님을 보고 공경하고 공양하되 싫어함이 없이 법계가 평등한 청정한 기쁨,

일체중생으로 하여금 선정·해탈·삼매를 사랑하여 유희하고 드나드는 청정한 기쁨,

마음으로 보살의 도를 따르는 일체 고행을 갖추어 행함을 좋아하여, 석가모니의 고요하고 동하지 않는 위없는 선정과 지혜를 증득하기를 좋아하는 청정한 기쁨이다.

이것이 열 가지 청정한 기쁨이다.

만약 보살들이 이 법에 편안히 머물면 위없는 광대하고 청정

한 기쁨을 얻는다.

◉ 疏 ◉

三有十喜에 初四는 衆生緣이오 次三은 法緣이오 後三은 無緣이라

 셋째, '열 가지 기쁨'은 앞의 4구는 중생의 반연이며,

 다음 3구는 법의 반연이며,

 뒤의 3구는 반연이 없음이다.

經

佛子여 菩薩摩訶薩이 有十種淸淨捨하니

何等이 爲十고

所謂一切衆生이 恭敬供養호대 不生愛著淸淨捨와

一切衆生이 輕慢毁辱호대 不生瞋恚淸淨捨와

常行世間호대 不爲世間八法所染淸淨捨와

於法器衆生에 待時而化호대 於無法器에 亦不生嫌淸淨捨와

不求二乘의 學無學法淸淨捨와

心常遠離一切欲樂의 順煩惱法淸淨捨와

不歎二乘의 厭離生死淸淨捨와

遠離一切世間語와 非涅槃語와 非離欲語와 不順理語와 惱亂他語와 聲聞獨覺語하며 略說乃至一切障菩薩道語를 皆悉遠離淸淨捨와

或有衆生이 根已成熟하야 發生念慧호대 而未能知最上
之法이어든 待時方化淸淨捨와

或有衆生이 菩薩往昔에 已曾敎化라 至於佛地하야사 方
可調伏이라도 彼亦待時淸淨捨와

菩薩摩訶薩이 於彼二人에 無高無下하며 無取無捨하야
遠離一切種種分別하고 恒住正定하야 入如實法하야 心
得堪忍淸淨捨

是爲十이니 若諸菩薩이 安住其中하면 則得如來無上廣
大淸淨捨니라

불자여, 보살마하살이 열 가지 청정한 버림이 있다.

무엇이 열 가지 청정한 버림인가?

이른바 일체중생이 공경하고 공양하되 대착을 내지 않는 청정한 버림,

일체중생이 업신여기고 헐뜯어도 성내지 않는 청정한 버림,

세간에 항상 다녀도 세간의 여덟 가지 법에 물들지 않는 청정한 버림,

법 그릇이 될 만한 중생에게 때를 기다리면서 교화하되, 법 그릇이 되지 못하는 이에게도 싫어하는 마음을 내지 않는 청정한 버림,

이승의 배움과 배움이 없는 법을 구하지 않는 청정한 버림,

마음이 언제나 일체 욕락으로 번뇌를 따르는 법을 멀리 여의는 청정한 버림,

생사를 싫어하여 버리는 이승을 찬탄하지 않는 청정한 버림,

일체 세간의 말, 열반이 아닌 말, 욕심을 여읨이 아닌 말, 이치를 따르지 않는 말, 남을 괴롭히는 말, 성문과 독각의 말을 멀리 여의며, 간략히 말하여 보살의 도에 장애가 되는 모든 말을 모두 멀리 여의는 청정한 버림,

　　어떤 중생은 근기가 이미 성숙하여 생각하는 지혜를 내고서도, 최상의 법을 알지 못하면 때에 맞추어 교화하는 청정한 버림,

　　어떤 중생은 보살이 예전에 이미 교화한 터라, 부처 지위에 이르러야 조복할 수 있을지라도, 그 또한 때를 기다리는 청정한 버림,

　　보살마하살이 저 두 사람에게 높은 것도 없고 낮은 것도 없으며, 취하지도 않고 버리지도 않고서, 일체 가지가지 분별을 멀리 여의고, 항상 바른 선정에 머물면서 진여실상의 법에 들어가 마음으로 견디고 참는 청정한 버림이다.

　　이것이 열 가지 청정한 버림이다.

　　만약 보살들이 이 가운데 편안히 머물면 여래의 위없는 광대하고 청정한 버림을 얻는다.

⊙ 疏 ⊙

四有十捨에 文列十一이니 晉本에 初·二를 但合爲一이라

於中에 初四는 衆生緣이오 次六은 法緣이오 後一은 無緣이라【鈔_ 補註曰 法器衆生者는 是有可化之器也오 待時而化者는 謂器雖可化나 亦須待時니 苟化不待時而欲其速成은 是日中灌瓜니 匪徒無益이라 反戕其生也니라 凡爲人師者 授受之際에 可不愼哉아】

넷째, '열 가지 버림'에 관한 경문의 나열은 11구이다.

60화엄경에서는 제1구와 제2구를 합하여 1구로 삼았다.

그 가운데 앞의 4구는 중생의 반연이며,

다음 6구는 법의 반연이며,

뒤의 1구는 반연이 없음이다.【초_ 보주에서 말하였다. "법 그릇이 될 만한 중생"이란 교화할 만한 그릇이며, "때에 맞추어 교화한다."는 것은 아무리 교화할 만한 그릇이라 할지라도 또한 때에 맞추어야 한다. 만약 때를 맞추지 않고 서둘러 성취하려고 한다면 이는 뜨거운 대낮의 외밭에 물을 부어주는 격이다. 도움이 되지 않을 뿐 아니라, 도리어 그 식물을 죽이는 것이다. 교육을 담당하는 스승이란 가르침을 주고받는 즈음에 삼가지 않을 수 있겠는가.】

上明行體 竟하다

이상에서 밝힌 행의 체성을 끝마치다.

經

佛子여 **菩薩摩訶薩**이 **有十種義**하니

何等이 **爲十**고

所謂多聞義니 **堅固修行故**며

法義니 **善巧思擇故**며

空義니 **第一義空故**며

寂靜義니 **離諸衆生誼慣故**며

不可說義니 **不着一切語言故**며

如實義니 了達三世平等故며

法界義니 一切諸法이 一味故며

眞如義니 一切如來 順入故며

實際義니 了知究竟如實故며

大般涅槃義니 滅一切苦하야 而修菩薩諸行故니라

是爲十이니 若諸菩薩이 安住此法하면 則得一切智無上義니라

불자여, 보살마하살이 열 가지 뜻이 있다.

무엇이 열 가지 뜻인가?

이른바 많이 듣는 뜻, 견고하게 수행하기 때문이다.

법의 뜻, 뛰어나게 생각하여 가리기 때문이다.

공의 뜻, 제일의제(第一義諦)의 공이기 때문이다.

고요한 뜻, 중생들의 시끄러움을 여의기 때문이다.

말할 수 없는 뜻, 일체 언어에 집착하지 않기 때문이다.

진여실상의 뜻, 삼세가 평등함을 알기 때문이다.

법계의 뜻, 일체 법이 하나이기 때문이다.

진여의 뜻, 일체 여래가 따라 들어가기 때문이다.

실제의 뜻, 최고 경지의 진여실상을 알기 때문이다.

열반의 뜻, 일체 고통을 없애고 보살의 모든 행을 닦기 때문이다.

이것이 열 가지 뜻이다.

만약 보살들이 이 법에 편안히 머물면 일체 지혜의 위없는 뜻을 얻는다.

◉ **疏** ◉

第二 '十義' 下 八門은 明造修方便行이라

於中에 前五門은 明自分行이오 後三門은 明勝進行이라

前中에 初二는 明法義오 次二는 說福智오 後一은 顯圓足이라

今初는 以彼法義成行故니 若以能詮爲法이면 則以所詮爲義어니와 今此不取能詮爲法이라 然法約自體오 義是所以니 法總義別이라 餘는 如九地四無礙中辨하다

今初十義는 一은 以修行爲多聞之義니 意在於修라 不在聞故니라 淨名에 亦云 '多聞은 是道場이니 如聞行故라'하니라 二는 思爲法家之義라 餘倣此知니라

法은 卽事法이오 餘八은 理法이니 理法은 所以在於證入이라

(ㄴ) '열 가지 뜻' 이하 8문은 닦아나가는 방편행을 밝혔다.

그 가운데 제1 단락, 5문은 자신의 본분에 의한 행을 밝혔고,

제2 단락, 3문은 훌륭하게 닦아나가는 행을 밝혔다.

제1 단락, 5문 가운데 ① 2문은 법의 뜻을 밝혔고,

② 2문은 복덕과 지혜를 말했으며,

③ 1문은 원만한 구족을 밝혔다.

'① 2문' 가운데 첫째 문은 법의 뜻으로써 수행을 성취하기 때문이다. 만약 이치를 나타내는 문자의 주체[能詮]로 법을 삼으면, 문자에 의해 나타나는 所詮으로 뜻을 삼지만, 여기에서는 能詮을 들어 법을 삼지 않는다. 그러나 법은 자체를 들어 말하고, 뜻은 그 까닭을 말한다. 법은 총상이고 뜻은 별상이다. 나머지는 제9 선혜

173

지의 四無礙에서 말한 바와 같다.

　이 첫 단락의 10가지 뜻은, 제1구는 수행으로 '많이 들음'의 뜻을 삼았다. 그 뜻은 수행에 있는 것이지, 듣는 데에 있지 않기 때문이다. 유마경 또한 "많이 들음이 도량이다. 들었던 것과 같이 행하기 때문이다."고 말하였다.

　제2구는 생각으로 法家의 의의를 삼았다.

　나머지는 이와 같음을 알 수 있다.

　법은 현상 사물의 법이며, 나머지 여덟 가지는 진리의 법으로, 진리의 법은 증득하여 들어감에 있는 바이다.

經

佛子여 菩薩摩訶薩이 有十種法하니
何等이 爲十고
所謂眞實法이니 如說修行故며
離取法이니 能取所取悉離故며
無諍法이니 無有一切惑諍故며
寂滅法이니 滅除一切熱惱故며
離欲法이니 一切貪欲皆斷故며
無分別法이니 攀緣分別永息故며
無生法이니 猶如虛空不動故며
無爲法이니 離生住滅諸相故며
本性法이니 自性無染淸淨故며

捨一切烏波提涅槃法이니 **能生一切菩薩行**하야 **修習不斷故**니라

是爲十이니 **若諸菩薩**이 **安住其中**하면 **則得如來無上廣大法**이니라

불자여, 보살마하살이 열 가지 법이 있다.

무엇이 열 가지 법인가?

이른바 진실한 법이다. 말한 대로 수행하기 때문이다.

취함을 여의는 법이다. 취하는 주체와 취할 대상을 모두 여의기 때문이다.

다툼이 없는 법이다. 일체 의혹과 다툼이 없기 때문이다.

고요한 법이다. 일체 극심한 번뇌를 없애기 때문이다.

욕심을 여의는 법이다. 일체 탐욕이 모두 끊어졌기 때문이다.

분별이 없는 법이다. 반연의 분별이 영영 사라졌기 때문이다.

무생의 법이다. 허공처럼 동하지 않기 때문이다.

작위가 없는 법이다. 생겨나고 머물고 사라지는 여러 모양을 여의기 때문이다.

본성의 법이다. 자성이 물들지 않고 청정하기 때문이다.

일체 오파제(烏波提: 有苦涅槃) 열반을 버리는 법이다. 일체 보살의 행을 내어 닦아 익히고 끊이지 아니하기 때문이다.

이것이 열 가지 법이다.

만약 보살들이 이 가운데 편안히 머물면 여래의 위없는 광대한 법을 얻는다.

● 疏 ●

二有十法이라 法有二義하니 一은 持自性이오 二는 軌生物解니 今此 前七은 通二오 八·九는 唯自性이오 後一은 唯軌生이라
烏波提者는 此云有苦니 卽二乘涅槃이라 佛性論 第二에 說호되 '二 乘無餘는 尙有三餘하니 一은 無明住地惑이오 二는 無漏業이오 三은 變易苦라 故非眞無餘어늘 今以涅槃으로 爲安樂義일세 畧擧有苦 라하니 故應捨之오 軌令衆生으로 不應修此니라

둘째, '열 가지 법'이다.

법에 2가지 뜻이 있다.

㉠ 자성을 지님이며,

㉡ 중생의 軌範이 되어 사물에 대한 이해를 낳아주는 것이다.

여기에서 앞의 7가지는 위의 2가지에 모두 통하고,

제8, 9구는 오직 자성으로 말하고,

마지막 제10구는 오직 중생의 궤범으로 말한다.

烏波提란 중국에서는 '고통이 있다.'는 것으로, 곧 이승의 열반이다.

불성론 제2에서 말하였다.

"이승의 無餘는 아직도 3가지가 남아 있다.

㉠ 삼계 무명의 미혹[無明住地惑]이며,

㉡ 무루업이며,

㉢ 변하고 바뀌는 괴로움이다.

이 때문에 참다운 무여가 아니다. 여기에서는 열반으로써 안락

한 뜻을 삼기에, 괴로움을 생략하여 거론하였다."

　이 때문에 이를 버려두고, 궤범을 마련하여 중생으로 하여금 이를 수행하지 않도록 하였다.

經
佛子여 菩薩摩訶薩이 有十種福德助道具하니
何等이 爲十고
所謂勸衆生起菩提心이 是菩薩福德助道具니 不斷三寶種故며
隨順十種廻向이 是菩薩福德助道具니 斷一切不善法하고 集一切善法故며
智慧誘誨 是菩薩福德助道具니 超過三界福德故며
心無疲倦이 是菩薩福德助道具니 究竟度脫一切衆生故며
悉捨內外一切所有 是菩薩福德助道具니 於一切物에 無所著故며
爲滿足相好하야 精進不退 是菩薩福德助道具니 開門大施하야 無所限故며
上中下三品善根으로 悉以廻向無上菩提하야 心無所輕이 是菩薩福德助道具니 善巧方便相應故며
於邪定下劣不善衆生에 皆生大悲하야 不懷輕賤이 是菩薩福德助道具니 常起大人弘誓心故며

恭敬供養一切如來하고 於一切菩薩에 起如來想하야 令一切衆生으로 皆生歡喜 是菩薩福德助道具니 守本志願하야 極堅牢故며

菩薩摩訶薩이 於阿僧祇劫에 積集善根으로 自欲取證無上菩提인댄 如在掌中이나 然悉捨與一切衆生하야 心無憂惱하며 亦無悔恨하고 其心廣大하야 等虛空界 此是菩薩福德助道具니 起大智慧하야 證大法故니라

是爲十이니 若諸菩薩이 安住其中하면 則具足如來無上廣大福德聚니라

불자여, 보살마하살이 열 가지 복덕의 도를 돕는 도구가 있다.

무엇이 열 가지 복덕의 도를 돕는 도구인가?

이른바 중생을 권하여 보리심을 일으킴이 보살이 복덕의 도를 돕는 도구이다. 삼보의 종자를 단절하지 않기 때문이다.

열 가지 회향을 순종함이 보살의 복덕의 도를 돕는 도구이다. 일체 착하지 못한 법을 끊고 일체 착한 법을 모으기 때문이다.

지혜로 달래어 가르침이 보살이 복덕의 도를 돕는 도구이다. 필경에는 삼세의 복덕을 초월하기 때문이다.

고달픈 마음이 없음이 복덕의 도를 돕는 도구이다. 필경에는 일체중생을 제도하기 때문이다.

안팎의 일체 소유를 모두 버림이 보살이 복덕의 도를 돕는 도구이다. 일체 물건에 집착한 바 없기 때문이다.

원만한 상호를 위하여 정진하여 물러서지 않음이 보살이 복덕

의 도를 돕는 도구이다. 문을 열어놓고 크게 보시하여 제한한 바 없기 때문이다.

상·중·하 3품의 선근들을 모두 위없는 보리에 회향하여, 마음으로 그들을 경멸한 바 없음이 보살이 복덕의 도를 돕는 도구이다. 뛰어난 방편에 상응하기 때문이다.

삿된 선정의 용렬하고 선하지 못한 중생에게 큰 자비의 마음을 내어 천히 여기지 않음이 보살이 복덕의 도를 돕는 도구이다. 항상 큰사람의 깊은 서원을 일으키기 때문이다.

일체 여래를 공경하고 공양하며, 일체 보살에게 여래라는 생각을 일으켜, 일체중생에게 모두 환희의 마음을 내게 함이 보살이 복덕의 도를 돕는 도구이다. 본래의 의지와 소원을 지킴이 지극히 견고하기 때문이다.

보살마하살이 아승지겁에 선근을 쌓았으므로 위없는 보리를 스스로 증득하고자 하면, 손바닥 위에 있는 듯하지만, 모두 일체중생에게 주면서도 마음에 걱정이나 고뇌가 없고, 또한 뉘우침도 없으며, 그 마음의 광대함이 허공계와 같음이 보살이 복덕의 도를 돕는 도구이다. 큰 지혜를 일으켜 큰 법을 증득하기 때문이다.

이것이 열 가지 복덕의 도를 돕는 도구이다.

만약 보살들이 이 가운데 편안히 머물던 여래의 위없고 광대한 복 무더기를 두루 넉넉히 갖출 수 있다.

● 疏 ●
第二 二門 明福智者는 福智는 卽道나 成福智緣일세 名助道具니
如云三寶不斷은 是福이오 勸衆生發은 爲緣等이라 又具二莊嚴은
方爲正道오 偏語는 皆助니 斯則福智 卽助道具라
又以正道는 福智相絕故니 故文中에 說法布施는 皆卽是福이오 非
福緣故니라
今初는 福德中에 二는 順廻向因이오 七은 不雜小善은 廻向於果라
餘는 可知니라

② 2문은 복덕과 지혜를 밝혔다. 이는 복덕과 지혜가 도이지만, 복덕과 지혜의 반연을 성취하기에 그 이름을 '도를 돕는 도구'라 말한다. 이는 마치 삼보를 단절하지 않음은 복덕이고, 중생을 권면하여 발심하도록 함은 반연이라는 등이다.

또한 복덕과 지혜 2가지 장엄을 갖춰야 바야흐로 正道라 하고, 한쪽만을 말한 것은 모두 助道이다. 이는 곧 복덕과 지혜가 바로 '도를 돕는 도구'이다.

또한 '정도'는 복덕과 지혜의 모양이 끊어졌기 때문이다. 따라서 경문에서 말한 설법보시는 모두 복덕이지, 복덕의 반연이 아니기 때문이다.

이의 첫째 문의 복덕 중에 제2구는 회향을 따르는 원인이고, 제7구에서 작은 선이 혼잡 되지 않은 것은 결과에 회향함이다. 나머지는 말하지 않아도 알 수 있다.

經

佛子여 菩薩摩訶薩이 有十種智慧助道具하니
何等이 爲十고
所謂親近多聞眞善知識하야 恭敬供養하고 尊重禮拜하며 種種隨順하야 不違其教 是爲一이니 一切正直하야 無虛矯故며

불자여, 보살마하살이 열 가지 지혜의 도를 돕는 도구가 있다.

무엇이 열 가지 지혜의 도를 돕는 도구인가?

이른바 들은 바 많은 진정한 선지식을 가까이하여 공경하고 공양하며, 존중하고 예배하며, 가지가지로 순종하여 그 가르침을 어기지 않는다.

이것이 첫째 지혜의 도를 돕는 도구이다. 일체가 정직하고 거짓이 없기 때문이다.

◉ 疏 ◉

二智慧具中에 一은 外近善緣이라

둘째, '지혜의 도를 돕는 도구' 가운데 제1은 밖으로 선지식을 가까이하는 반연이다.

經

永離憍慢하고 常行謙敬하야 身語意業이 無有麤獷하며 柔和善順하야 不偽不曲이 是爲二니 其身이 堪作佛法器

故며

영원히 교만을 여의고 항상 겸손하고 공경함을 행하여, 몸과 말과 뜻의 업이 거칠지 않고 부드럽고 착하고 순하여 거짓이 없고 바르지 못함이 없다.

이것이 둘째 지혜의 도를 돕는 도구이다. 그의 몸이 법 그릇이 될 만하기 때문이다.

◉ **疏** ◉

二는 內調法器라

제2는 안으로 법 그릇을 조복함이다.

經

念慧隨覺하야 **未曾散亂**하며 **慚愧柔和**하고 **心安不動**하야 **常憶六念**하며 **常行六敬**하며 **常隨順住六堅固法**이 **是爲三**이니 **與十種智**로 **爲方便故**며

생각하는 지혜가 깨달음을 따라 산란하지 않고 부끄럽고 부드러우며, 마음이 안정되어 흔들리지 않아서,

항상 여섯 가지 생각[念佛, 法, 僧, 戒, 施, 天]을 기억하고,

여섯 가지 공경[六和敬: 身, 口, 意, 戒, 見, 利和敬]을 행하며,

여섯 가지 견고한 법[信, 法, 修, 德, 頂, 覺堅]을 따라 머문다.

이것이 셋째 지혜의 도를 돕는 도구이다. 열 가지 지혜로 방편을 삼기 때문이다.

● 疏 ●

三은 念慧安處니 六念은 自持오 六和는 衆法이니 並見上文이라
六堅은 順位니 本業上卷은 以三賢十聖과 等妙二覺으로 爲六이니
謂信堅·法堅·修堅·德堅·頂堅·覺堅이며
亦名六忍이니 謂信·法·修·正·無垢·一切智며
復名六慧니 謂聞·思·修·無相·照寂·寂照며
復名六觀이니 謂住·行·向·地·無相·一切種智며
卽亦六性이니 謂習種性等이라
一切諸佛이 無不入此일세 故常隨順이라
十種智者는 謂法智·比智·他心智·世智·四諦智·盡智·無生智라

제3은 생각하는 지혜가 안정된 곳이다.

'여섯 가지 생각[念佛, 法, 僧, 戒, 施, 天]'은 자신이 지녀야 할 부분이며,

'六和敬[身, 口, 意, 戒, 見, 利和敬]'은 대중생활에 있어 지켜야 할 법이다. 이는 위의 경문에 모두 보인다.

'여섯 가지 견고한 법'은 지위를 따라 말하였다. 본업경 상권에서는 '三賢十聖[三賢位·十地位]'과 等覺·妙覺으로 6가지를 삼은 바, 十住位에서의 信堅, 十行位에서의 法堅, 十廻向位에서의 修堅, 十地位에서의 德堅, 等覺位에서의 頂堅, 妙覺位에서의 覺堅을 말하며,

또한 六忍이라 말하니, 信·法·修·正·無垢·一切智를 말하며,

또한 六慧라 말하니, 聞·思·修·無相·照寂·寂照를 말하며,

183

또한 六觀이라 말하니, 住·行·向·地·無相·一切種智를 말하며,

또한 六性이라 말하니, 習種性 등을 말한다.

일체 제불이 여기에 들어가지 않음이 없기에 '항상 이를 따른다.'고 말하였다.

'열 가지 지혜'란 法智·比智·他心智·世智·四諦智·盡智·無生智를 말한다.

經

樂法樂義하야 **以法爲樂**하며 **常樂聽聞**하야 **無有厭足**하며 **捨離世論**과 **及世言說**하고 **專心聽受出世間語**하며 **遠離小乘**하고 **入大乘慧 是爲四**니 **一心憶念**하야 **無散動故**며

법을 좋아하고 이치를 좋아하여 법으로 낙을 삼으며,

항상 듣기를 좋아하여 싫어함이 없으며,

세간의 의론과 세간의 말을 버리고 오롯한 마음으로 출세간의 말을 들으며,

소승을 멀리 떠나고 대승의 지혜에 들어가는 것이다.

이것이 넷째 지혜의 도를 돕는 도구이다. 한결같은 마음으로 생각하여 산란함이 없기 때문이다.

● 疏 ●

四는 **法樂怡神**이라

제4는 법의 즐거움으로 정신을 즐겁게 함이다.

經

六波羅蜜을 **心專荷負**하며 **四種梵住**에 **行已成熟**하며 **隨順明法**하야 **悉善修行**하며 **聰敏智人**에 **皆勤請問**하며 **遠離惡趣**하고 **歸向善道**하며 **心常愛樂**하야 **正念觀察**하며 **調伏已情**하고 **守護他意** **是爲五**니 **堅固修行眞實行故**며

육바라밀을 오롯한 마음으로 짊어지며,

자비희사 네 가지 범행(梵行)의 안주에 행이 이미 성숙하였으며,

밝은 법을 따라서 모두 잘 수행하며,

총명하고 지혜 있는 이에게 모두 부지런히 물으며,

사악도를 멀리 여의고 좋은 세계의 선한 길로 나아가며,

마음은 항상 사랑과 즐거움으로 바른 생각 따라 관찰함을 좋아하며,

자신의 정욕을 조복하고 다른 이의 뜻을 수호해 주는 것이다.

이것이 다섯째 지혜의 도를 돕는 도구이다. 진실한 행을 견고하게 닦기 때문이다.

● **疏** ●

五는 **眞實修行**이라

제5는 진실한 수행이다.

經

常樂出離하야 不着三有하며 恒覺自心하야 曾無惡念하며 三覺已絕하고 三業皆善하야 決定了知心之自性이 是爲六이니 能令自他로 心淸淨故며

항상 삼계에서 벗어남을 좋아하여 삼계에 생존하는 모양에 집착하지 않으며,

자기 마음을 항상 깨달아 한 번도 나쁜 생각이 없으며,

세 가지 감각이 이미 끊어지고 삼업이 모두 선하여 마음의 자성을 결정코 아는 것이다.

이것이 여섯째 지혜의 도를 돕는 도구이다. 나와 남의 마음을 청정하게 하기 때문이다.

● **疏** ●

六은 自他雙淨이니 言三覺者는 欲·恚·害也라

제6은 나와 남이 모두 청정함이다.

'세 가지 감각'이라 말한 것은 탐욕·성냄·해코지이다.

經

觀察五蘊이 皆如幻事하며 界如毒蛇하며 處如空聚하며 一切諸法이 如幻如燄하며 如水中月하며 如夢如影하며 如響如像하며 如空中畵하며 如旋火輪하며 如虹蜺色하며 如日月光하야 無相無形하며 非常非斷이며 不來不去며

亦無所住하야 **如是觀察**하야 **知一切法無生無滅**이 **是爲七**이니 **知一切法**이 **性空寂故**며

5온은 모두 요술 부리는 일과 같고, 18계는 독사와 같고, 12처는 빈 마을과 같으며,

일체 모든 법이 요술과 같고 아지랑이와 같으며, 물속의 달과 같으며, 꿈과 같고 그림자와 같으며, 메아리와 같고 영상과 같으며, 공중의 그림과 같고 불 돌리는 바퀴와 같으며, 무지갯빛과 같고 해와 달의 광명과 같아서, 모양도 없고 형상도 없으며, 영원하지도 않고 아주 없지도 않으며, 오지도 않고 가지도 않으며, 머무는 데도 없음을 관찰하는 것이다.

이처럼 관찰하여 일체 법이 생겨남도 없고 사라짐도 없음을 앎이다.

이것이 일곱째 지혜의 도를 돕는 도구이다. 일체 법성이 공하고 고요함을 알기 때문이다.

⦿ **疏** ⦿

七은 **徧觀法性**이라
界如毒蛇者는 **淨名·涅槃**에 **皆以四大爲毒蛇**니 **性違害故**니라 **今居蘊入之中**니 **義當十八界**니 **以四大卽內界故**니라 **俱舍云 '大種은 謂四界**'라하니 **今取總中別義**인댄 **亦可十八界**니 **皆不可執取**니라 **處如空聚者**는 **中無人故**니 **並如涅槃二十三說**이라

제7은 법성을 두루 관찰함이다.

"18계는 독사와 같다."는 것은 유마경과 열반경에서는 모두 四大를 독사에 비유하였다. 사대의 자체가 어긋나고 해치기 때문이다. 이는 5蘊과 12入의 중간에 있으니, 그 의의는 18계에 상당한다. 四大가 바로 內界이기 때문이다. 구사론에 이르기를, "大種은 四界를 말한다."고 하였다. 여기에서는 총상 가운데 별상의 의의를 취한다면, 이 또한 18계이다. 이는 모두 집착할 수 없다.

"12처는 빈 마을과 같다."는 것은 그 가운데 사람이 없기 때문이다. 이는 모두 열반경 23에서 말한 바와 같다.

經
菩薩摩訶薩이 聞一切法이 無我며 無衆生이며 無壽者며 無補伽羅며 無心無境이며 無貪瞋癡며 無身無物이며 無主無待며 無着無行이라 如是一切 皆無所有하야 悉歸寂滅하고 聞已深信하야 不疑不謗이 是爲八이니 以能成就 圓滿解故며

보살마하살은 모든 법이 '나'라는 것도 없고 중생도 없고 오래 사는 것도 없고 보특가라도 없으며, 마음도 없고 대상도 없으며, 탐욕·성냄·어리석음도 없으며, 몸의 주체도 없고 물건의 대상도 없으며, 주인도 없고 상대도 없으며, 집착할 것도 없고 행할 것도 없다. 이와 같이 일체가 모두 아무것도 없어 모두 고요한 데로 돌아간다는 말을 들었다.

이처럼 듣고서 깊은 신심으로 의심하지 않고 비방하지 않는다.

이것이 여덟째 지혜의 도를 돕는 도구이다. 원만한 이해를 성취하기 때문이다.

◉ 疏 ◉

八은 深解二空이니 '無心'已下는 明其法空이라

제8은 我空과 法空을 깊이 이해함이다.

'無心' 이하는 법공을 밝혔다.

經

菩薩摩訶薩이 善調諸根하야 如理修行하야 恒住止觀하며 心意寂靜하야 一切動念이 皆悉不生하야 無我無人하며 無作無行하며 無計我想하며 無計我業하며 無有瘡疣하며 無有瘢痕하며 亦無於此 所得之忍하며 身語意業이 無來無去하며 無有精進하며 亦無勇猛하며
觀一切衆生과 一切諸法에 心皆平等하야 而無所住하며 非此岸非彼岸이라 此彼性離하야 無所從來며 無所至去하야 常以智慧로 如是思惟 是爲九니 到分別相彼岸處故며

보살마하살이 육근을 잘 조복하여 이치대로 수행하여, 항상 지관(止觀: 定·慧)에 머물며,

마음이 고요하여 일체 흔들리는 생각이 모두 일어나지 않아서, '나'라는 것도 없고 남이라는 것도 없으며, 지을 것도 없고 행할 것

도 없으며, '나'라는 생각도 없고 '나'의 업이라는 것도 없으며, 상처도 없고 상처 자국도 없으며, 또한 이 세상에서 얻은 인식도 없으며, 몸과 말과 뜻의 업이 오는 일도 없고 가는 일도 없으며, 정진도 없고 또한 용맹도 없으며,

일체중생과 일체 법을 관찰하는 데 마음이 모두 평등하여 머무는 데가 없으며, 이 언덕도 아니고 저 언덕도 아니다. 이것저것의 성품을 떠나 온 데도 없고 간 데도 없으며, 항상 지극한 지혜로 이처럼 생각하였다.

이것이 아홉째 지혜의 도를 돕는 도구이다. 분별하는 모양의 피안에 이르기 때문이다.

● 疏 ●

九는 止觀雙游니 於中에 先은 總修止觀이오 後'心意'下는 雙釋二門이라 先釋止니 欲取我相이 爲我想이오 正計 爲我業이오 正損法身이 爲瘡疣오 餘過未滅이 爲瘢痕이오 能所忍寂일새 故無來去니라 後'觀一切'下는 釋觀이니 說雖先後나 運在一時니라

제9는 止觀에 모두 유유자적함이다.

이 부분의 앞에서는 총괄하여 지관을 닦음이며,

뒤의 '心意' 이하는 지관 2가지를 모두 해석하였다.

止에 대해 먼저 해석하였다.

'나'라는 모양을 취하고자 함이 '我想'이며,

바로 헤아리는 것이 '我業'이며,

법신을 손상함이 상처[瘡疣]이며,

나머지 허물이 사라지지 않음이 상처의 흔적[瘢痕]이며,

주관과 객관의 인식이 고요하기 때문에 오는 것도 가는 것도 없다.

뒤의 '觀一切' 이하는 觀을 해석하였다. 이에 관한 설명은 선후의 차이가 있지만, 운용은 일시에 이뤄지는 것이다.

經

菩薩摩訶薩이 見緣起法故로 見法淸淨하며 見法淸淨故로 見國土淸淨하며 見國土淸淨故로 見虛空淸淨하며 見虛空淸淨故로 見法界淸淨하며 見法界淸淨故로 見智慧淸淨이 是爲十이니 修行積集一切智故니라

佛子여 是爲菩薩摩訶薩의 十種智慧助道具니 若諸菩薩이 安住此法하면 則得如來一切法無障礙淸淨微妙智慧聚니라

보살마하살은 연기의 법을 보았으므로 법이 청정함을 보았고,

법이 청정함을 보았으므로 국토가 청정함을 보았고,

국토가 청정함을 보았으므로 허공이 청정함을 보았고,

허공이 청정함을 보았으므로 법계가 청정함을 보았고,

법계가 청정함을 보았으므로 지혜가 청정함을 보았다.

이것이 열째 지혜의 도를 돕는 도구이다. 일체 지혜를 수행하여 쌓아가고 모으기 때문이다.

불자여, 이것이 보살마하살의 열 가지 지혜의 도를 돕는 도구이다. 만약 보살들이 이 법에 편안히 머물면 여래의 일체 법에 장애가 없이 청정하고 미묘한 지혜 무더기를 얻는다.

◉ 疏 ◉

十은 修集種智니 謂見法從緣이면 則知國由心現이오 國由心現故로 有而卽空이니 空은 爲法性하야 萬法由生이니 見法性源이 是眞智慧니라 皆離妄垢일새 竝云淸淨이니 五重으로 積集一切智圓이라

제10은 一切種智를 닦고 모아감이다.

법이 인연을 따름을 보면 국토가 마음을 따라 나타남을 알 수 있고,

국토가 마음을 따라 나타나기 때문에 있는 존재이면서도 곧 空이다.

공은 법성으로 일체 모든 법이 이에 의해 생겨나는 것이다.

법성의 본원을 보는 것이 진실한 지혜이다.

이는 모두 허망한 때를 여의었기 때문에 모두 청정이라 말한다.

5중으로 일체 지혜를 쌓아가고 모아감이 원만함이다.

經

佛子여 菩薩摩訶薩이 有十種明足하니
何等이 爲十고
所謂善分別諸法明足과

不取著諸法明足과

離顚倒見明足과

智慧光照諸根明足과

巧發起正精進明足과

能深入眞諦智明足과

滅煩惱業하야 成就盡智無生智明足과

天眼智普觀察明足과

宿住念으로 知前際淸淨明足과

漏盡神通智로 斷衆生諸漏明足이

是爲十이니 若諸菩薩이 安住此法하면 則得如來의 於一切佛法에 無上大光明이니라

불자여, 보살마하살이 열 가지 밝고 만족함이 있다.

무엇이 열 가지 밝고 만족함인가?

이른바 모든 법을 잘 분별하는 밝고 만족함,

모든 법에 집착하지 않는 밝고 만족함,

전도된 소견을 여읜 밝고 만족함,

지혜 광명이 육근을 비춰주는 밝고 만족함,

바른 정진을 뛰어나게 일으키는 밝고 만족함,

진리의 지혜에 깊이 들어가는 밝고 만족함,

번뇌의 업을 없애고서 극진한 지혜와 무생의 지혜를 성취하는 밝고 만족함,

하늘눈의 지혜로 널리 관찰하는 밝고 만족함,

전생의 일을 아는 생각으로 과거 세상이 청정함을 아는 밝고 만족함,

번뇌 망상이 끊어진 데서 얻어진 신통한 지혜로 중생의 모든 번뇌를 끊어주는 밝고 만족함이다.

이것이 열 가지 밝고 만족함이다.

만약 보살들이 이 법에 편안히 머물면 여래의 일체 불법에서 위없는 큰 광명을 얻는다.

● 疏 ●

第三 明足者는 總顯圓足이니 惑闇斯亡이오 智解斯顯일새 故稱爲明이라

足有二義하니 一은 智圓備故오 二는 有進趣故니라 其猶脚足이니 斯卽十號에 明行足義니 果는 稱圓足이오 因은 爲脚足이라

又準涅槃十八이면 以明爲果니 所謂菩提오 以行爲足이니 謂戒定等이니 廣如彼說이라 此居等覺이니 義通二足이어니와 望脚足義컨대 此門도 亦得名爲勝進이라

十中에 前七은 約行이오 後三은 別擧三明이라

③ '밝고 만족함' 1문은 원만한 구족을 총체로 밝혔다.

미혹의 혼미가 이에 사라지고 지혜의 이해가 이에 나타나기 때문에 '밝음[明]'이라 말한다.

만족[足]에는 2가지 뜻이 있다.

㉠ 지혜가 원만하기 때문이며,

ⓛ 앞의 나아감이 있기 때문이다. 그것은 사람의 발과 같다. 이는 부처의 10가지 명호 가운데 하나인 '明行足'이라는 뜻이다. 결과로 말하면 '원만한 구족[圓足]'이라 말하고, 원인으로 말하면 '사람의 발[脚足]'이다.

또한 열반경 18에 준하여 살펴보면, 밝음으로써 결과를 삼으니 이른바 보리이며, 행으로써 足을 삼으니 戒定 등을 말한 것으로, 열반경에서 자세히 말한 바와 같다.

이는 等覺位에 머문 자리로, 그 뜻은 圓足과 脚足에 모두 통하지만, '사람의 발[脚足]'이라는 뜻으로 대조하면 이 법문 또한 그 이름을 '훌륭하게 닦아나감[勝進]'이라 한다.

10가지 가운데 앞의 7가지는 行으로 말하였고, 뒤의 3가지는 3가지 밝음[天眼明·宿命明·漏盡明]을 개별로 열거하였다.

自分行 竟하다

자신의 본분에 의한 행을 끝마치다.

經

佛子여 菩薩摩訶薩이 有十種求法하니
何等이 爲十고
所謂直心求法이니 無有諂誑故며
精進求法이니 遠離懈慢故며
一向求法이니 不惜身命故며
爲除一切衆生煩惱求法이니 不爲名利恭敬故며

爲饒益自他一切衆生求法이니 **不但自利故**며
爲入智慧求法이니 **不樂文字故**며
爲出生死求法이니 **不貪世樂故**며
爲度衆生求法이니 **發菩提心故**며
爲斷一切衆生疑求法이니 **令無猶豫故**며
爲滿足佛法求法이니 **不樂餘乘故**니라
是爲十이니 **若諸菩薩**이 **安住此法**하면 **則得不由他教一切佛法大智慧**니라

불자여, 보살마하살이 열 가지 법을 구함이 있다.

무엇이 열 가지 법을 구함인가?

이른바 곧은 마음으로 법을 구함이다. 속이는 일이 없기 때문이다.

정진하여 법을 구함이다. 게으름을 여의기 때문이다.

한결같이 법을 구함이다. 몸과 목숨을 아끼지 않기 때문이다.

일체중생의 번뇌를 없애주기 위하여 법을 구함이다. 명예와 이익과 존경받음을 위하지 않기 때문이다.

나와 남, 일체중생의 이익을 위하여 법을 구함이다. 자기의 이익만이 아니기 때문이다.

지혜에 들어가고자 법을 구함이다. 문자를 좋아하지 않기 때문이다.

생사에서 벗어나기 위하여 법을 구함이다. 세간의 낙을 탐하지 않기 때문이다.

중생을 제도하기 위하여 법을 구함이다. 보리심을 일으켜주기 때문이다.

일체중생의 의심을 끊어주고자 법을 구함이다. 망설임을 없애주고자 하기 때문이다.

불법의 만족을 위하여 법을 구함이다. 다른 법을 좋아하지 않기 때문이다.

이것이 열 가지 법을 구함이다.

만약 보살들이 이 법에 편안히 머물면 다른 이의 가르침을 의지하지 않고서 일체 불법의 큰 지혜를 얻는다.

◉ 疏 ◉

第二 '有十種求法'下 三門은 明勝進行이니 一은 更求法要오 二는 得已明了오 三은 如說修行이라

今初는 依此成行故니 一은 始心唯直이오 二는 中後無懈오 三은 內不顧身이오 四는 外亡名利오 五는 雙圓二利오 六은 得意亡言이오 七은 果不近求오 八은 因酬所爲오 九는 普決疑惑이오 十은 唯滿佛乘이니 離此十求면 皆邪求也니라

제2 단락, '열 가지 법을 구함' 이하 3문은 훌륭하게 닦아나가는 행을 밝혔다.

첫째, 다시 법의 요체를 구함이며,

둘째, 법을 얻어 밝게 앎이며,

셋째, 말한 대로 수행하는 것이다.

이의 첫째 문은 위의 3가지에 의하여 행을 성취하기 때문이다.

제1구, 곧은 마음으로 법을 구함은 처음 마음은 오직 정직하기 때문이며,

제2구, 정진하여 법을 구함은 중간과 끝까지 게으름이 없음이며,

제3구, 하나같이 법을 구함은 안으로는 몸을 돌아보지 않음이며,

제4구, 일체중생의 번뇌를 없애주기 위하여 법을 구함은 밖으로 명예와 이익을 버림이며,

제5구, 나와 남, 일체중생의 이익을 위하여 법을 구함은 자리와 이타 2가지 모두 원만함이며,

제6구, 지혜에 들어가고자 법을 구함은 종지를 얻고서 언구를 버림이며,

제7구, 생사에서 벗어나기 위하여 법을 구함은 결과를 가까운 데서 구하지 않음이며,

제8구, 중생을 제도하기 위하여 법을 구함은 원인이란 하는 일에 따라 갚아짐이며,

제9구, 일체중생의 의심을 끊어주고자 법을 구함은 널리 의혹을 끊어줌이며,

제10구, 불법의 만족을 위하여 법을 구함은 오직 불법만을 만족으로 생각하는 것이다.

위의 10가지 구법에서 벗어나면 모두가 삿된 구법이다.

佛子여 菩薩摩訶薩이 有十種明了法하니

何等이 爲十고

所謂隨順世俗하야 生長善根이 是童蒙凡夫의 明了法이오

得無礙不壞信하야 覺法自性이 是隨信行人의 明了法이오

勤修習法하야 隨順法住 是隨法行人의 明了法이오

遠離八邪하고 向八正道 是第八人의 明了法이오

除滅衆結하야 斷生死漏하고 見眞實諦 是須陀洹人의 明了法이오

觀味是患하야 知無往來 是斯陀含人의 明了法이오

不樂三界하고 求盡有漏하야 於受生法에 乃至一念도 不生愛著이 是阿那含人의 明了法이오

獲六神通하고 得八解脫하야 九定四辯을 悉皆成就 是阿羅漢人의 明了法이오

性樂觀察一味緣起호대 心常寂靜하야 知足少事하며 解因自得하고 悟不由他하야 成就種種神通智慧 是辟支佛人의 明了法이오

智慧廣大하고 諸根明利하야 常樂度脫一切衆生하며 勤修福智助道之法하며 如來所有十力無畏와 一切功德을 具足圓滿이 是菩薩人의 明了法이라

是爲十이니 若諸菩薩이 安住此法하면 則得如來無上大智明了法이니라

불자여, 보살마하살이 열 가지 밝게 아는 법이 있다.

무엇이 열 가지 밝게 아는 법인가?

이른바 세속을 따라서 선근을 낳고 키워나감이다. 어린아이와 같은 범부가 밝게 아는 법이다.

걸림 없고 깨뜨릴 수 없는 신심을 얻어 법성을 깨달음이다. 따라서 믿고 행하는 사람이 밝게 아는 법이다.

부지런히 법을 닦고 법을 따라 머무름이다. 법을 따라 행하는 사람이 밝게 아는 법이다.

여덟 가지 삿됨[邪見, 邪思惟, 邪語, 邪業, 邪命, 邪方便, 邪念, 邪定]을 여의고 여덟 가지 바른 도를 향함이다. 초과(初果)의 아라한을 얻지 못한 제8의 사람[第八人地]이 밝게 아는 법이다.

많은 결박을 없애어 생사의 번뇌를 끊고 참된 이치를 보는 것이다. 수다원(srota-āpanna: 聲聞乘 四果의 최초 聖果)이 밝게 아는 법이다.

맛이 걱정임을 보고 가고 옴이 없음을 아나니, 사다함(sakṛd-āgāmin: 四果의 제2)이 밝게 아는 법이다.

삼계를 좋아하지 않고 번뇌가 다함을 구하여 몸을 받아 태어나는 한 생각도 애착하지 않는다. 아나함(anāgāmin: 四果의 제3)이 밝게 아는 법이다.

6신통을 얻고 8해탈을 얻어 9선정과 4변재를 모두 성취하였다. 아라한(arhat)이 밝게 아는 법이다.

본성이 한결같은 연기법 관찰하기를 좋아하되, 마음이 항상 고요하여 만족함을 알아 일이 없으며, 아는 것을 자신의 힘으로 얻었고, 깨달음은 남의 힘을 빌리지 않고서 가지가지 신통과 지혜를 성취하였다. 벽지불이 밝게 아는 법이다.

지혜가 광대하고 근성이 총명하여 언제나 일체중생 제도하기를 좋아하며, 복덕과 지혜의 도를 돕는 법을 부지런히 닦아서 여래께서 지닌 열 가지 힘, 네 가지 두려움 없음, 일체 공덕을 두루 갖춰 원만하였다. 보살이 밝게 아는 법이다.

이것이 열 가지 밝게 아는 법이다.

만약 보살들이 이 법에 편안히 머물면 여래의 위없는 큰 지혜를 밝게 아는 법을 얻는다.

● 疏 ●

二 明了法者는 得不照達이면 求之 何用가 總以普賢勝智로 了知 三乘凡聖差別이라【鈔_ '總以普賢'下는 顯能了智니 則是圓智了法이니 無法非圓이어니와 今但約相이면 則所了通小耳라】

둘째, '밝게 아는 법'이란 관조하여 통달하지 못한다면 이를 구한들 그 어디에 쓰겠는가. 모두 보현의 뛰어난 지혜로써 삼승과 凡聖의 차이점을 아는 것이다.【초_ '모두 보현' 이하는 알 수 있는 주체의 지혜를 밝혔다. 이는 원만한 지혜로 법을 아는 것이다. 법이 없으면 원만이 아니겠지만, 여기에서 현상의 모양을 들어 말하면 아는 바가 소승에도 통한다.】

一은 是凡夫니 若童稚蒙昧하야 未能出世라 故隨世俗하야 長四善根이라【鈔_ '長四善根'은 卽暖·頂·忍·世第一法이니 初地에 已廣이라】

① 범부. 어린아이가 어리석은 것처럼 세간을 벗어나지 못하였다. 이 때문에 세속을 따라서 4가지 선근을 키워나가는 것이다.【초_ "4가지 선근을 키워나간다."는 것은 暖位(uṣma-gata), 頂位(mūrdhāna), 忍位(kṣānti), 世第一法位(laukikāgra-dharma)이다. 초지에서 이미 자세히 말하였다.】

二는 謂鈍根이니 隨信他言而行道故로 名隨信行이라

② 노둔한 근기. 남들의 말을 따라 믿으면서 도를 행하기 때문에 그 이름을 '따라서 믿고 행하는 사람'이라 한다.

三은 是利根이니 由自披閱契經等法하야 而行道故로 名隨法行이라 然今旣云覺法自性等이니 則知十中에 前九도 亦兼含大니라 是以智論에 明有三乘其十地法이니 此上二人은 約根分異니라【鈔_ '是以智論'下는 引證하야 成前通大之義라 天台 引此하야 立於通教하야 通大通小하고 通淺通深이니 十地者는 一은 乾慧地오 二는 性地오 三은 八人地오 四는 見地오 五는 薄地오 六은 離欲地오 七은 已辦地오 八은 辟支佛地오 九는 菩薩地오 十은 佛性地니 廣如天台하다】

③ 예리한 근기. 스스로 경전 등의 법을 열람하고서 도를 행하기 때문에 그 이름을 '법을 따라 행하는 사람'이라 한다.

그러나 여기에서는 이미 '법의 자성 등을 깨달았다.'고 말한 것으로 보면 10구 가운데 앞의 9구는 또한 겸하여 대승을 포함하고 있음을 알 수 있다. 이 때문에 지도론에서는 삼승의 '十地法'을 밝혔다. 이상의 2부류 사람은 근기를 들어 그 차이점을 구분한 것이다.【초_ '是以智論' 이하는 인증하여 앞서 말한 대승에 통한다는 뜻을 끝맺고 있다. 천태종에서는 이를 인용하여 모든 교파에 통함을 정립하여 대승에도 통하고 소승에도 통하며, 얕은 부분에도 통하고 깊은 부분에도 통하였다.

十地란 ① 乾慧地, ② 性地, ③ 八人地, ④ 見地, ⑤ 薄地, ⑥ 離欲地, ⑦ 已辦地, ⑧ 辟支佛地, ⑨ 菩薩地, ⑩ 佛性地이다. 천태론에서 자세히 말한 바와 같다.】

四第八人者는 卽初果向이니 又俱舍賢聖品中疏에 云'第八人者는 謂苦法忍이니 八忍之中에 從後數之하야 爲第八故'니라

④ 제8인이란 初果를 향하는 사람이다. 구사론 賢聖品의 疏에서 다음과 같이 말하였다.

"제8인이란 苦法忍을 말한다. 八忍 가운데 뒤로부터 셈하여 제8에 해당되기 때문이다."

五는 初果法이니 斷衆結者는 謂三正三隨니 已如十地라 亦可見所斷惑 八十八使 名爲衆結이니 由見諦理하야 斷無明漏니 無明이 是生死根本일새 名生死漏니라【鈔_ '三正三隨'者는 三正은 卽涅槃經에 謂身見·戒取·疑라하고 俱舍에 說'斷其六'이라 故加三隨니 邊見은 隨身見이니 執斷常者는 必依身故오 見取는 隨戒取니 非因計因하야 必計勝故오 邪見은 隨疑니 疑無之心이 斷善根故일세니라】

⑤ 初果 수다원. 많은 결박을 끊는다는 것은 三正·三隨를 말한다. 앞서 十地에서 말한 바와 같다. 또한 가히 見所斷惑(darśana-prahātavya: 見道位에서 끊어야 할 번뇌)의 88使를 '많은 결박[衆結]'이라 한다. 참된 이치를 봄에 따라서 무명번뇌를 끊는 것이다. 무명이

생사의 근본이기에 그 이름을 '생사번뇌[生死漏]'라 한다.【초_ '三正·三隨'의 三正은 열반경에서는 "身見·戒取·疑惑"이라 말하고, 구사론에서는 "그 6가지를 끊는다."고 하였다. 이 때문에 三隨를 더하였다.

邊見은 몸의 견해를 따름이다. 斷見과 常見에 집착한 자는 반드시 몸에 의지하기 때문이다.

見取는 戒取를 따름이다. 원인이 아닌 것을 원인으로 잘못 생각하여 반드시 이기고자 생각함이다.

邪見은 의혹을 따름이다. 無라고 의심하는 마음이 선근을 단절하기 때문이다.】

六은 一來果니 觀欲味過患하야 已斷六品이니 雖三品惑이 能潤一生일세 故一往來나 而知無往來也니라

⑥ 남은 번뇌 때문에 반드시 천상계와 인간계를 한 차례 왕래한 뒤에야 열반에 드는 지위[一來果]. 欲味의 우환을 관찰하여 9품의 번뇌 가운데 6품을 이미 끊어버렸다. 비록 남은 3품의 번뇌로 한 차례 태어나게 되는 싹을 적셔주기에 한 차례 천상과 인간 세계를 오가지만 오감이 없음을 알고 있다.

七은 不還果니 斷九品盡故로 不還欲界오 乃至 八地惑이 皆斷故로 總云不樂三界니라

⑦ 聲聞 4果 가운데 제3 지위, 죽은 뒤에 다시는 이 세상에 나오지 않고 천상에서 성불하는 果位[不還果]. 욕계의 9품 번뇌를 모두 끊었으므로, 다시는 욕계에 돌아오지 않으며, 내지 八地의 번뇌

가 모두 끊어진 까닭에 이를 총괄하여 "삼계를 좋아하지 않는다."
고 말하였다.

八은 無學果니 八解脫者는 一은 內有色으로 觀外色解脫이오 二는 內無色으로 觀外色解脫이오 三은 淨解脫이니 初二는 如次依初二禪이오 三은 依四禪이오 次는 四無色이 爲四解脫이오 八은 卽滅受想解脫이라 餘義는 已見上文이오 廣如諸論이라

九十은 可知니라【鈔_ 言解脫有八種者는 一 內有色觀外色解脫이니 謂於內身에 有色想貪일새 爲除此貪하야 觀外不淨靑瘀等色하야 令貪不起라 故名解脫이오

二 內無色想觀外色解脫이니 謂於內身에 無色想貪이니 雖已除貪이나 爲堅牢故로 觀外不淨靑瘀等色하야 令貪不起일새 名爲解脫이오

第三 淨解脫이니 身作證 具足住니 謂觀淨色하야 令貪不起일새 名淨解脫이니 觀淨色者는 顯觀轉勝이니 此淨解脫을 身中證得일새 名身作證이오 具足圓滿得住일새 此定을 名具足住니라

四無色定이 爲次四解脫이니 四解脫이 各能棄背下地貪故로 名爲解脫이오

後第八 滅受想定解脫은 身作證具足住하야 棄背受等일새 名爲解脫이라】

⑧ 수행을 끝내어 더 이상 배울 게 없는 지위[無學果].

8가지 해탈은 다음과 같다.

㉠ 내면의 有色으로 바깥 색을 관찰하는 해탈,

ⓒ 내면의 無色으로 바깥 색을 관찰하는 해탈,

　ⓒ 청정해탈이다. 앞의 2가지 해탈은 차례와 같이 初禪天과 二禪天을 따르고, ⓒ은 四禪天을 따른다.

　ⓔ 무색계의 4선정이 4가지 해탈이다.

　ⓜ 이는 멸수상해탈이다.

　나머지 뜻은 이미 위의 경문에 보이며, 여러 논에서 자세히 말한 바와 같다.

　⑨·⑩은 말하지 않아도 알 수 있다. 【초_ 8가지 해탈이란 다음과 같다.

　'㉠ 내면의 有色으로 바깥 색을 관찰하는 해탈'은 내면의 몸에 色想의 탐욕이 있기 때문에 이러한 탐욕을 없애기 위해서 외적인 깨끗하지 못한 '부패를 마친 시체의 전신이 검고 푸르게 물든[青瘀]' 색깔 등을 관찰하여, 탐욕의 마음이 일어나지 않도록 하기에 그 이름을 해탈이라 말한다.

　'ⓒ 내면의 無色으로 바깥 색을 관찰하는 해탈'은 내면의 몸에 色想의 탐욕이 없다. 비록 이미 탐욕의 마음을 없앴다고 하지만 이를 굳건히 하기 위해서 외적인 깨끗하지 못한 '부패를 마친 시체의 전신이 검고 푸르게 물든' 색깔 등을 관찰하여, 탐욕의 마음이 일어나지 않도록 하기에 그 이름을 해탈이라 말한다.

　'ⓒ 청정해탈'은 몸으로 지은 증득을 구족하게 머무름이다. 청정한 색상을 관찰하여 탐욕의 마음이 일어나지 않도록 하기에 그 이름을 '청정해탈'이라 한다. 청정한 색상을 관찰한다는 것은 관찰함이 더욱 뛰어남을 밝힌 것이다. 이 청정해탈을 몸으로 증득하였기에 '몸으로 지은 증득'이라 이름하고, 구족하고 원만하게 머무르기에 그 이름을 '具足住'라 한다.

'㉣ 무색계의 4선정'이 다음 ㉣~㊆의 4가지 해탈이다. 4가지 해탈이 각각 아래 지위의 탐욕을 버리기에 그 이름을 해탈이라 한다.

'◎ 滅受想定解脫'은 몸으로 지은 증득을 구족하게 머물면서 受想 등을 버리기에 그 이름을 해탈이라 한다.】

經

佛子여 菩薩摩訶薩이 有十種修行法하니
何等이 爲十고
所謂恭敬尊重諸善知識修行法과
常爲諸天之所覺悟修行法과
於諸佛所에 常懷慚愧修行法과
哀愍衆生하야 不捨生死修行法과
事必究竟하야 心無變動修行法과
專念隨逐發大乘心諸菩薩衆하야 精勤修學修行法과
遠離邪見하고 勤求正道修行法과
摧破衆魔와 及煩惱業修行法과
知諸衆生의 根性勝劣하야 而爲說法하야 令住佛地修行法과
安住無邊廣大法界하야 除滅煩惱하야 令身淸淨修行法

이 是爲十이니

若諸菩薩이 安住其中하면 則得如來無上修行法이니라

불자여, 보살마하살이 열 가지 수행법이 있다.

무엇이 열 가지 수행법인가?

이른바 선지식을 공경하고 존중하는 수행법,

항상 여러 하늘의 깨달음을 위한 수행법,

부처님 도량에서 항상 부끄러운 마음을 가지는 수행법,

중생을 가엾이 여기어 생사를 버리지 않는 수행법,

일은 반드시 최고의 경지에 이르면서 마음에 변동이 없는 수행법,

대승 마음을 낸 보살 대중을 오롯한 마음으로 따르면서 부지런히 배우는 수행법,

삿된 소견을 멀리 여의고 바른 도를 부지런히 구하는 수행법,

많은 마군과 번뇌의 업을 꺾어버리는 수행법,

중생 근성의 우열을 알고서 그들을 위해 설법하여 부처의 지위에 머물게 하는 수행법,

그지없이 광대한 법계에 머물면서 번뇌를 없애어 몸을 청정케 하는 수행법이다.

이것이 열 가지 수행법이다.

만약 보살들이 이 가운데 편안히 머물면, 여래의 위없는 수행법을 얻는다.

◉ 疏 ◉

三 修行法者는 如說修行하야 方得佛法故니라

常爲諸天者는 爲字는 去聲이라 故晉經에 云 '覺悟諸天'이라하니라 餘竝可知니라

上來 造修行 竟하다

   셋째, 수행법이란 말씀하신 바와 같이 수행하여 바야흐로 불법을 얻기 때문이다.

   '常爲諸天'은 '爲' 자는 '위하여'라는 뜻의 거성이기 때문에 60화엄경에서는 "여러 하늘을 깨닫게 한다."고 갈하였다.

   나머지는 말하지 않아도 알 수 있다.

   위에서 말한, 닦아나가는 행을 끝마치다.

이세간품 제38-6 離世間品 第三十八之六

화엄경소론찬요 제95권 華嚴經疏論纂要 卷第九十五

화엄경소론찬요 제96권
華嚴經疏論纂要 卷第九十六

◉

이세간품 제38-7
離世間品 第三十八之七

經

佛子여 菩薩摩訶薩이 有十種魔하니

何等이 爲十고

所謂蘊魔니 生諸取故며

煩惱魔니 恒雜染故며

業魔니 能障礙故며

心魔니 起高慢故며

死魔니 捨生處故며

天魔니 自憍縱故며

善根魔니 恒執取故며

三昧魔니 久耽味故며

善知識魔니 起著心故며

菩提法智魔니 不願捨離故니라

是爲十이니 菩薩摩訶薩이 應作方便하야 速求遠離니라

    불자여, 보살마하살이 열 가지 마가 있다.

    무엇이 열 가지 마인가?

    이른바 오온의 마이니 많은 집착을 일으키기 때문이다.

    번뇌의 마이니 항상 뒤섞여 물들기 때문이다.

    업의 마이니 장애가 되기 때문이다.

    마음의 마이니 교만을 일으키기 때문이다.

    죽음의 마이니 태어난 곳을 버리기 때문이다.

    하늘의 마이니 스스로 교만하고 방종하기 때문이다.

선근의 마이니 항상 집착하기 때문이다.
삼매의 마이니 오래 탐착하기 때문이다.
선지식의 마이니 집착의 마음을 일으키기 때문이다.
보리법 지혜의 마이니 버리려 원하지 않기 때문이다.
이것이 열 가지 마이다.
보살마하살이 방편을 내어 속히 여의기를 구해야 한다.

◉ 疏 ◉

第三 '有十魔'下 十門은 明離障行이라
分二니 前五門은 明離障成行이오 後五門은 明離障加持라
前中分三이니 初二門은 明所離障體오 次一門은 明離障方便이오
後二門은 顯見佛成行이라
前中에 初는 顯魔體오 後는 辨魔因이라
今初 十魔 能障道故니 一 蘊魔者는 身爲道器라 體與佛同이어니
豈卽是魔리오 蘊魔之名은 特由取著이니 下九 例爾니라
皆以下句로 釋成魔義니 是知以心分別이면 萬法皆魔니 何但此
十이리오 故擧菩提法智하야 以勝況劣이니라 不以心分別이면 一切
皆佛이니 豈捨魔界求佛界耶아
然四魔는 直就體明이오 十魔는 多約執取니 十表無盡故로 與四不
同이라 若欲攝者인댄 除三同外에 皆煩惱攝이라
法은 卽所證이오 智는 是能證이니 能所冥合일새 故名菩提니 若不捨
於分別菩提之見이면 卽是魔矣니라 餘文은 自顯이라

㈐ '열 가지 마' 이하 10문은 장애를 여의는 행을 밝혔다.

10문은 2단락으로 나뉜다.

제1 단락, 5문은 장애를 여의어 행을 성취함을 밝혔고,

제2 단락, 5문은 장애를 여읜 데서 얻어지는 가피를 밝혔다.

제1 단락, 5문은 다시 3단락으로 나뉜다.

① 2문은 장애를 여읠 대상의 체성을 밝혔고,

② 1문은 장애를 여의는 방편을 밝혔으며,

③ 2문은 부처를 친견하여 성취한 행을 밝혔다.

'① 2문' 가운데 첫째 문은 마의 체성을, 둘째 문은 마의 원인을 논변하였다.

이의 첫째 문은 10가지 마가 도에 장애가 되기 때문이다.

제1 오온의 마는 나의 몸은 도의 그릇이라, 그 자체가 부처와 똑같은 몸인데, 어찌 마라고 할 수 있겠는가. 그러나 오온의 마라는 이름은 오직 집착에서 연유한 것이다.

아래 9가지 마의 예도 그와 같다.

모두 아래 구절[…生諸取故, …恒雜染故]에서는 마의 의의를 해석하였다. 이는 마음으로 분별심을 일으키면 모든 법이 모두 마임을 알 수 있다. 어찌 이 10가지에만 그치겠는가. 그러므로 보리법의 지혜를 들어 뛰어난 것으로 못남을 비유하였다. 마음에 분별심이 없으면 일체가 모두 부처이다. 어찌 마의 경계를 버리고 부처의 경계를 구할 게 있겠는가.

그러나 4가지 마는 바로 그 자체를 들어 밝혔고, 10가지 마는

대체로 집착을 들어 말하였다. 10가지는 그지없음을 밝혔기 때문에 4가지 마와 똑같지 않다.

만약 포괄하여 말하고자 한다면 3가지 같은 부분을 제외하고는 모두가 번뇌에 포괄된다.

법은 증득의 대상이며, 증득의 주체이다. 주체와 대상이 하나가 되기에 그 이름을 '보리'라 하였다. 만약 분별하는 보리의 소견을 버리지 않으면 이는 곧 마이다.

나머지 문장의 뜻은 그 나름 분명하다.

經
佛子여 菩薩摩訶薩이 有十種魔業하니
何等이 爲十고
所謂忘失菩提心하고 修諸善根이 是爲魔業이오
惡心布施하고 瞋心持戒하며 捨惡性人하고 遠懈怠者하며 輕慢亂意하고 譏嫌惡慧 是爲魔業이오
於甚深法에 心生慳吝하야 有堪化者라도 而不爲說하고 若得財利恭敬供養하면 雖非法器나 而强爲說이 是爲魔業이오
不樂聽聞諸波羅蜜하고 假使聞說이라도 而不修行하며 雖亦修行이나 多生懈怠하며 以懈怠故로 志意狹劣하야 不求無上大菩提法이 是爲魔業이오
遠善知識하고 近惡知識하며 樂求二乘하야 不樂受生하며

志向涅槃하야 離欲寂靜이 是爲魔業이오
於菩薩所에 起瞋恚心하야 惡眼視之하야 求其罪釁하며 說其過惡하야 斷彼所有財利供養이 是爲魔業이오
誹謗正法하야 不樂聽聞하고 假使得聞이라도 便生毀呰하며 見人說法에 不生尊重하야 言自說是하고 餘說悉非 是爲魔業이오
樂學世論하야 巧述文辭하며 開闡二乘하야 隱覆深法하며 或以妙義로 授非其人하며 遠離菩提하고 住於邪道 是爲魔業이오
已得解脫하야 已安穩者는 常樂親近하야 而供養之하고 未得解脫하야 未安穩者는 不肯親近하며 亦不敎化 是爲魔業이오
增長我慢하야 無有恭敬하며 於諸衆生에 多行惱害하며 不求正法眞實智慧하고 其心弊惡하야 難可開悟 是爲魔業이라
是爲十이니 菩薩摩訶薩이 應速遠離하고 勤求佛業이니라

불자여, 보살마하살이 열 가지 마업이 있다.

무엇이 열 가지 마업인가?

이른바 보리심을 잊고서 선근을 닦음이 마업이다.

나쁜 마음으로 보시하고 성난 마음으로 계율을 지니며, 나쁜 성품 가진 사람을 버리고 게으른 이를 멀리하며, 산란한 뜻을 업신여기고, 나쁜 지혜 있는 이를 싫어함이 마업이다.

깊은 법에 대하여 인색한 마음을 내어, 교화받을 만한 사람에게 설법하지 않으며, 만약 재리에 따라 공경하고 공양하면 법 그릇이 아님에도 구태여 그를 위해 설법함이 마업이다.

모든 바라밀을 들으려 하지 않고, 설령 들었을지라도 수행하지 않으며, 비록 또한 수행할지라도 게으른 생각을 많이 내고, 게으름 때문에 뜻이 용렬하여 위없는 큰 보리심의 법을 구하지 않음이 마업이다.

선지식을 멀리하고 악지식을 가까이하며, 이승을 좋아하여 태어나는 것을 좋아하지 않으며, 열반을 숭상하여 욕심을 여의고 고요하려 함이 마업이다.

보살의 처소에서 성내는 마음을 내어 사나운 눈으로 흘겨보고 허물을 찾아내어 그 잘못을 말하여, 그들이 소유한 재물 공양을 끊는 것이 마업이다.

바른 법을 비방하여 듣기를 좋아하지 않으며, 비록 듣더라도 곧 훼방하며, 설법하는 사람을 보고서도 존중한 마음을 내지 않으며, 제 말이 옳고 다른 말들은 모두 그르다는 것이 마업이다.

세간의 의론을 배워 글쓰기를 잘하고, 이승을 밝혀 심오한 불법을 덮어 두며, 혹은 미묘한 이치를 자격이 없는 이에게 일러주며, 보리를 멀리 여의고 삿된 길에 머무름이 마업이다.

해탈을 얻어 이미 편안하게 된 이를 항상 가까이하여 공양하고, 해탈을 얻지 못하여 편안하지 못한 이는 가까이하지도 않으며, 교화하지도 않음이 마업이다.

아만이 더욱 심하여 공경하는 마음이 없으며, 중생을 괴롭히는 일이 많으며, 바른 법과 진실한 지혜를 구하지 않고, 그 마음이 악하여 깨우치기 어려움이 마업이다.

이것이 열 가지 마업이다.

보살마하살은 이를 멀리 여의고 부처의 업을 부지런히 구해야 한다.

● 疏 ●

二有十魔業者는 行此十事 皆能訛善이오 亦招天魔라 故爲其業이라

十中에 一은 由忘行本하야 令所修善으로 感生死果이오 不至菩提일세 故是其業이라

二는 於蔽度에 不平等故니 於中 初二는 蔽俱行度오 後四는 嫌棄有蔽之人이니 文影畧耳라 夫眞道者는 不施不慳하고 不戒不犯하며 不忍不恚하고 不進不怠하며 不定不亂하고 不智不愚니 嫌他不忍이면 忍度 豈成이리오 他皆倣此하다 又悲化惡故로 況惡爲善資아 不愛其資면 是大迷也니라

餘八은 易知니라 然觀此文컨대 難免魔業이니 願諸後學은 審此省躬이어다

둘째, '열 가지 마업'이란 10가지 일을 행함이 모두 선업을 그르치고, 또한 하늘의 마군을 불러들이기에 '마업'이라 한다.

10가지 가운데 제1 '보리심을 잊고서 선근을 닦음'은 수행의

근본을 망각한 데서 연유하여 닦아야 할 선으로 하여금 생사의 과보를 얻게 하고 보리에 이르지 못하도록 한 까닭에 마업이다.

제2 '나쁜 마음으로 보시' 등은 잘못된 바라밀로 평등하지 못한 까닭이다.

그 가운데 앞의 '나쁜 마음의 보시'와 '성난 마음의 계율' 2가지는 모두 잘못된 바라밀을 행함이며, 뒤의 '나쁜 성품…' '게으른 이…' '산란한 뜻…' '나쁜 지혜…' 4가지는 잘못이 있는 사람을 싫어하고 버림이다. 이의 문장은 한 부분을 생략하였다.

진실한 도란 보시도 아니요 인색함도 아니며, 계율을 지킴도 아니요 계율을 범함도 아니며, 인욕도 아니요 성냄도 아니며, 정진도 아니요 태만도 아니며, 선정도 아니요 산란함도 아니며, 지혜도 아니요 어리석음도 아니다. 인욕을 행하지 못한 남들을 싫어한다면 어떻게 나의 인욕바라밀을 성취할 수 있겠는가. 다른 부분은 모두 이와 같다. 또한 자비의 마음으로 악을 교화하기 때문이다. 하물며 악이란 오히려 선업의 도움이 되는 것이야…. 그 도움이 되는 바를 사랑하지 않으면 이는 아주 크나큰 미혹이다.

나머지 8가지 마업은 말하지 않아도 알기 쉽다. 그러나 이 경문을 살펴보면 마업을 면하기 어려우니, 바라건대 모든 후학은 이러한 점으로 자기 몸을 성찰해야 할 것이다.

佛子여 **菩薩摩訶薩**이 **有十種捨離魔業**하니

何等이 爲十고

所謂近善知識하야 恭敬供養하야 捨離魔業하며

不自尊擧하고 不自讚歎하야 捨離魔業하며

於佛深法에 信解不謗하야 捨離魔業하며

未曾忘失一切智心하야 捨離魔業하며

勤修妙行하야 恒不放逸하야 捨離魔業하며

常求一切菩薩藏法하야 捨離魔業하며

恒演說法호대 心無疲倦하야 捨離魔業하며

歸依十方一切諸佛하야 起救護想하야 捨離魔業하며

信受憶念一切諸佛의 神力加持하야 捨離魔業하며

與一切菩薩로 同種善根하야 平等無二하야 捨離魔業이

是爲十이니 若諸菩薩이 安住此法하면 則能出離一切魔道니라

불자여, 보살마하살이 열 가지 마업을 버림이 있다.

무엇이 열 가지 마업을 버림인가?

이른바 선지식을 가까이 모시고 공경하고 공양함이 마업을 버림이며,

스스로 높은 체하지 않고 스스로 칭찬하지 않음이 마업을 버림이며,

부처님의 깊은 법을 믿고 비방하지 않음이 마업을 버림이며,

일체 지혜의 마음을 잠깐도 잊지 않음이 마업을 버림이며,

미묘한 행을 부지런히 닦고 방일하지 않음이 마업을 버림이며,

일체 보살장[藏]의 법을 항상 구함이 마업을 버림이며,

항상 법을 연설하여도 고달프지 않음이 마업을 버림이며,

시방의 모든 부처님께 귀의하여 구호하려는 생각을 일으킴이 마업을 버림이며,

일체 부처님이 신통한 힘으로 가지(加持)하심을 믿고 생각함이 마업을 버림이며,

일체 보살들과 선근을 함께 심어 평등하고 둘이 없음이 마업을 버림이다.

이것이 열 가지 마업을 버림이다.

만약 보살들이 이 법에 편안히 머물면 일체 마의 도에서 벗어나게 된다.

● 疏 ●

第二捨魔業은 卽離障方便이니 對障修治일세 故云捨離니라 然此十句는 敵對反前호되 但畧而不次耳라

一은 反第五오 二는 反第二오 三은 反第七이오 四는 反第一이오 五는 反第四오 六은 反第八이오 七은 反第三이오 八은 反第九니 救護彼故오 九는 反第十이니 若得佛加면 弊惡息故오 十은 反第六이니 同一善根이니 豈求惡故리오 然復欲顯隨其一善하야 總反前十하고 或以多善으로 共反前一하야 令不定執일세 故不次耳니라

② '마업을 버림' 1문은 장애를 여의는 방편을 밝혔다.

장애를 다스려주기 때문에 '버림[捨離]'이라 말하였다.

그러나 10구는 앞서 말한 마업을 상대로 상반되지만, 단 생략하고 차례가 맞지 않다.

제1구[近善知識]는 제5 사마의 업과 상반되며,
제2구[不自尊擧]는 제2 번뇌마의 업과 상반되며,
제3구[於佛深法]는 제7 선근마의 업과 상반되며,
제4구[未曾忘失]는 제1 온마의 업과 상반되며,
제5구[勤修妙行]는 제4 심마의 업과 상반되며,
제6구[常求一切]는 제8 삼매마의 업과 상반되며,
제7구[恒演說法]는 제3 업마의 업과 상반되며,
제8구[歸依十方]는 제9 선지식마의 업과 상반된다. 그를 구호하기 위함이다.

제9구[信受憶念]는 제10 보리법지마의 업과 상반된다. 만약 부처의 가피를 얻으면 폐악이 사라지기 때문이다.

제10구[與一切菩薩]는 제6 천마의 업과 상반된다. 똑같은 선근인데 어찌 악업을 구하겠는가.

그러나 또한 그 하나의 선업을 따라서 앞서 말한 10가지 마업과 모두 상반되거나 혹은 많은 선업으로써 앞의 하나와 모두 상반되어, 어떤 일정한 것으로 고집하지 않음을 밝히고자 한 까닭에 일정한 차례를 따르지 않았다.

經
佛子여 **菩薩摩訶薩**이 **有十種見佛**하니

何等이 爲十고

所謂於安住世間成正覺佛에 無著見과

願佛에 出生見과

業報佛에 深信見과

住持佛에 隨順見과

涅槃佛에 深入見과

法界佛에 普至見과

心佛에 安住見과

三昧佛에 無量無依見과

本性佛에 明了見과

隨樂佛에 普受見이

是爲十이니 若諸菩薩이 安住此法하면 則常得見無上如來니라

    불자여, 보살마하살이 열 가지 부처를 봄이 있다.

    무엇이 열 가지 부처를 봄인가?

    이른바 세간에 머물면서 바른 깨달음을 성취한 부처에게서 집착이 없음을 보며,

    서원의 부처에게서 태어나심을 보며,

    업보의 부처에게서 깊은 신심을 보며,

    주지의 부처에게서 중생의 뜻 따름을 보며,

    열반의 부처에게서 깊이 들어감을 보며,

    법계의 부처에게서 두루 이르심을 보며,

마음의 부처에게서 편히 안주하심을 보며,

삼매의 부처에게서 한량없고 의지 없음을 보며,

본성의 부처에게서 분명히 아심을 보며,

좋아하는 곳을 따라 태어나는 부처에게서 몸을 널리 받으심을 봄이다.

이것이 열 가지 부처를 봄이다.

만약 보살들이 이 법에 편안히 머물면 항상 위없는 여래를 볼 수 있다.

● 疏 ●

第三 二門은 顯見佛成行이니 由障離故로 果現行成이라

於中에 先은 見佛이오 後는 成行이라

今初는 卽是果現이니 此中所見이 卽前十佛이오 亦是八地十身이니 十身이 與此로 名小不同는 已如前會니라 然此中明見은 皆稱彼佛而見이니 如云無著은 自屬正覺이오 非謂菩薩於彼不著이니 若菩薩이 於此不著이면 下九인들 豈當著耶아 是知皆就所見明見이니 亦不得半就所見이오 半約能見이라

③ 2문은 부처를 친견하여 성취한 행을 밝혔다.

장애를 여읨에 의하여 과덕이 나타나고 행이 성취된 것이다.

2문 가운데 첫째 문은 부처의 친견이고, 둘째 문은 행의 성취이다.

이 첫째 문은 과덕이 나타남이다. 여기에서 볼 수 있는 바가 곧

앞서 말한 10가지 부처이며, 또한 제8 부동지의 十身이다. 십신은 여기에서 말한 바와 그 명호가 조금 똑같지 않음은 이미 앞의 법회에서 말한 바와 같다.

그러나 여기에서 분명히 볼 수 있는 것은 모두 그 부처에 걸맞게 보는 것이다. 예컨대 '집착이 없음'은 부처 그 자체가 正覺에 속한다는 것이지, 보살이 '그 부처에게 집착하지 않는다.'는 말이 아니다. 만약 보살이 부처에게 집착하지 않는 것이라면 아래 9가지인들 어떻게 집착에 해당되는 일이라 하겠는가. 이를 통하여 모두 보는 대상의 부처에게서 분명히 그런 점을 보았다는 것이지, 또한 절반은 보는 대상의 부처로 말하고 절반은 보는 주체의 보살로 말함이 아님을 알 수 있다.

一 無著者는 安住世間故로 不著涅槃이오 成正覺故로 不著生死니 乘無住道하야 示成正覺일새 故名無著이라 稱此而見이 是見正覺이니 他皆準此니라 又無邪慧而不離일새 故云無著이오 無正德而不圓일새 故云正覺이니 則佛·見影畧이라

此卽總句니 下九는 皆此別義니라

제1구, "집착이 없다."는 것은 세간에 안주한 까닭에 열반에 집착하지 않고, 정각을 성취한 까닭에 생사에 집착하지 않는다. 머묾이 없는 도에 편승하여 정각의 성취를 보여주기에 그 이름을 '집착이 없다.'고 말한다. 여기에 알맞게 보는 것이 정각을 보는 것이다. 다른 부분은 모두 이에 준한다.

또한 삿된 지혜를 여의지 않음이 없기에 집착이 없다고 말하

며, 바른 공덕이 원만하지 않음이 없기 때문에 정각이라고 말한다. 이는 부처와 본다는 한 부분이 생략되었다. 이는 총체의 구절이다. 아래 9구는 모두 이에 관한 개별의 의의이다.

二 乘願出生이니 故上文云 '佛願力故로 無不現이라'하고 又乘此願하야 能生一切德故니라

제2구, 서원에 의해 몸을 받아 태어남이다. 이 때문에 위의 경문에서 이르기를, "부처의 원력 때문에 몸을 나타내지 않음이 없다."고 하였다.

또한 이러한 서원에 의해 일체 공덕을 낳아주기 때문이다.

三 報는 卽相好莊嚴身이오 業은 卽萬行之因이니 而深信爲首일세 云深信見이라하니 故下善財云 '一切諸佛이 從信心起'라 亦能令見者信故니라

제3구, 報는 相好莊嚴身이며, 業은 모든 행의 원인이다. 깊은 신심으로 으뜸을 삼았기에 깊은 신심을 보았다고 말한다. 이 때문에 아래의 경문에서 선재동자가 말하기를, "일체 제불이 신심에서 일어난다."고 하였다. 이 또한 이런 부처를 보는 보살로 하여금 믿게끔 만들어 주기 때문이다.

四는 隨順衆生하야 住持舍利等故오 又隨順衆生하야 以圓音周徧 三世하야 持佛法故니라

제4구, 중생의 원하는 바를 따라서 사리 등을 남기기 때문이며, 또한 중생의 원하는 바를 따라서 원만한 음성으로써 삼세에 두루 전하면서 불법을 유지하기 때문이다.

五. 涅槃은 卽是化身이니 化身은 示滅일세 故名涅槃이라 '深入見'者는 深入涅槃일세 故能示滅이오 深入生死일세 故示滅非眞이라【鈔_ '深入涅槃'者는 得無住涅槃하야 能建大事오 '深入生死故 示滅非眞'者는 悟生死性이 卽性淨涅槃이라 故知示滅非眞滅也니 稱性常在故일세니라】

제5구, 열반은 화신이다. 화신은 죽음을 보여주는 까닭에 그 이름을 열반이라 한다.

"깊이 들어감을 본다."는 것은 열반에 깊이 들어간 까닭에 죽음을 보여주고, 생사에 깊이 들어간 까닭에 죽음을 보여줌이 진실이 아니다.【초_ "깊이 열반에 들어간다."는 것은 無住涅槃을 얻어 큰 일을 세움이며, "생사에 깊이 들어간 까닭에 죽음을 보여줌이 진실이 아니다."는 것은 생사의 자성이 곧 자성 청정의 열반임을 깨달은 것이다. 이 때문에 죽음을 보여줌이 진실한 열반이 아님을 알 수 있다. 본성과 하나 되어 영원히 존재하기 때문이다.】

六은 法身이 充滿於法界故니 法界로 爲佛體故니라

제6구, 법신이 법계에 충만하기 때문이다. 법계로 부처의 몸을 삼기 때문이다.

七은 湛然安住眞唯識性이 是佛心故니라

제7구, 담담하게 안주함이 불심이기 때문이다.

八은 寂然無依하야 心言路絶이 卽三昧義니 觸類皆然일세 故三昧無量이라

제8구, 고요히 의지함이 없어 마음과 언어가 끊어진 자리가 바

로 삼매의 뜻이다. 모든 유가 모두 그러하기에 삼매는 한량이 없다.

九는 平等性智로 了本性故며 本覺眞性은 性本了故니라

제9구, 평등성지로 본성을 알기 때문이며, 본각진성은 본성이 본래 요달하기 때문이다.

十은 隨自他意하야 無身不受故니라

依上十見이면 則眞見佛이니 旣知十佛인댄 總別六相圓融이면 則依十見하야 無有障礙니라【鈔_ '依上十' 下는 六相圓融이니 總은 卽一佛이오 別은 分爲十이오 同은 帶於佛이오 異는 則正覺 相好等差오 成은 則攬十共하야 成眞佛之義오 壞는 則十身이 各住自位니라】

제10구, 나와 남의 뜻을 따라서 몸을 받지 않음이 없기 때문이다.

위의 10가지 친견에 의하면, 진실하게 부처를 보는 것이다. 이미 10가지 부처를 안다면 총상과 별상 6가지로 원융하면 10가지 친견에 의하여 장애가 없다.【초_ '依上十' 이하는 6가지 모양의 원융이다.

總相은 곧 하나의 부처이며,

別相은 10가지로 나뉘며,

同相은 부처를 수반함이며,

異相은 정각과 상호 등의 차별이며,

成相은 10가지 공통점을 들어서 眞佛을 성취하는 의의이며,

壞相은 10가지 몸이 각각 자기의 자리에 머묾이다.】

經

佛子여 菩薩摩訶薩이 有十種佛業하니
何等이 爲十고
所謂隨時開導 是佛業이니 令正修行故며
夢中令見이 是佛業이니 覺昔善根故며

불자여, 보살마하살이 열 가지 부처의 업이 있다.
무엇이 열 가지 부처의 업인가?
이른바 때를 따라 인도함이 부처의 업이다. 바른 수행을 하게 하기 때문이다.
꿈속에서 보도록 함이 부처의 업이다. 옛날의 선근을 깨닫기 때문이다.

◉ 疏 ◉

二有十種佛業은 卽是成行이니 前見佛體오 今辨佛因이라 又行順佛行일새 故名佛業이니 佛은 以利生爲事業故니라
十中에 初總 餘別이오 又總別은 合爲五對니 一 覺導·夢化對니라

둘째, '열 가지 부처의 업'은 행의 성취이다.
앞에서는 부처의 몸을 보았고, 여기에서는 부처의 원인을 논변하였다. 또한 행이 부처의 행을 따르기에 그 이름을 '부처의 업'이라 한다. 부처님은 중생에게 이익을 베푸는 것으로 사업을 삼기 때문이다.
10구 가운데 첫 구절은 총상이고, 나머지는 모두 별상이다.

또한 총상과 별상이 합하여 5대구이다.

제1 대구, 잠 깬 상태에서의 인도와 꿈속에서의 교화에 의한 대구이다.

經
爲他演說所未聞經이 **是佛業**이니 **令生智斷疑故**며
爲悔纏所纏者하야 **說出離法**이 **是佛業**이니 **令離疑心故**며

남들을 위해 듣지 못한 경전을 연설함이 부처의 업이다. 지혜를 낳아 의심을 끊어주기 때문이다.

후회와 속박으로 얽힌 이에게 세간을 벗어나는 법을 말해줌이 부처의 업이다. 의심을 여의게 해주기 때문이다.

● 疏 ●
二 開纏·淨戒對니 犯戒疑悔일새 故爲彼纏이오 令其懺除일새 故名 出離니라
戒有多種이오 出離亦多로되 總相言之면 不過二種이니 一은 事오 二는 理니 事隨輕重하야 篇聚悔除오 理觀性空이 是眞奉律이니 若具二者인댄 罪無不離니라
又如瑜伽九十九에 有五惡作하니 卽是悔纏이니
一은 謂作是思惟하고 後定自責이오 二는 諸天訶責이오 三은 大師同行責이오 四는 惡名流布오 五는 死墮惡趣니라
亦有五相하야 能除此惡作이니 謂佛許還淨故며 由無知等을 我已

減故며 當來無犯意를 我已生故며 已於同梵行悔故며 佛說悔除로 爲善哉하고 惡作相續으로 以爲蓋故니라

餘如淨名第一과 及隨好品辨하다【鈔_ '又瑜伽九十九'下는 重釋淨戒니 先擧所治오 後'亦有五相'下는 擧其能治니 此五 亦可對前五인댄 唯三四不次니라 一은 由佛許還淨일세 故不自責이오 二는 由滅無知일세 不懼天所訶오 三은 已生無犯之意일세 不懼惡名이오 四는 同行悔일세 不懼同行之責이오 五는 佛許悔除일세 故不懼惡道어니와 而其實義는 此五 通能治於前五니라】

제2 대구, 속박에서 벗어남과 청정한 계율의 대구이다.

계를 범했는지 의심하고 후회하는 까닭에 그에 의해 얽매이고, 그로 하여금 참회하여 없애도록 한 까닭에 그 이름을 '벗어남[出離]'이라 한다.

계에는 여러 가지가 있으며, 벗어남 또한 많으나 총상으로 말하면 2가지에 지나지 않는다.

㉠사법계, ㉡이법계이다.

'㉠사법계'는 경중의 무더기를 따라 후회하고 없앰이며,

'㉡이법계'는 자성이 공함을 관찰함이 진실하게 계율을 받듦이다.

만약 위 2가지를 모두 갖추면 죄를 여의지 않음이 없다.

또한 유가론 99에서는 5가지의 나쁜 짓[惡作]을 말하였다. 이것이 후회와 속박으로 얽힘이다.

㉠이런 생각을 하고서 뒤이어 반드시 자책함이며,

㉡ 모든 하늘이 꾸짖음이며,

㉢ 스승과 동행이 꾸짖음이며,

㉣ 악명이 널리 퍼짐이며,

㉤ 죽어 악도에 떨어짐이다.

또한 5가지 모양[五相]이 있어서 이런 나쁜 짓을 없애준다.

㉠ 부처가 다시 청정하게 되리라는 점을 허락하였기 때문이며,

㉡ 무지 등에 연유함을 내가 이미 없앴기 때문이며,

㉢ 미래에 다시는 범하지 않겠다는 뜻을 내가 이미 냈기 때문이며,

㉣ 이미 梵行에 함께하리라 후회하였기 때문이며,

㉤ 부처가 말해준 후회를 없애는 것으로 선을 삼고, 나쁜 짓이 이어지는 것으로 무명을 삼았기 때문이다.

나머지는 유마경 제1 및 隨好品에서 말한 바와 같다.【초_'또한 유가론 99' 이하는 청정한 계율을 다시 해석한 것이다. 앞에서는 다스릴 대상을 들어 말하였고, 뒤의 '亦有五相' 이하는 다스림의 주체를 들어 말하였다. 이 5가지 또한 앞의 5가지를 상대로 말하면 그 가운데 오직 제3, 제4는 차례가 맞지 않다.

'㉠ 부처가 다시 청정하게 되리라는 점을 허락하였기 때문'에 자책하지 않고,

'㉡ 무지를 이미 없앴기 때문'에 하늘의 꾸지람을 두려워하지 않으며,

'㉢ 미래에 다시는 범하지 않겠다는 뜻을 이미 냈기 때문'에 악

명을 두려워하지 않고,

　'ㄹ 동행에게 후회하였기 때문'에 동행의 꾸지람을 두려워하지 않으며,

　'ㅁ 부처가 후회 없애는 것을 허락하였기 때문'에 악도를 두려워하지 않지만, 그 실제의 뜻은 이 5가지가 모두 앞서 말한 5가지의 나쁜 짓을 다스려주는 것이다.】

經
若有衆生이 起慳吝心과 乃至惡慧心과 二乘心과 損害心과 疑惑心과 散動心과 憍慢心하면 爲現如來衆相莊嚴身이 是佛業이니 生長過去善根故며
於正法難遇時에 廣爲說法하야 令其聞已하고 得陀羅尼智와 神通智하야 普能利益無量衆生이 是佛業이니 勝解淸淨故며

　어떤 중생이 인색한 마음 내지 나쁜 꾀의 마음, 이승의 마음, 해코지의 마음, 의혹의 마음, 흔들리는 마음, 교만한 마음을 일으키면, 여래의 여러 가지 상호의 장엄한 몸을 나타냄이 부처의 업이다. 과거의 선근을 낳고 키워주기 때문이다.

　바른 법을 만나기 어려울 때에 널리 설법하여 그들이 듣도록 하고, 다라니의 지혜와 신통한 지혜를 얻게 하여, 한량없는 중생에게 두루 이익을 베풂이 부처의 업이다. 훌륭한 이해가 청정하기 때문이다.

● **疏** ●

三은 現相·說法對니 於現相中에 由如來相이 從六度生일새 故除六蔽하고 見此殊勝일새 不希二乘이오 觀慈善根하야 決知尊勝이오 住心佛境하야 自失威光일새 故無害等이라

제3 대구, 상호를 보여줌과 설법의 대구이다.

상호를 보여준 부분에서 말한 여래의 아름다운 상호가 6바라밀에 의해 얻어진 것이기에 6가지 가림[六蔽: 慳心, 破戒心, 瞋恚心, 懈怠心, 散亂心, 愚癡心]을 없애주고, 이처럼 뛰어남을 볼 수 있기에 이승을 바라지 않고, 자비의 선근을 보고서 반드시 존귀하고 뛰어남을 알며, 부처의 경계에 마음을 안주하여 스스로 위세와 광명을 잃기에 해코지 등이 없다.

經

若有魔事起어든 能以方便으로 現虛空界等聲하야 說不損惱他法하야 以爲對治하야 令其開悟하면 衆魔 聞已에 威光歇滅이 是佛業이니 志樂殊勝하야 威德大故며
其心無間하야 常自守護하야 不令證入二乘正位하며 若有衆生이 根性未熟이면 終不爲說解脫境界 是佛業이니 本願所作故며

만약 마의 장난이 일어나면 방편으로 허공계 등과 같은 음성을 울려 내어 남을 괴롭히지 않는 법을 연설하여 다스림을 삼아 그들을 깨닫게 하면, 모든 마군이 설법을 듣고서 위엄과 광명이 사라

짐이 부처의 업이다. 마음으로 훌륭한 것을 좋아하여 위덕이 크기 때문이다.

그 마음에 간단함이 없이 항상 스스로 수호하여 이승의 바른 지위에 들어가지 않도록 하며, 중생의 근성이 성숙하지 못하면 끝까지 해탈의 경계를 말하지 않음이 부처의 업이다. 본래의 서원으로 짓기 때문이다.

◉ 疏 ◉

四는 降魔·護小對라

제4 대구, 마군의 항복 받음과 소승을 막음의 대구이다.

經

生死結漏를 一切皆離하고 修菩薩行호대 相續不斷하야 以大悲心으로 攝取衆生하야 令其起行하야 究竟解脫이 是佛業이니 不斷修行菩薩行故며
菩薩摩訶薩이 了達自身과 及以衆生이 本來寂滅하야 不驚不怖호대 而勤修福智하야 無有厭足하며
雖知一切法이 無有造作이나 而亦不捨諸法自相하며
雖於諸境界에 永離貪欲이나 而常樂瞻奉諸佛色身하며
雖知不由他하고 悟入於法이나 而種種方便으로 求一切智하며
雖知諸國土 皆如虛空이나 而常樂莊嚴一切佛刹하며

雖恒觀察無人無我나 而敎化衆生하야 無有疲厭하며
雖於法界에 本來不動이나 而以神通智力으로 現衆變化하며
雖已成就一切智智나 而修菩薩行하야 無有休息하며
雖知諸法이 不可言說이나 而轉淨法輪하야 令衆心喜하며
雖能示現諸佛神力이나 而不厭捨菩薩之身하며
雖現入於大般涅槃이나 而一切處에 示現受生하야 能作如是權實雙行法이 是佛業이라
是爲十이니 若諸菩薩이 安住其中하면 則得不由他敎無上無師廣大業이니라

생사에 얽힌 번뇌를 모두 여의고 보살행을 닦되 끊임없이 이어서 큰 자비의 마음으로 중생을 거두어, 그들로 하여금 보살행을 일으켜 결국에 해탈케 함이 부처의 업이다. 보살행을 끊임없이 닦기 때문이다.

보살마하살이 자신과 중생들이 본래 고요함임을 알고서 놀라지 않고 두려워하지 않되, 복과 지혜를 부지런히 닦아 싫어함이 없으며,

비록 일체 모든 법이 조작이 없음을 알지만 또한 여러 법의 제 모양을 버리지 않으며,

비록 모든 경계에서 탐욕을 여의었지만 언제나 부처의 색신 뵙기를 좋아하며,

비록 남들의 힘을 빌리지 않고 깨달아 법에 들어감을 알지만

가지가지 방편으로 일체 지혜를 구하며,

　비록 모든 국토가 모두 허공과 같음을 알지만 항상 일체 세계 장엄하기를 좋아하며,

　비록 언제나 남들도 없고 '나'라는 것도 없음을 관찰하지만 중생을 교화하면서 싫어함이 없으며,

　비록 법계는 본래 동하지 않지만 신통지혜의 힘으로 많은 변화를 나타내며,

　비록 이미 일체 지혜의 지혜를 성취하였지만 보살행 닦기를 멈춤이 없으며,

　비록 모든 법이 말할 수 없음을 알지만 청정한 법륜을 굴리어 중생의 마음을 기쁘게 하며,

　비록 부처님들의 신통한 힘을 나타내지만 보살의 몸을 버리지 않으며,

　비록 큰 열반에 들어감을 나타내지만 일체 모든 곳에서 몸을 받아 태어나, 이처럼 방편과 실상을 함께 행하는 법을 짓는 것이 부처의 업이다.

　이것이 열 가지 부처의 업이다.

　만약 보살들이 이 가운데 편안히 머물면 남의 가르침을 힘입지 않고서 위없고 스승 없이 광대한 업을 얻는다.

◉ 疏 ◉

五는 悲攝·雙行對라

雙行中에 有十二句하니

初一은 總明無作四諦라 不驚怖者는 妄惑은 本無今有일세 故應驚이오 妄苦는 逼害身心일세 故應怖어늘 今皆了本寂하야 卽同滅理라 故不驚怖니 雖了本寂이나 而修福智하야 爲能治道니라

餘十一句는 別中에 初一은 約苦오 次一은 約集이오 次八은 約道오 後一은 約滅이니 文並可知니라

제5 대구, 대자비의 마음으로 받아들임과 방편과 실상을 함께 행하는 대구이다.

'방편과 실상을 함께 행하는 부분'은 12구이다.

제1구는 작위 없는 四諦를 총괄하여 밝혔다.

놀라거나 두려워하지 않음이란 망상 의혹은 본래 없는 것이 이제 있기 때문에 당연히 놀랄 일이며, 허망한 고통은 몸과 마음을 핍박하기에 당연히 두려운 일이지만, 여기에서는 모두 본래 고요하여 적멸의 이치와 같음을 알기에 놀라거나 두려워하지 않는다. 비록 본래 고요함을 알지만 복덕 지혜를 닦아서 다스림의 주체가 되는 도로 삼는다.

나머지 11구는 개별 가운데,

첫째 1구는 苦諦로 말하였고,

다음 1구는 集諦로 말하였으며,

다음 8구는 道諦로 말하였고,

마지막 1구는 滅諦로 말하였다.

경문은 모두 설명하지 않아도 알 수 있다.

佛子여 菩薩摩訶薩이 有十種慢業하니

何等이 爲十고

所謂於師僧父母와 沙門婆羅門이 住於正道하야 向正道者인 尊重福田所에 而不恭敬이 是慢業이오

或有法師 獲最勝法하야 乘於大乘하야 知出要道하고 得陀羅尼하야 演說契經廣大之法호대 無有休息이어든 而於其所에 起高慢心하며 及於所說法에 不生恭敬이 是慢業이오

於衆會中에 聞說妙法하고 不肯歎美하야 令人信受 是慢業이오

好起過慢하야 自高陵物하야 不見己失하며 不知自短이 是慢業이오

好起過過慢하야 見有德人하고 應讚不讚하며 見他讚歎하고 不生歡喜 是慢業이오

見有法師 爲人說法에 知是法是律이며 是眞實이며 是佛語로대 爲嫌其人일세 亦嫌其法하야 自起誹謗하고 亦令他謗이 是慢業이오

自求高座하며 自稱法師하야 應受供給이오 不應執事라하야 見有耆舊와 久修行人호대 不起逢迎하며 不肯承事 是慢業이오

見有德人하고 顰蹙不喜하며 言辭粗獷하야 伺其過失이

是慢業이오

見有聰慧知法之人하고 **不肯親近**하야 **恭敬供養**하며 **不肯咨問何等爲善**이며 **何等不善**이며 **何等應作**이며 **何等不應作**이며 **作何等業**하면 **於長夜中**에 **而得種種利益安樂**고하야 **愚癡頑很**과 **我慢所呑**으로 **終不能見出要之道 是慢業**이오

復有衆生이 **慢心所覆**로 **諸佛出世**에 **不能親近**하야 **恭敬供養**하며 **新善不起**하고 **舊善消滅**하며 **不應說而說**하고 **不應諍而諍**하면 **未來**에 **必墮險難深坑**하야 **於百千劫**에 **尙不値佛**이어든 **何況聞法**가 **但以曾發菩提心故**로 **終自醒悟 是慢業**이니 **是爲十**이니라

불자여, 보살마하살이 열 가지 교만한 업이 있다.

무엇이 열 가지 교만한 업인가?

이른바 스님, 부모, 사문, 바라문이 바른 도에 머물면서 바른 도에 향하는 이들의 존중한 복전에 공경하지 않음이 교만한 업이다.

어떤 법사가 가장 좋은 법을 얻고, 대승을 의지하여 벗어나는 중요한 도를 알며, 다라니를 얻어 경전의 광대한 법을 연설하되 멈추지 않는데, 그의 처소에서 교만한 마음을 내거나 그가 설법하는 바를 공경하지 않음이 교만한 업이다.

대중법회에서 미묘한 법을 듣고서, 기꺼이 찬탄하여 다른 이들로 하여금 믿고 받아들이도록 하지 않음이 교만한 업이다.

지나친 아만 내는 것을 좋아하여 자신을 드높이고 남을 업신

여기어, 제 허물을 보지 못하고 자기의 단점을 알지 못함이 교만한 업이다.

보다 더 지나친 아만 내는 것을 좋아하여 도덕이 있는 이를 보고서 찬탄해야 할 일을 찬탄하지 않으며, 다른 이가 찬탄하는 것을 보고서 기뻐하지 않음이 교만한 업이다.

어떤 법사가 사람들을 위해 설법하는 것을 보고서 그것이 옳은 법이고 옳은 계율이며, 진실이며, 부처님 말씀인 줄을 알면서도 그 사람을 미워하기에 또한 법까지도 미워하여, 스스로 비방하고 다른 이도 비방하도록 함이 교만한 업이다.

스스로 높은 법좌를 찾고, 자칭 법사라 하여 '당연히 공양을 받아야 하고, 손수 일을 하지 않아야 한다.'고 하여, 노스님과 오랫동안 수행한 큰스님을 보고서도 일어나서 맞이하지 않고 받들어 섬기지도 않음이 교만한 업이다.

공덕 있는 이를 보고서 얼굴을 찌푸리고 좋아하지 않으며, 거친 말씨로 그의 허물만 찾는 것이 교만한 업이다.

총명하고 지혜 있고 법을 아는 사람을 보고서도 기꺼이 친근하게 공경하고 공양하려 하지 않으며, 어떤 것이 선이고 어떤 것이 불선이며, 어떤 것이 해야 할 일이고 어떤 것이 해서는 안 될 일이며, 무슨 업을 지으면 긴긴밤에 가지가지 이익과 안락을 얻을 수 있는가를 묻지 않고, 어리석고 사납고 아만에 사로잡혀 끝까지 삼계를 벗어날 수 있는 중요한 도를 보지 못함이 교만한 업이다.

또한 어떤 중생은 아만의 마음에 가려서 부처님이 세상에 나시어도 가까이서 공경하고 공양하지 않으며, 새로운 선업을 일으키지 못하고 예전의 선업을 소멸하며, 말하지 않을 일을 말하고 다투지 않을 일을 다투면, 미래 세계에 반드시 험난한 구덩이에 떨어져 백천 겁 동안 부처님을 만나지도 못할 것이다. 어떻게 법을 들을 수 있겠는가. 다만 일찍이 보리심을 낸 적이 있기에 끝내는 스스로 깨달음이 교만한 업이다.

이것이 열 가지 교만한 업이다.

● 疏 ●

第二 '有十慢' 下 五門은 明離障加持行中 二니

初 二門은 內成離障行이오 後 三門은 外得加持行이라

前中에 初門은 擧障이오 後門은 顯治니 今初慢者는 恃己於他하야 高擧爲性이오 能障不慢하야 生苦爲業이라 然經論中에 說多差別하야 且明七慢이니 俱舍 十九에 云 '一은 慢이오 二는 過慢이오 三은 慢過慢이오 四는 我慢이오 五는 增上慢이오 六은 卑慢이오 七은 邪慢이라'하니라

제2 단락, '열 가지 교만한 업' 이하 5문은 장애를 여의어 가피를 받는 행을 밝혔다. 이는 2단락이다.

① 2문은 내면으로 장애를 여의는 행을 성취함을 밝혔고,

② 3문은 밖으로 가피를 받는 행을 논변하였다.

'① 2문' 가운데 첫째 문은 장애를 들어 말하였고,

둘째 문은 장애의 다스림을 밝혔다.

이의 첫째 문에서 말한 교만이란 남들에게 나를 내세워 드높

이는 것으로 자성을 삼고, 교만하지 않음을 장애하여 고통을 낳는 것으로 업을 삼는다.

그러나 경론에서 많은 차이점으로 말하여, 또한 7가지 교만[七慢]으로 밝히기도 하였다. 구사론 19에서 다음과 같이 말하였다.

"㉠ 慢, 자기보다 못한 사람을 대하면 자기가 낫다고 자부하고, 동등한 사람에 대하여는 同等하다고 마음속으로 우쭐거리는 교만.

㉡ 過慢, 자기와 동등한 자에 대해서는 자기가 낫다고 하고, 자기보다 나은 사람을 보고는 자신이 그 사람과 동등하다고 생각하는 교만.

㉢ 慢過慢, 자기보다 나은 사람에 대하여 오히려 자기가 낫다고 생각하는 교만.

㉣ 我慢, 5온의 임시 화합의 육신에 집착하여 '나'라 생각하고, '나의 것'이라 생각하여, 그것을 '참 나'로 믿음으로써 생기는 교만.

㉤ 增上慢, 아직 깨달음을 얻지 못했으면서 이미 깨달음을 얻었다고 생각하는 교만.

㉥ 卑慢, 자기보다 월등하게 나은 자에 대하여 자기는 조금 못할 뿐이라고 생각하는 교만.

㉦ 邪慢, 공덕이 없음에도 불구하고 자기가 덕이 있다고 내세우는 삿된 교만이다."

今文開十이니 四五與九는 具有其名이오 餘七은 但有其義라 前三은 卽慢이니 但約有高心故니라 故彼論中에 云 '一慢'者는 謂於他劣에 謂己勝이오 於他等에 謂己等이라하야 雖能稱境이나 以心高

舉일세 說名爲慢이라
初一은 輕人이오 次二는 慢法이라

이의 경문에서는 10가지 교만으로 나누었다. 제4, 제5, 제9의 교만은 그 명칭이 구체적으로 같고, 나머지 7가지 교만은 그 뜻만을 취하였다.

앞의 3가지 교만은 바로 '㉠慢'이다. 다만 드높은 마음만을 들어 말한 까닭이다.

이 때문에 구사론에서 말한 '㉠慢'이란 것은 '자기보다 못한 사람을 대하면 자기가 낫다고 자부하고, 동등한 사람에 대하여는 자기와 동등하다고 생각'하는 것이다. 비록 현상의 사실관계의 경계에 걸맞은 평가를 말한 것이지만, 그의 마음을 드높이 내세운 까닭에 이를 교만이라고 말한다.

제1구는 사람에 대해 경멸함이며,

제2, 제3 2구는 법에 대해 교만함이다.

四中에 自高陵物은 是於他等에 謂己勝이니 卽當過慢이니 過前慢故니라

제4구에서 말한 '自高陵物'은 자기와 동등한 자에 대해서는 자기가 낫다고 생각하는 교만을 말한다. 이는 '㉡過慢'에 해당한다. 앞의 '㉠慢'보다 지나친 교만이기 때문이다.

五는 卽慢過慢이니 今言過過者는 過前慢故니라 有德應讚은 卽於他勝이오 見讚不喜는 是謂己勝이니 應合讚我故니라

제5구는 곧 '㉢慢過慢'이다. 여기에서 過慢이라 말한 것은 앞

의 교만보다 지나친 까닭이다. '공덕이 있어 찬탄할 사람'은 자기보다 나은 사람이며, '남들이 찬탄하는 것을 보고서 기뻐하지 않는 것'은 오히려 자기가 낫다고 생각하는 교만을 말한다. 이는 '당연히 나를 찬탄해야지!'라고 생각하기 때문이다.

六은 卽邪慢이니 謂於無德에 謂己有德일새 故名邪慢이니 成就惡行이 名爲無德이오 恃惡高擧일새 名之爲慢이오 自起誹謗이 卽惡行故니라

제6구는 곧 'ⓐ 邪慢'이다. 공덕이 없음에도 불구하고 자기가 덕이 있다고 내세우기에 이를 '삿된 교만'이라 한다.

악행의 성취를 '공덕이 없음'이라 하고, 악행을 자시하여 드높이기에 그 이름을 '교만'이라 하며, 스스로 비방을 일으킴이 바로 악행이기 때문이다.

七은 卽卑慢이니 耆舊有德이니 卽是彼多分勝이라 不應執事는 卽謂己小劣이니 何得事他리오

제7구는 곧 'ⓑ 卑慢'이다. 노스님은 공덕이 있는 분이다. 그는 자기보다 월등하게 나은 자이다.

'손수 일을 하지 않아야 한다.'는 것은 곧 자기가 조금 못할 뿐이라고 생각하는 교만을 말한다. 어떻게 남을 섬길 수 있겠는가.

八은 亦邪慢이니 起惡行故오

제8구는 또한 'ⓐ 邪慢'이다. 악행을 일으키기 때문이다.

九는 卽我慢이니 我慢所吞故오

제9구는 곧 'ⓒ 我慢'이다. 아만에 사로잡힌 까닭이다.

十은 卽增上慢이니 新善未起는 卽是未得이오 不應諍而諍은 卽是謂得故니라

'其但以曾發'下는 準梵本컨대 應廻安於'百千劫前深坑'之下니 彼梵本에 從消滅下에 云 '不應說而說하야 言多鬪諍하야 發起怨嫌하야 數行此法에 應墮大坑이나 然以曾集菩提心力으로 得受豪貴自在之力하야 於百千劫에 尚不見佛이온 何況聞法'가라하니 晉及度世大意는 皆同梵本이라

若但依今釋인댄 '當墮深坑'은 語其慢過이오 '終自醒悟'는 明非長沒이라 若約八慢인댄 前三은 皆是憍慢이오 亦名傲慢이니 皆於尊境에 不肯禮敬故니라 餘如別說하다 【鈔_ '若約八慢'者는 卽刊定意라 涅槃·成實에 皆有八慢이니 天台智者는 引文殊問經하야 釋法華八鳥할세 明有八慢이니 謂一은 盛壯慢이니 如鵄하고 二는 性慢이니 如梟하고 三은 富慢이니 如鵰하고 四는 自在慢이니 如鷲하고 五는 壽命慢이니 如烏하고 六은 聰明慢이니 如鵲하고 七은 行慢이니 如鳩하고 八은 色慢이니 如鴿이라하니라】

제10구는 곧 '㉤增上慢'이다.

"새로운 선업을 일으키지 못함"이란 아직 얻지 못함을 말하고,

"다투지 않을 일을 다툰다."는 것은 얻었다고 생각하기 때문이다.

"다만 일찍이 보리심을 낸 적이 있기에" 이하는 범본에 준하여 살펴보면, '백천 겁 전 深坑'의 아래에다가 돌려두어야 한다. 저 범본에서는 '消滅' 이하에서 말하였다.

"말하지 않을 일을 말하여 말이 다툼이 많아서 원한을 일으킨

다. 자주 이런 법을 행하면 당연히 깊은 동굴 속에 떨어질 것이다. 그러나 일찍이 쌓아 모아놓은 보리심의 힘으로써 豪貴와 자재한 힘을 얻어 백천 겁에도 오히려 부처를 만나보지 못할 것이다. 어떻게 더욱이 법을 들을 수 있겠는가."

60화엄경 및 도세경에서 말한 大意는 모두 법본과 같다.

만약 이의 해석만을 따른다면 "당연히 험난한 구덩이에 떨어진다."는 것은 그 '慢過(ⓒ 慢過慢)'를 말하고, "끝내는 스스로 깨닫는다."는 것은 영원히 묻혀 있음이 아님을 밝힌 것이다.

만약 8가지 교만[八慢]으로 말하면, 앞의 3가지는 모두 이런 교만이며, 또한 오만이라고도 한다. 모두 존귀한 자리에서 예의와 공경함을 좋아하지 않기 때문이다.

나머지는 개별로 말한 바와 같다.【초_ "만약 8가지 교만으로 말하면"이란 간정기에서 말한 뜻이다. 열반경과 성실론에서 모두 8가지 교만을 말하였다. 천태지자가 文殊問經을 인용하여 법화경의 八鳥를 해석할 적에 8가지 교만을 밝혔다.

㉠ 盛壯慢, 솔개와 같고,

㉡ 性慢, 올빼미와 같고,

㉢ 富慢, 수리와 같고,

㉣ 自在慢, 독수리와 같고,

㉤ 壽命慢, 까마귀와 같고,

㉥ 聰明慢, 까치와 같고,

㉦ 行慢, 비둘기와 같고,

◎ 色慢, 집비둘기와 같다.】

經
若諸菩薩이 離此慢業하면 則得十種智業하나니
何等이 爲十고
所謂信解業報하야 不壞因果 是智業이오
不捨菩提心하고 常念諸佛이 是智業이오
近善知識하야 恭敬供養하며 其心尊重하야 終無厭怠 是智業이오
樂法樂義하야 無有厭足하며 遠離邪念하고 勤修正念이 是智業이오
於一切衆生에 離於我慢하며 於諸菩薩에 起如來想하며 愛重正法을 如惜己身하며 尊奉如來를 如護己命하며 於修行者에 生諸佛想이 是智業이오
身語意業이 無諸不善하야 讚美賢聖하며 隨順菩提 是智業이오
不壞緣起하고 離諸邪見하며 破暗得明하야 照一切法이 是智業이오
十種廻向으로 隨順修行하며 於諸波羅蜜에 起慈母想하며 於善巧方便에 起慈父想하야 以深淨心으로 入菩提舍 是智業이오
施戒多聞과 止觀福慧의 如是一切助道之法을 常勤積

集하야 無有厭倦이 是智業이오
若有一業이 爲佛所讚하야 能破衆魔煩惱鬪諍하며 能離一切障蓋纏縛하며 能敎化調伏一切衆生하며 能隨順智慧하야 攝取正法하며 能嚴淨佛刹하며 能發起通明이면 皆勤修習하야 無有懈退 是智業이라
是爲十이니 若諸菩薩이 安住其中하면 則得如來의 一切善巧方便인 無上大智業이니라

만약 보살들이 이 교만한 업을 여의면 열 가지 지혜의 업을 얻는다.

무엇이 열 가지 지혜의 업인가?

이른바 업보를 믿어 알아서 인과를 무너뜨리지 않음이 지혜의 업이다.

보리심을 버리지 않고 항상 부처님을 생각함이 지혜의 업이다.

선지식을 가까이하여 공경하고 공양하며, 마음으로 존중하여 끝까지 싫어하지 않음이 지혜의 업이다.

법을 좋아하고 이치를 좋아하여 싫어함이 없으며, 삿된 생각을 멀리 여의고 바른 생각을 부지런히 닦음이 지혜의 업이다.

일체중생에게 아만을 여의고 보살에게 여래라는 생각을 내며, 바른 법을 사랑하고 중히 여겨 내 몸을 아끼듯 하고 높이 여래를 받들기를 내 목숨을 보호하듯 하며, 수행하는 이에게 부처님이란 생각을 내는 것이 지혜의 업이다.

몸과 말과 뜻의 업에 착하지 않음이 없고, 성현을 찬미하고 보

리를 따름이 지혜의 업이다.

　연기를 파괴하지 않고 삿된 소견을 여의며, 어둠을 깨뜨리고 밝음을 얻어 일체 법을 비춤이 지혜의 업이다.

　열 가지 회향을 따라 수행하며, 모든 바라밀에는 사랑스러운 어머니란 생각을 내고 뛰어난 방편에는 자상한 아버지란 생각을 내어 깊고 청정한 마음으로 보리의 집에 들어감이 지혜의 업이다.

　보시·계율·많이 듣는 것·지관 그리고 복덕과 지혜, 이와 같은 일체 도를 돕는 법을 언제나 부지런히 모아 게으르지 않음이 지혜의 업이다.

　하나의 업이 부처님의 찬탄한 바가 되어 모든 마군, 번뇌, 투쟁을 깨뜨리며, 일체 장애와 덮개, 결박과 얽힘을 여의며, 일체중생을 교화하고 조복하며, 지혜를 따라서 바른 법을 거두어 지니며, 부처님 세계를 청정하게 장엄하며, 신통과 밝음을 일으키면 모두 부지런히 닦고 물러서지 않음이 지혜의 업이다.

　이것이 열 가지 지혜의 업이다.

　만약 보살들이 이 가운데 편안히 머물던 여래의 일체 뛰어난 방편과 위없는 큰 지혜의 업을 얻는다.

◉ 疏 ◉

二는 十種智業은 顯對治行이니 謂旣識障惑하야 不令增長하고 制情從理하야 敬重法行일세 故名智業이라

文中에 初는 結前生後니 文通兩段이오 後'何等'下는 正顯이니 竝是

智之作用일세 故名爲業이라

둘째, '열 가지 지혜의 업'은 장애를 다스리는 행을 밝혔다.

이미 장애와 미혹을 알고서 더 커나가지 않도록 하고, 정욕을 제재하여 이치를 따라서 법의 행을 존중하기에 그 이름을 '지혜의 업'이라 한다.

경문의 첫 부분은 앞의 문장을 끝맺으면서 뒤의 문장을 일으킴이다. 문장은 2단락에 모두 통한다.

뒤의 '何等' 이하는 바로 밝힘이다. 이는 모두 지혜의 작용이기에 그 이름을 '업'이라 한다.

經

佛子여 菩薩摩訶薩이 有十種魔所攝持하니
何等이 爲十고
所謂懈怠心이 魔所攝持며
志樂狹劣이 魔所攝持며
於少行生足이 魔所攝持며
受一非餘 魔所攝持며
不發大願이 魔所攝持며
樂處寂滅하야 斷除煩惱 魔所攝持며
永斷生死 魔所攝持며
捨菩薩行이 魔所攝持며
不化衆生이 魔所攝持며

疑謗正法이 魔所攝持니 是爲十이니라

불자여, 보살마하살이 열 가지 마에 붙잡힘이 있다.

무엇이 열 가지 마에 붙잡힘인가?

이른바 게으른 마음이 마에 붙잡힘이며,

뜻이 옹졸하고 못남을 좋아함이 마에 붙잡힘이며,

조금 행하고서 만족함이 마에 붙잡힘이며,

하나를 받고서 나머지를 아니라 함이 마에 붙잡힘이며,

큰 서원을 내지 못함이 마에 붙잡힘이며,

고요한 곳을 좋아하여 번뇌를 끊음이 마에 붙잡힘이며,

생사를 아주 끊음이 마에 붙잡힘이며,

보살행을 버림이 마에 붙잡힘이며,

중생을 교화하지 않음이 마에 붙잡힘이며,

바른 법을 비방함이 마에 붙잡힘이다.

이것이 열 가지 마에 붙잡힘이다.

◉ 疏 ◉

第二 '魔攝持'下 三門은 辨外加持行이라

分二니 此門은 所離障이오 後二門은 能治行이라

今初는 卽最障加持니 由內行乖理하야 外魔得便을 名爲攝持오 又 行乖理 卽是魔攝이라

初二는 心怠志狹이오 次二는 行少解滯오 次二는 捨願趣斷이오 次 二는 成小捨大오 後二는 捨悲謗法이라

② '마에 붙잡힘' 이하 3문은 밖으로 가피를 받는 행을 논변하였다.

이는 2단락으로 나뉜다.

앞의 1문은 여읠 장애의 대상이며,

뒤의 2문은 다스림의 주체가 되는 행이다.

'앞의 1문'은 가장 가피에 장애되는 것을 말한다. 내면의 행이 이치에 어긋남에 따라서 바깥 마군이 편승함을 '붙잡힘[攝持]'이라 하며, 또한 이치에 어긋난 행이 바로 마에게 붙잡힘이다.

처음 2구는 마음의 게으름과 의지가 협소함이며,

다음 2구는 행이 적음과 이해가 막힘이며,

다음 2구는 서원을 버림과 끊음을 지향함이며,

다음 2구는 작은 성취와 큰 것을 버림이며,

마지막 2구는 자비의 마음을 버림과 불법을 비방함이다.

經

若諸菩薩이 能棄捨此魔所攝持하면 則得十種佛所攝持하나니

何等이 爲十고

所謂初始能發菩提之心이 佛所攝持며

於生生中에 持菩提心하야 不令忘失이 佛所攝持며

覺諸魔事하야 悉能遠離 佛所攝持며

聞諸波羅蜜하고 如說修行이 佛所攝持며

254

知生死苦호대 而不厭惡 佛所攝持며

觀甚深法하고 得無量果 佛所攝持며

爲諸衆生하야 說二乘法호대 而不證取彼乘解脫이 佛所攝持며

樂觀無爲法호대 而不住其中하야 於有爲無爲에 不生二想이 佛所攝持며

至無生處호대 而現受生이 佛所攝持며

雖證得一切智나 而起菩薩行하야 不斷菩薩種이 佛所攝持라

是爲十이니 若諸菩薩이 安住其中하면 則得諸佛의 無上攝持力이니라

　만약 보살들이 마에 붙잡힘을 버리면 열 가지 부처님의 붙잡아주심을 얻는다.

　무엇이 열 가지 부처님의 붙잡아주심인가?

　이른바 처음 보리심을 냄이 부처님의 붙잡아주심이며,

　태어나고 태어나는 가운데 보리심을 지니고서 잊지 않음이 부처님의 붙잡아주심이며,

　마의 일임을 깨달아 멀리 여읨이 부처님의 붙잡아주심이며,

　바라밀을 듣고서 설법대로 수행함이 부처님의 붙잡아주심이며,

　생사의 고통을 알되 싫어하지 않음이 부처님의 붙잡아주심이며,

　깊고 깊은 법을 관찰하여 한량없는 과덕을 얻음이 부처님의 붙잡아주심이며,

중생을 위해 이승의 법을 말하면서도 그 법으로 해탈함을 증득하지 않음이 부처님의 붙잡아주심이며,

무위의 법을 기꺼이 관찰하되 그 가운데 머물지 않고서 유위와 무위에 둘이란 생각을 내지 않음이 부처님의 붙잡아주심이며,

태어남이 없는 자리에 이르렀지만, 몸을 받아 태어남이 부처님의 붙잡아주심이며,

일체 지혜를 증득하였으나 보살행을 일으켜 보살의 종성을 끊이지 않게 함이 부처님의 붙잡아주심이다.

이것이 열 가지 부처님의 붙잡아주심이다.

만약 보살들이 이 가운데 편안히 머물면 부처님의 위없는 붙잡아주심의 힘을 얻는다.

● 疏 ●

第二 '佛所攝'下 二門은 明能治行이니 由離於邪하야 自然合正이라 於中에 先佛 後法이라

今初는 先은 結前生後요 後 '何等'下는 正說이니 文顯可知니라

뒤의 '부처님의 붙잡아주심' 이하 2문은 다스림의 주체가 되는 행을 밝혔다.

삿됨을 여읨에 따라서 자연스럽게 바른 도에 부합함이다.

2문 가운데 첫째 문에서는 부처를, 둘째 문에서는 법을 말하였다.

'첫째 문'의 첫 구절은 앞의 문장을 끝맺으면서 뒤의 문장을 일

으켰고, 뒤의 '何等' 이하는 바르게 말하였다.

경문의 뜻이 분명하여 설명하지 않아도 알 수 있다.

經
佛子여 菩薩摩訶薩이 有十種法所攝持하니
何等이 爲十고
所謂知一切行無常이 法所攝持며
知一切行苦 法所攝持며
知一切行無我 法所攝持며
知一切法寂滅涅槃이 法所攝持며
知諸法이 從緣起라 無緣則不起 法所攝持며
知不正思惟故로 起於無明하고 無明起故로 乃至老死起하며 不正思惟 滅故로 無明이 滅하고 無明이 滅故로 乃至老死滅이 法所攝持며
知三解脫門은 出生聲聞乘하고 證無諍法은 出生獨覺乘이 法所攝持며
知六波羅蜜四攝法으로 出生大乘이 法所攝持며
知一切刹과 一切法과 一切衆生과 一切世 是佛智境界 法所攝持며
知斷一切念하고 捨一切取하야 離前後際하야 隨順涅槃이 法所攝持라
是爲十이니 若諸菩薩이 安住其中하면 則得一切諸佛의

無上法所攝持니라

불자여, 보살마하살이 열 가지 법에 붙잡힘이 있다.

무엇이 열 가지 법에 붙잡힘인가?

이른바 일체 행이 무상함을 앎이 법에 붙잡힘이며,

일체 행이 고통임을 앎이 법에 붙잡힘이며,

일체 행이 '나'라는 것이 없음을 앎이 법에 붙잡힘이며,

일체 법이 고요하여 열반인 줄을 앎이 법에 붙잡힘이며,

일체 법이 인연으로 생겨난 터라, 인연이 없으면 생겨나지 않음을 앎이 법에 붙잡힘이며,

바르지 못한 생각 때문에 무명이 일어나고, 무명이 일어난 까닭에 늙고 죽음까지 일어나며, 바르지 못한 생각이 사라짐에 따라 무명이 사라지고, 무명이 사라지므로 늙고 죽음까지 사라짐을 앎이 법에 붙잡힘이며,

세 가지 해탈문[空·無相·無願]은 성문승을 낳고, 다툼이 없는 법을 증득함은 독각승을 낳음을 앎이 법에 붙잡힘이며,

육바라밀과 사섭법으로 대승이 나온 줄을 앎이 법에 붙잡힘이며,

일체 세계, 일체 법, 일체중생, 일체 세상이 부처 지혜의 경계임을 앎이 법에 붙잡힘이며,

일체 생각을 끊고 일체 집착을 버리고 앞뒤 경계를 여의어 열반을 따름을 앎이 법에 붙잡힘이다.

이것이 열 가지 법에 붙잡힘이다.

만약 보살들이 이 가운데 편안히 머물면 일체 부처님의 위없는 법에 붙잡힘을 얻는다.

◉ 疏 ◉

二 '法攝'中에 前四는 卽四法印이오 次二는 總別緣生이오 次一은 大小오 後二는 智斷이라

둘째, '법에 붙잡힘' 부분의 앞의 4구는 4가지 法印이고,
다음 2구는 인연으로 생겨나는 총상과 별상이며,
다음 1구는 대승과 소승이며,
뒤의 2구는 지혜로 끊음이다.

上辨因圓究竟 訖하다
위에서 논변한 원인의 원만한 최고의 자리를 끝마치다.

經

佛子여 菩薩摩訶薩이 住兜率天에 有十種所作業하니 何等이 爲十고
所謂爲欲界諸天子하야 說厭離法호대 言一切自在 皆是 無常이며 一切快樂이 悉當哀謝라하야 勸彼諸天하야 發菩提心이 是爲第一所作業이오

불자여, 보살마하살이 도솔천에 머물 적에 열 가지 짓는 업이 있다.
무엇이 열 가지 짓는 업인가?

259

이른바 6욕계[사왕천, 도리천, 야마천, 도솔천, 화락천, 타화자재천]의 많은 천왕을 위하여 싫어하여 여읠 법을 말하되, '일체 자재함이 모두 무상하고, 일체 쾌락이 모두 사라진다.'고 하여, 저 천왕들을 권하여 보리심을 내도록 하였다.

이것이 첫째 지은 업이다.

● 疏 ●

第二 '住兜率'下 十九門은 明果用圓滿行이라 多約八相顯果用者는 明是普賢大川之果니 不就淨土實報處說이오 又顯實報不可說故오 又顯八相通因果故니라

長分爲十이니 初 一門은 住天이오 次 一門은 示沒이오 三 一門은 入胎오 四 一門은 住胎오 五 三門은 初生이오 六 二門은 在家오 七 二門은 出家오 八 五門은 成道오 九 二門은 轉法輪이오 十有一門은 入涅槃이라

初之二門은 合屬第三이니 卽是八相이라

今初는 欲說下生하야 先明在天所作이라

一은 化欲天이라

(2) '住兜率' 이하에 19문은 果德의 작용의 원만한 행을 밝혔다.

대체로 부처님의 8가지 모양[八相]을 들어 과덕의 작용을 밝힌 것은 보현보살의 큰 작용의 과덕을 밝힌 것이다. 정토의 實報處에서 말하지 않았다. 또한 實報는 말할 수 없는 것임을 밝혔기 때문이며, 또한 8가지 모양은 인과에 모두 통함을 밝혔기 때문이다.

19문은 크게 10단락으로 나뉜다.

㈀ 제1문은 하늘에 머묾이며,

㈁ 제2문은 죽음을 보임이며,

㈂ 제3문은 모태에 들어감이며,

㈃ 제4문은 모태에 머묾이며,

㈄ 제5~7 3문은 처음 태어남이며,

㈅ 제8~9 2문은 재가이며,

㈆ 제10~11 2문은 출가이며,

㈇ 제12~16 5문은 성도이며,

㈈ 제17~18 2문은 법륜을 굴림이며,

㈉ 제19문은 열반에 듦이다.

앞의 제1~2 2문은 마땅히 제3에 속한다. 이는 부처님의 8가지 모양이다.

㈀ 1문은 하늘에 머물면서 하는 일을 먼저 밝혔다.

이는 下生을 설명하고자 함이다.

제1은 6욕계천을 교화함이다.

經

爲色界諸天하야 **說入出諸禪解脫三昧**호대 **若於其中**에 **而生愛著**하고 **因愛復起身見邪見無明等者**면 **則爲其說如實智慧**하며 **若於一切色非色法**에 **起顚倒想**하야 **以爲淸淨**이면 **爲說不淨**이 **皆是無常**이라하야 **勸其令發菩**

提之心이 是爲第二所作業이오

　　색계의 많은 천왕을 위하여 여러 선정, 해탈, 삼매에 드나듦을 말하되, 만약 그 속에서 애착을 내고, 애착으로 인하여 다시 몸이란 소견, 삿된 소견, 무명 등을 내는 자가 있으면, 그들에게 진여실상의 지혜를 말해주고,

　　만약 일체 색과 색이 아닌 법에 전도된 생각을 일으켜 청정을 삼으면, 그들에게 청정하지 못함이 모두 무상한 것이라 말해주어, 그들이 보리심을 내도록 권하는 것이다.

　　이것이 둘째 지은 업이다.

● 疏 ●

二는 化色天이라

　　제2는 색계천을 교화함이다.

經

菩薩摩訶薩이 住兜率天에 入三昧하니 名光明莊嚴이라 身放光明하야 徧照三千大千世界호대 隨衆生心하야 以種種音으로 而爲說法이어든 衆生聞已하고 信心淸淨하야 命終에 生於兜率天中이면 勸其令發菩提之心이 是爲第三所作業이오

　　보살마하살이 도솔천에 머물 적에 삼매에 드니 그 이름을 '광명장엄삼매'라 한다. 몸에서 광명을 쏟아내어 삼천대천세계를 두

루 비추되, 중생의 마음을 따라 가지가지 음성으로 설법하면, 중생들이 법문을 듣고서 신심이 청정하여, 목숨이 다하는 날 도솔천에 태어나면 그들이 보리심을 내도록 권하는 것이다.

　　이것이 셋째 지은 업이다.

⦿ 疏 ⦿

三은 化大千이라

　　제3은 대천세계를 교화함이다.

經

菩薩摩訶薩이 在兜率天에 以無障礙眼으로 普見十方兜率天中一切菩薩하고 彼諸菩薩도 皆亦見此하야 互相見已에 論說妙法하나니
謂降神母胎와 初生出家와 往詣道場하야 具大莊嚴이며 而復示現往昔已來所行之行호대 以彼行故로 成此大智所有功德하야 不離本處하고 而能示現如是等事 是爲第四所作業이오

　　보살마하살이 도솔천에 머물 적에 걸림 없는 눈으로 시방의 도솔천에 있는 일체 보살을 보고, 그 보살들도 모두 이를 보고서, 서로 마주 보면서 미묘한 법을 논하였다.

　　이른바 도솔천에서 내려오고 모태에 들어가고 탄생하고 출가하고 도량을 찾아가 큰 장엄을 갖추며, 그리고 옛적부터 행하던 일을 나타내되, 그 행으로 말미암아 이처럼 큰 지혜에 소유한 공덕을 성취하여, 본래 그 자리를 떠나지 않고서도 이런 일을 나타내는 것이다.

이것이 넷째 지은 업이다.

◉ 疏 ◉

四는 同類共談이라

제4는 같은 이들이 함께 말함이다.

經

菩薩摩訶薩이 住兜率天에 十方一切兜率天宮諸菩薩衆이 皆悉來集하야 恭敬圍遶어든 爾時에 菩薩摩訶薩이 欲令彼諸菩薩로 皆滿其願하야 生歡喜故로 隨彼菩薩의 所應住地와 所行所斷과 所修所證하야 演說法門하면 彼諸菩薩이 聞說法已하고 皆大歡喜하야 得未曾有하야 各還本土所住宮殿이 是爲第五所作業이오

보살마하살이 도솔천에 머물 적에 시방의 일체 도솔천궁에 있는 보살들이 모두 모여들어 서로 공경하는 마음으로 둘러앉았다.

그때에 보살마하살이 저 보살들의 원하는 바를 모두 만족하여 환희심을 내도록 하고자, 그 보살들의 머무른 곳에서 행할 것, 끊을 것, 닦을 것, 증득할 것을 따라서 법문을 연설하면, 저 보살들이 설법을 듣고서 모두가 아주 기뻐하면서 일찍이 듣지 못했던 바를

얻었다 하고서 제각기 본국에 살던 궁전으로 돌아갔다.

이것이 다섯째 지은 업이다.

● 疏 ●

五는 爲同類說이라

제5는 같은 이들을 위해 설법함이다.

經

菩薩摩訶薩이 住兜率天時에 欲界主天魔波旬이 爲欲壞亂菩薩業故하고 眷屬圍遶하야 詣菩薩所어든 爾時菩薩이 爲摧伏魔軍故로 住金剛道所攝般若波羅蜜方便善巧智慧門하야 以柔軟麤獷二種語로 而爲說法하야 令魔波旬으로 不得其便하면 魔見菩薩의 自在威力하고 皆發阿耨多羅三藐三菩提心이 是爲第六所作業이오

보살마하살이 도솔천에 머물 적에 욕계의 주인인 천마 파순이 보살업을 파괴하고자 그들의 권속에게 둘러싸여 보살의 처소를 찾아오면, 그때 보살은 마군을 굴복시키기 위하여, 금강도에 속한 반야바라밀의 방편과 뛰어난 지혜의 법문에 머물면서 부드럽고 거친 두 가지 말로써 그들을 위해 설법하여, 마왕 파순으로 하여금 기회를 엿보지 못하도록 하였다. 이에 마군이 보살의 자재한 위신력을 보고서 아뇩다라삼먁삼보리심을 내었다.

이것이 여섯째 지은 업이다.

265

● 疏 ●

六는 善巧降魔라

제6은 뛰어난 방편으로 마군을 항복 받음이다.

經

菩薩摩訶薩이 住兜率天에 知欲界諸天子 不樂聞法하고 爾時菩薩이 出大音聲하야 徧告之言호대 今日菩薩이 當於宮中에 現希有事하리니 若欲見者인댄 宜速往詣어다 時諸天子 聞是語已하고 無量百千億那由他衆이 皆來集會어든 爾時菩薩이 見諸天衆의 皆來集已하고 爲現宮中諸希有事하면 彼諸天子 曾未見聞일새 旣得見已에 皆大歡喜하야 其心醉沒하며 又於樂中에 出聲告言호대 諸仁者야 一切諸行이 皆悉無常이며 一切諸行이 皆悉是苦며 一切諸法이 皆悉無我하야 涅槃寂滅이라하며
又復告言호대 汝等은 皆應修菩薩行하야 皆當圓滿一切智智하라하면 彼諸天子 聞此法音하고 憂慼咨嗟하야 而生厭離하야 靡不皆發菩提之心이 是爲第七所作業이오

보살마하살이 도솔천에 머물면서 욕계의 천왕들이 법문 듣기를 좋아하지 않음을 알고서, 그때 보살이 큰 소리로 널리 말하였다.

'오늘 보살이 이 궁중에서 희유한 일을 보여주리니, 보고자 한다면 빨리 모여라.'

당시 천왕들이 이 말을 듣고 한량없는 백천억 나유타 대중이

모두 법회에 찾아와 모였다.

 그때 보살은 하늘 대중이 모두 모인 것을 보고 궁중에서 희유한 일을 나타냈다. 그 천왕들은 일찍이 보고 듣지 못한 일이었다. 이러한 일을 보고서 모두가 크게 기뻐하며 심취하였다.

 또 음악으로 소리를 내어 말하였다.

 '여러분, 일체 모든 행은 모두가 무상하고, 일체 모든 행은 모두가 고통이며, 일체 모든 법이 모두가 나라는 것이 없어 열반은 고요한 것이다.'

 또다시 말하였다.

 '그대들은 모두 보살행을 닦아 모두가 일체 지혜의 지혜를 원만케 하라.'

 저 모든 천왕이 이런 법음을 듣고서 걱정하고 찬탄하면서, 천상의 쾌락을 싫어하는 마음을 내어 모두가 보리심을 일으키지 않은 이가 없었다.

 이것이 일곱째 지은 업이다.

七은 樂音說法이라

 제7은 음악의 소리로 설법함이다.

經

菩薩摩訶薩이 **住兜率宮**에 **不捨本處**하고 **悉能往詣十方**

無量一切佛所하야 見諸如來하고 親近禮拜하며 恭敬聽法이어든 爾時諸佛이 欲令菩薩로 獲得最上灌頂法故로 爲說菩薩地하나니 名一切神通이라 以一念相應慧로 具足一切最勝功德하야 入一切智智位 是爲第八所作業이오

　보살마하살이 도솔천궁에 머물 적에 본래 자리를 떠나지 않고 시방의 한량없는 일체 부처님 계신 곳에 나아가 모든 여래를 뵈옵고 가까이서 예배하고 공경하는 마음으로 법을 들었다.

　그때 부처님들이 보살로 하여금 가장 높은 관정법을 얻게 하고자 보살 지위를 말해주었다. 그 이름을 '일체 신통'이라 한다. 한 생각에 상응하는 지혜로 일체 가장 훌륭한 공덕을 두루 갖춰 일체 지혜의 지혜 자리에 들어가게 하였다.

　이것이 여덟째 지은 업이다.

● 疏 ●

八은 詣佛聞法이라

　제8은 부처님 도량에 나아가 법문을 들음이다.

經

菩薩摩訶薩이 住兜率宮에 爲欲供養諸如來故로 以大神力으로 興起種種諸供養具하니 名殊勝可樂이라 徧法界虛空界一切世界하야 供養諸佛이어든 彼世界中無量衆生이 見此供養하고 皆發阿耨多羅三藐三菩提心이 是

爲第九所作業이오

보살마하살이 도솔천궁에 머물 적에 모든 여래에게 공양하기 위하여, 큰 신통력으로 가지가지 공양거리를 일으켰다. 그 이름을 '뛰어나게 즐거움을 주는 공양거리'라 하였다.

온 법계 허공계의 일체 세계의 부처님께 공양하였는데, 그 세계의 한량없는 중생들이 이런 공양을 보고서 모두 아뇩다라삼먁삼보리심을 내었다.

이것이 아홉째 지은 업이다.

◉ 疏 ◉

九는 **供養多佛**이라

제9는 수많은 부처에게 공양함이다.

經

菩薩摩訶薩이 **住兜率天**에 **出無量無邊如幻如影法門**하야 **周徧十方一切世界**하야 **示現種種色**과 **種種相**과 **種種形體**와 **種種威儀**와 **種種事業**과 **種種方便**과 **種種譬喩**와 **種種言說**하야 **隨衆生心**하야 **皆令歡喜 是爲第十所作業**이니라
佛子여 **是爲菩薩摩訶薩**의 **住兜率天十種所作業**이니 **若諸菩薩**이 **成就此法**하면 **則能於後**에 **下生人間**이니라

보살마하살이 도솔천에 머물 적에 한량없고 그지없는 요술 같

고 그림자 같은 법문을 내어 시방의 일체 세계에 두루두루 갖가지 빛, 갖가지 모양, 갖가지 형체, 갖가지 위의, 갖가지 사업, 갖가지 방편, 갖가지 비유, 갖가지 말을 나타내어 중생의 마음을 따라 모두 그들의 마음을 기쁘게 하였다.

이것이 열째 지은 업이다.

불자여, 이것이 보살마하살이 도솔천에 머물면서 열 가지 지은 업이다.

만약 보살들이 이 법을 성취하면 훗날 인간에 태어날 것이다.

⦿ 疏 ⦿

十은 多身益生이니 結益을 可知니라

제10은 많은 몸으로 중생에게 이익을 줌이다.

이익의 끝맺음은 말하지 않아도 알 수 있다.

經

佛子여 菩薩摩訶薩이 於兜率天將下生時에 現十種事하나니

何等이 爲十고

佛子여 菩薩摩訶薩이 於兜率天下生之時에 從於足下하야 放大光明하니 名安樂莊嚴이라 普照三千大千世界어든 一切惡趣諸難衆生이 觸斯光者 莫不皆得離苦安樂하며 得安樂已에 悉知將有奇特大人이 出興於世 是

爲第一所示現事오

불자여, 보살마하살이 도솔천에서 내려와 태어날 때에 열 가지 일을 나타냈다.

무엇이 열 가지 일을 나타냄인가?

불자여, 보살마하살이 도솔천에서 내려와 태어날 때에 발바닥에서 큰 광명이 쏟아져 나왔다. 그 이름을 '안락장엄의 광명'이라 하였다.

삼천대천세계를 널리 비춰주자, 일체 악도에서 수많은 고난을 겪는 중생으로서 이 광명을 맞이한 이들은 모두 괴로움을 여의고 안락을 얻지 않은 이가 없었다.

안락을 얻고서 모두가 뛰어난 큰 어른이 세상에 나오심을 알게 되었다.

이것이 첫째 나타낸 일이다.

● 疏 ●

第二는 時至示沒을 名將下生이라
大乘方便經 下卷에 云 '菩薩이 如其本願히 處兜率天宮하야 能得菩提하야 轉於法輪을 非爲不能이로되 菩薩이 思惟호되 閻浮提人이 不能至此兜率天上하야 聽受法敎어니와 兜率天人은 能下閻浮라 是故로 下生이라'
一은 廣拔衆苦니라

(ㄴ) 1문은 때가 이르러 죽음을 보여줌을 밝혔다.

이를 '내려와 태어남'이라 말한다.

대승방편경 하권에서 말하였다.

"보살이 본래 서원했던 것처럼 도솔천 궁전에 머물면서 보리를 얻어 법륜을 굴림에 못할 일이 없었지만, 보살이 이런 생각을 하였다.

'염부제 사람들이 도솔천에 이르러 법의 가르침을 들을 수 없지만, 도솔천 사람은 염부에 내려갈 수 있다.'

이 때문에 내려와 태어난 것이다."

제1은 중생의 고통을 널리 뽑아줌이다.

經

佛子여 菩薩摩訶薩이 於兜率天下生之時에 從於眉間白毫相中하야 放大光明하니 名曰覺悟라 普照三千大千世界하야 照彼宿世一切同行諸菩薩身이어든 彼諸菩薩이 蒙光照已에 咸知菩薩이 將欲下生하고 各各出興無量供具하야 詣菩薩所하야 而爲供養이 是爲第二所示現事오

불자여, 보살마하살이 도솔천에서 내려와 태어날 때에 미간의 흰 털에서 큰 광명이 쏟아져 나왔다. 그 이름을 '깨달음의 광명'이라 한다.

삼천대천세계에 널리 비춰 지난 과거 세계에서 함께 수행했던 일체 보살의 몸을 비춰주었다. 그 보살들이 비춰주는 광명을 받고서 모두가 장차 보살이 내려와 태어날 줄을 알고서 각각 한량없는 공양거리를 마련하여 보살의 처소에 찾아가 공양하였다.

이것이 둘째 나타낸 일이다.

● 疏 ●

二는 徧警有緣이라

제2는 인연 있는 이들을 두루 경계함이다.

經

佛子여 菩薩摩訶薩이 於兜率天將下生時에 於右掌中에 放大光明하니 名淸淨境界라 悉能嚴淨一切三千大千世界어든 其中에 若有已得無漏諸辟支佛이 覺斯光者면 卽捨壽命하고 若不覺者면 光明力故로 徙置他方餘世界中하며 一切諸魔와 及諸外道와 有見衆生을 皆亦徙置他方世界호대 唯除諸佛神力所持應化衆生이 是爲第三所示現事오

불자여, 보살마하살이 도솔천에서 내려와 태어날 때에 바른 손바닥에서 큰 광명이 쏟아져 나왔다. 그 이름을 '청정한 경계의 광명'이라 한다.

일체 삼천대천세계를 모두 장엄 청정케 하였다. 그 가운데 이미 무루를 얻은 벽지불로서 이 광명을 깨달은 자라면 바로 목숨을 버리고, 깨닫지 못한 이라면 광명의 힘으로 다른 지방의 다른 세계로 옮겨 두었으며, 모든 마군과 외도와 소견 지닌 중생도 모두 다른 지방의 세계에 옮겨 두었지만, 오직 부처님의 위신력으로 가피를 입어 교화받을 중생만은 제외되었다.

이것이 셋째 나타낸 일이다.

● 疏 ●

三은 嚴刹揀非라

제3은 국토를 장엄하고 그릇된 이들을 가려냄이다.

經

佛子여 菩薩摩訶薩이 於兜率天將下生時에 從其兩膝하야 放大光明하니 名淸淨莊嚴이라 普照一切諸天宮殿호대 下從護世로 上至淨居히 靡不周徧이어든 彼諸天等이 咸知菩薩이 於兜率天에 將欲下生하고 俱懷戀慕하야 悲歎憂惱하야 各持種種華鬘衣服과 塗香末香과 旛蓋技樂하고 詣菩薩所하야 恭敬供養하며 隨逐下生하야 乃至涅槃이 是爲第四所示現事오

불자여, 보살마하살이 도솔천에서 내려와 태어나려 할 때에 두 무릎에서 큰 광명이 쏟아져 나왔다. 그 이름을 '청정 장엄의 광명'이라 한다.

일체 모든 하늘의 궁전들을 널리 비춰주되, 아래로 사천왕으로부터 위로 정거천에 이르기까지 두루 빛나지 않는 데가 없었다.

저 하늘의 대중들은 모두 보살이 도솔천에서 내려오실 줄을 알고 모두 사모하는 마음으로 슬피 탄식하며 걱정하면서 가지가지 화만, 의복, 바르는 향, 가루향, 번기, 일산, 풍악을 갖춰 보살에게 나아가 공경하고 공양하며, 따라 내려와 열반에 이르렀다.

이것이 넷째 나타낸 일이다.

◉ 疏 ◉

四는 覺諸導從이라

제4는 수행하는 이들을 깨우침이다.

經

佛子여 菩薩摩訶薩이 在兜率天하야 將下生時에 於卍字 金剛莊嚴心藏中에 放大光明하니 名無能勝幢이라 普照 十方一切世界金剛力士어든 時有百億金剛力士 皆悉 來集하야 隨逐侍衛호대 始於下生하야 乃至涅槃이 是爲 第五所示現事오

불자여, 보살마하살이 도솔천에서 내려와 태어나려 할 때에 만(卍) 자 금강으로 장엄한 심장에서 큰 광명이 쏟아져 나왔다. 그 이름을 '그 누구도 이길 수 없는 당간의 광명'이라 한다.

널리 시방 일체 세계의 금강역사에게 비치자, 백억 금강역사들이 모두 찾아와 모시고 따라다니면서 내려올 때부터 열반할 때까지 이르렀다.

이것이 다섯째 나타낸 일이다.

◉ 疏 ◉

五는 密召侍衛라

제5는 은밀히 시종과 호위할 이들을 부름이다.

經

佛子여 **菩薩摩訶薩**이 **於兜率天將下生時**에 **從其身上 一切毛孔**하야 **放大光明**하니 **名分別衆生**이라 **普照一切 大千世界**하야 **徧觸一切諸菩薩身**하며 **復觸一切諸天世 人**이어든 **諸菩薩等**이 **咸作是念**호대 **我應住此**하야 **供養 如來**하고 **敎化衆生**이 **是爲第六所示現事**오

불자여, 보살마하살이 도솔천에서 내려와 태어나려 할 때에 몸의 모든 털구멍에서 큰 광명이 쏟아져 나왔다. 그 이름을 '중생을 분별하는 광명'이라 한다.

널리 일체 대천세계에 두루 비춰주어 일체 모든 보살의 몸에 쏟아지고, 또한 일체 모든 하늘과 세상 사람에게 쏟아졌다.

보살들이 모두 이런 생각을 하였다.

'내가 여기 머물면서 여래께 공양하고 중생을 교화하리라.'

이것이 여섯째 나타낸 일이다.

⊙ 疏 ⊙

六은 **先告當機**니라

제6은 먼저 설법을 듣고 깨달음을 얻을 수 있는 대중에게 고함이다.

經

佛子여 **菩薩摩訶薩**이 **於兜率天將下生時**에 **從大摩尼**

寶藏殿中하야 **放大光明**하니 **名善住觀察**이라 **照此菩薩
當生之處**인 **所託王宮**이어든 **其光照已**에 **諸餘菩薩**이 **皆
共隨逐**하야 **下閻浮提**호대 **若於其家**와 **若其聚落**과 **若其
城邑**에 **而現受生**하나니 **爲欲教化諸衆生故 是爲第七所
示現事**오

불자여, 보살마하살이 도솔천에서 내려와 태어나려 할 때에 큰 마니 보장 궁전에서 큰 광명이 쏟아져 나왔다. 그 이름을 '잘 머물면서 관찰하는 광명'이라 한다.

이 보살이 몸을 붙여 태어날 왕궁을 비춰주었다.

그 광명이 비치자, 나머지 보살들이 모두 따라서 염부제에 내려오되 그 집에나 마을에나 그 성읍에 태어났다. 많은 중생을 교화하기 위함이다.

이것이 일곱째 나타낸 일이다.

● 疏 ●

七은 **令輔翼知**라

제7은 보필하는 이들이 알도록 함이다.

經

佛子여 **菩薩摩訶薩**이 **於兜率天臨下生時**에 **從天宮殿과
及大樓閣諸莊嚴中**하야 **放大光明**하니 **名一切宮殿淸淨
莊嚴**이라 **照所生母腹**하야 **光明照已**에 **令菩薩母**로 **安穩**

快樂하야 具足成就一切功德하며 其母腹中에 自然而有 廣大樓閣하야 大摩尼寶로 而爲莊嚴이니 爲欲安處菩薩 身故 是爲第八所示現事오

불자여, 보살마하살이 도솔천에서 내려와 태어나려 할 때에 하늘 궁전과 큰 누각의 모든 장엄거리에서 큰 광명이 쏟아져 나왔다. 그 이름을 '일체 궁전의 청정한 장엄의 광명'이라 한다.

태어날 어머니의 배를 비춰주었다.

그 광명이 비치자, 보살의 어머니는 편안하고 쾌락하여 모든 공덕을 구족하게 성취하였으며, 어머니 배 속에 절로 광대한 누각이 있는데 큰 마니 보배로 장엄하였다. 보살의 몸을 편히 있도록 하기 위함이다.

이것이 여덟째 나타낸 일이다.

◉ 疏 ◉

八은 淨所生處라

제8은 태어날 곳을 청정하게 함이다.

經

佛子여 菩薩摩訶薩이 於兜率天臨下生時에 從兩足下하야 放大光明하니 名爲善住라 若諸天子와 及諸梵天이 其命將終에 蒙光照觸하면 皆得住壽하야 供養菩薩호대 從初下生으로 乃至涅槃이 是爲第九所示現事오

불자여, 보살마하살이 도솔천에서 내려와 태어나려 할 때에 두 발바닥에서 큰 광명이 쏟아져 나왔다. 그 이름을 '잘 머무는 광명'이라 한다.

여러 천왕과 범천의 대중이 그 목숨이 다하려 할 적에 이 광명이 비치면 모두 오래 천수를 누리면서 보살께 공양하되, 처음 내려올 때부터 열반할 때까지 이르렀다.

이것이 아홉째 나타낸 일이다.

◉ 疏 ◉

九는 長延天壽라

제9는 길이 천수를 누림이다.

經

佛子여 菩薩摩訶薩이 於兜率天臨下生時에 從隨好中하야 放大光明하니 名日月莊嚴이라 示現菩薩의 種種諸業이어든 時諸天人이 或見菩薩이 住兜率天하며 或見入胎하며 或見初生하며 或見出家하며 或見成道하며 或見降魔하며 或見轉法輪하며 或見入涅槃이 是爲第十所示現事니

불자여, 보살마하살이 도솔천에서 내려와 태어나려 할 때에 잘생긴 모습에서 큰 광명이 쏟아져 나왔다. 그 이름을 '일월 장엄의 광명'이라 한다.

보살의 가지가지 업을 나타내면, 그때 모든 하늘 대중들은 보살이 도솔천에 머묾을 보기도 하고, 혹은 모태에 들어감을 보기도 하고, 혹은 처음 탄생함을 보기도 하고, 혹은 출가함을 보기도 하고, 혹은 성도를 보기도 하고, 혹은 마군을 항복 받음을 보기도 하고, 혹은 법륜을 굴림을 보기도 하고, 혹은 열반에 드심을 보기도 한다.

이것이 열째 나타낸 일이다.

● 疏 ●

十은 廣現難思니라

제10은 불가사의함을 널리 나타냄이다.

經

佛子여 菩薩摩訶薩이 於身於座於宮殿於樓閣中에 放如是等百萬阿僧祇光明하야 悉現種種諸菩薩業하야 現是業已에 具足一切功德法故로 從兜率天하야 下生人間이니라

불자여, 보살마하살이 몸에서와 자리에서와 궁전에서와 누각에서 이와 같은 백만 아승지 광명을 쏟아내어 가지가지 보살의 업을 모두 나타냈다.

이러한 업을 나타내어 두루 일체 공덕의 법을 갖추었기에 도솔천에서 인간세계에 내려온 것이다."

● 疏 ●

結益이니 可知니라

끝맺음과 이익이다. 이는 말하지 않아도 알 수 있다.

이세간품 제38-7 離世間品 第三十八之七
화엄경소론찬요 제96권 華嚴經疏論纂要 卷第九十六

화엄경소론찬요 제97권
華嚴經疏論纂要 卷第九十七

●

이세간품 제38-8
離世間品 第三十八之八

佛子여 菩薩摩訶薩이 示現處胎에 有十種事하니
何等이 爲十고
佛子여 菩薩摩訶薩이 爲欲成就小心劣解諸衆生故로
不欲令彼로 起如是念호대 今此菩薩이 自然化生이라 智
慧善根이 不從修得일세 是故菩薩이 示現處胎 是爲第
一事오

"불자여, 보살마하살이 모태에 머무는 열 가지 일이 있다.

무엇이 열 가지 일인가?

불자여, 보살마하살이 작은 마음에 용렬한 이해의 중생을 성취시키기 위한 까닭에 그들로 하여금 이런 생각을 내지 못하도록 하였다.

'이 보살은 자연스럽게 화생한 터라, 지혜와 선근이 닦아서 얻은 것이 아니다.'

이 때문에 보살이 모태에 있는 것을 보여주는 것이다.

이것이 첫째 일이다.

◉ 疏 ◉

第三은 正明入胎十事니 如有問言호대 '於四生中에 化生爲上이니 佛爲最勝이어늘 何故 胎生가 諸經論中에 多用初緣하야 以通此問이어니와 今明具十하야 以表無盡이라

一은 化劣解니 此通凡小니라

㈐ '열 가지 일' 1문은 모태에 들어간 일을 밝혔다.

어떤 이가 물었다.

"胞卵濕化 四生 가운데 化生을 으뜸으로 삼는다. 부처님은 가장 훌륭하신 분인데, 무슨 까닭으로 태생인가?"

여러 경전과 논서에서 대부분 처음 인연을 인용하여 이러한 물음에 답하고 있지만, 여기에서는 10가지의 일을 갖추어 그지없음을 나타낸 것이다.

제1은 용렬한 이해를 교화함이다. 이는 범부와 소승에 통한다.

經
菩薩摩訶薩이 爲成熟父母와 及諸眷屬과 宿世同行과 衆生善根하야 示現處胎하나니
何以故오 彼皆應以見於處胎하야 成熟所有諸善根故 是爲第二事오

보살마하살은 부모, 권속, 과거 세계에서 함께 수행하던 중생의 선근을 성숙시켜 주기 위하여 모태에 있는 모습을 보여주는 것이다.

무엇 때문일까?

그들이 모두 모태 중에 있음을 보고서 소유한 모든 선근을 성숙시키기 위함이다.

이것이 둘째 일이다.

◉ 疏 ◉

二는 攝眷屬이니 化生은 設有父母等이나 恩養少故니라

제2는 권속을 받아들임이다.

화생은 설령 부모 등이 있으나 은혜로 길러줌이 적기 때문이다.

經

菩薩摩訶薩이 入母胎時에 正念正知하야 無有迷惑하며 住母胎已에 心恒正念하야 亦無錯亂이 是爲第三事오

보살마하살이 모태에 들어갈 적에 바른 생각으로 바르게 알고서 미혹이 없으며, 모태에 머물면서 마음에 항상 바르게 생각하고 또한 착란이 없다.

이것이 셋째 일이다.

◉ 疏 ◉

三은 三時無亂이니 出時無亂은 在後初生故니라
俱舍世品에 明輪王은 唯入無亂이오 緣覺은 兼住오 唯佛은 三時無亂이니 以福智俱勝故라하니 瑜伽도 同此니라
上之三緣은 小敎亦說이오 次下四事는 兼於權大니라

제3은 入胎時, 住胎時, 出生時에 착란이 없다.

출생시에 착란이 없음은 뒤의 초생에 있기 때문이다.

구사론 世品에서 전륜왕은 오직 入胎時에 착란이 없고, 연각은 입태시와 주태시를 겸하여 착란이 없고, 오직 부처만은 입태시,

주태시, 출생시에 모두 착란이 없다. 복덕과 지혜가 모두 뛰어나기 때문이라고 밝혔다. 유가론에서 말한 바도 이와 같다.

위의 3가지 인연은 소승교에서도 또한 말하였고,

다음 아래 4가지 일은 權敎 대승을 모두 겸하고 있다.

經

菩薩摩訶薩이 在母胎中하야 常演說法에 十方世界諸大菩薩과 釋梵四王이 皆來集會어든 悉令獲得無量神力과 無邊智慧하나니 菩薩이 處胎하야 成就如是辯才勝用이 是爲第四事오

보살마하살이 모태에 있으면서 항상 설법할 적에 시방세계의 큰 보살, 제석과 범천왕, 사천왕이 모두 모여들었다. 모두가 한량없는 신통력과 그지없는 지혜를 얻게 하였다.

보살이 모태에 있으면서 이런 변재와 훌륭한 작용을 성취하였다.

이것이 넷째 일이다.

● 疏 ●

四는 演法益物이라

제4는 법문을 연설하여 중생에게 이익을 줌이다.

經

菩薩摩訶薩이 在母胎中에 集大衆會하야 以本願力으로 教化一切諸菩薩衆이 是爲第五事오

　　보살마하살이 모태에 있으면서 대중을 모으고 본래의 원력으로 일체 보살 대중을 교화하였다.

　　이것이 다섯째 일이다.

● 疏 ●

五는 乘願化生이라【鈔_ '五 乘願化生'者는 明非沒生也라】
　　제5는 본래의 서원으로 중생을 교화함이다.【초_ "제5는 본래의 서원으로 중생을 교화함이다."는 것은 중생을 빠뜨림이 아님을 밝힌 것이다.】

經

菩薩摩訶薩이 於人中成佛에 應具人間最勝受生이니 以此示現處於母胎 是爲第六事오

　　보살마하살이 인간에서 성불하려면 마땅히 인간에서 가장 훌륭하게 태어나야 하였다. 그래서 일부러 어머니의 태에 있는 것이다.

　　이것이 여섯째 일이다.

● 疏 ●

六은 破胎生慢이니 誰能於佛에 恃種族耶아【鈔_ '誰能於佛'者는

289

瑞應經에 云 '從劫初已來로 代代相承하야 作轉輪聖王이라가 近來 四代는 雖不作轉輪聖王이나 而作人中之王이니 明是萬代金輪 之種일새 故種族無上이라'하니라】

제6은 모태의 태어난 종족의 교만을 타파함이다. 그 누가 부처의 종족에게 교만할 수 있겠는가.【초_"그 누가 부처의 종족에게…"란 서응경에서 다음과 같이 말하였다.

"겁초로부터 그 이후 대대에 이어오면서 전륜성왕이 되었는데, 근래에 4대는 비록 전륜성왕이 되지 못했지만, 인간세계의 왕이 되었다. 이는 분명 만대 금륜왕의 종족이기에 위없는 종족이다."】

經

**菩薩摩訶薩이 在母胎中에 三千大千世界衆生이 悉見菩薩호대 如明鏡中에 見其面像하나니
爾時에 大心天龍·夜叉·乾闥婆·阿修羅·迦樓羅·緊那羅·摩睺羅伽·人·非人等이 皆詣菩薩하야 恭敬供養이 是爲第七事오**

보살마하살이 모태에 있을 적에, 삼천대천세계 중생들이 보살 보기를 거울 속에서 자기의 얼굴 보듯이 하였다.

그때 큰마음을 지닌 하늘·용·야차·건달바·아수라·가루라·긴나라·마후라가·사람·사람이 아닌 이들이 모두 보살에게 나아가 공경하고 공양하였다.

이것이 일곱째 일이다.

◉ 疏 ◉

七은 胎障不隔이니 故令大心同覩니라
後之三緣은 唯實敎有니라

제7은 모태의 장애가 가로막지 못함이다. 이 때문에 큰마음을 지닌 이들로 하여금 모두 함께 볼 수 있도록 만든 것이다.

뒤의 3가지 인연은 오직 실교에 있다.

經

菩薩摩訶薩이 在母胎中에 他方世界一切最後生菩薩이 在母胎者 皆來共會하야 說大集法門하나니 名廣大智慧藏이니 是爲第八事오

보살마하살이 모태에 있을 적에 다른 지방 세계에서 맨 나중에 태어나는 일체 보살로서 모태에 있는 이들이 모두 다 모여들어 '크게 모은 법문[大集法門]'을 연설하였다. 그 법문의 이름을 '광대지혜의 법장'이라 한다.

이것이 여덟째 일이다.

◉ 疏 ◉

八은 同類共集이니 說智慧藏爲胎藏故니라【鈔_ '說智慧藏'者는 顯智德生佛이니 以離垢藏은 卽是斷德이오 以法界藏은 卽五藏之一이니 正是法身이오 八은 卽般若오 九는 卽解脫이니 乃用三德하야 爲胎藏耳라 故下疏에 合爲能所證이니 智之與斷은 皆能證也니라】

제8은 동류 보살이 모두 모임이다.

지혜법장을 연설함이 胎藏이기 때문이다.【초_ '지혜법장의 연설'이란 지혜 공덕으로 부처가 태어남을 밝힌 것이다. 離垢藏은 무명 번뇌를 끊은 공덕이며, 法界藏은 五藏의 하나로서 법신이며, 제8은 반야이고, 제9는 해탈이다. 이에 3가지 공덕으로 胎藏을 삼는다. 그러므로 아래의 청량소에서 이를 종합하여 증득의 주체와 대상을 삼았다. 지혜와 무명 번뇌를 끊음은 모두 증득의 주체이다.】

經
菩薩摩訶薩이 在母胎時에 入離垢藏三昧하야 以三昧力으로 於母胎中에 現大宮殿호대 種種嚴飾이 悉皆妙好하야 兜率天宮으로 不可爲比나 而令母身으로 安穩無患이 是爲第九事오

보살마하살이 모태에 있을 적에 때를 여읜 법장삼매에 들어 삼매의 힘으로 모태에서 큰 궁전을 나타내되, 가지가지 장엄이 모두 훌륭하여 도솔천 궁전으로는 비길 수 없지만, 어머니의 몸은 편안하여 아무런 걱정이 없었다.

이것이 아홉째 일이다.

◉ 疏 ◉
九는 定力現嚴이니 以離垢藏으로 爲胎藏故니라
제9는 선정의 힘으로 장엄을 나타냄이다.

때를 여읜 법장으로 태장을 삼은 까닭이다.

經

菩薩摩訶薩이 住母胎時에 以大威力으로 興供養具하나니 名開大福德離垢藏이라 普徧十方一切世界하야 供養一切諸佛如來어든 彼諸如來 咸爲演說無邊菩薩住處法界藏이 是爲第十事니라
佛子여 是爲菩薩摩訶薩의 示現處胎十種事니
若諸菩薩이 了達此法하면 則能示現甚微細趣니라

보살마하살이 모태에 머물 적에 큰 위신력으로 공양거리를 마련하였다.

그 이름을 '큰 복덕을 열어주는 때를 여읜 법장'이라 한다.

널리 시방 일체 세계에 두루두루 일체 부처 여래께 공양하면, 저 많은 여래가 모두 그지없는 보살이 머무는 곳인 법계장을 연설하였다.

이것이 열째 일이다.

불자여, 이것이 보살마하살이 모태에 머물면서 보여준 열 가지 일이다.

만약 보살들이 이러한 법을 분명히 알면 매우 미세한 길[甚微細趣]을 나타낸다.

● 疏 ●

十은 興供聞法이니 以法界藏으로 爲胎藏故니라
此一은 是總이오 八·九는 卽法界別義니 法界寂然은 是離垢義오 寂而常照는 是智慧義라
又前二는 是能證이오 後一은 所證이니 能所冥合하야 諸佛生故니라
又前二는 不壞小而廣容하고 後一은 不動此而普徧이니 如是自在是佛生故니라

제10은 공양을 마련하여 법문을 들음이다.

법계장으로 태장을 삼은 까닭이다.

이의 제1은 총괄이며, 제8, 제9는 법계의 개별 의의이다. 법계가 고요함은 때를 여읜 이치이며, 고요하면서도 항상 비춰줌은 지혜의 이치이다.

또한 앞의 2가지는 증득의 주체이고, 뒤의 하나는 증득의 대상이다. 주체와 대상이 하나가 되어 부처가 탄생하기 때문이다.

또한 앞의 2가지는 작은 것을 버리지 않고 널리 용납함이며, 뒤의 하나는 이에 흔들리지 않고 두루 널리 함이다. 이와 같이 자재함이 부처의 탄생이기 때문이다.

經

佛子여 菩薩摩訶薩이 有十種甚微細趣하니
何等이 爲十고
所謂在母胎中하야 示現初發菩提心과 乃至灌頂地하며

在母胎中하야 示現住兜率天하며
在母胎中하야 示現初生하며
在母胎中하야 示現童子地하며
在母胎中하야 示現處王宮하며
在母胎中하야 示現出家하며
在母胎中하야 示現苦行과 往詣道場하야 成等正覺하며
在母胎中하야 示現轉法輪하며
在母胎中하야 示現般涅槃하며
在母胎中하야 示現大微細하나니
謂一切菩薩行과 一切如來自在神力의 無量差別門이니라
佛子여 是爲菩薩摩訶薩의 在母胎中十種微細趣니 若諸菩薩이 安住此法하면 則得如來無上大智慧微細趣니라

불자여, 보살마하살이 열 가지 매우 미세한 길이 있다.

무엇이 열 가지 매우 미세한 길인가?

이른바 모태에 있으면서 처음 보리심을 일으킴과 내지 관정의 지위를 나타내며,

모태에 있으면서 도솔천에 머무름을 나타내며,

모태에 있으면서 처음 탄생함을 나타내며,

모태에 있으면서 동자의 지위를 나타내며,

모태에 있으면서 왕궁에 거처함을 나타내며,

모태에 있으면서 출가함을 나타내며,

모태에 있으면서 고행과 도량에 나아가 등정각의 성취를 나타

내며,

모태에 있으면서 법륜을 굴림을 나타내며,

모태에 있으면서 반열반을 나타내며,

모태에 있으면서 크게 미세함을 나타낸다.

이는 일체 보살의 행, 일체 여래의 자재한 신통력이 한량없이 각기 다른 법문임을 말한다.

불자여, 이것이 보살마하살이 모태에 있으면서 보여주는 열 가지 미세한 길이다.

만약 보살들이 이 법에 편안히 머물면 여래의 위없는 큰 지혜의 미세한 길을 얻는다.

● 疏 ●

第四 微細趣는 卽明住胎十事니 初一은 通現地位오 次八은 明現七相이니 以處胎로 爲能現故며 童子는 屬處宮相故오 後一은 總結多門이니 竝一相中에 同時齊現하야 深密難知라 故名微細니라

㈃ '열 가지 미세한 길' 1문은 모태에 있으면서 보여주는 일을 밝혔다.

제1구는 지위에 모두 나타냄이며,

다음 8구는 7가지 모양을 분명하게 나타냄이다. 모태에 있는 것으로써 나타남의 주체를 삼기 때문이며, 동자는 궁중에 머무는 모양에 속하기 때문이다.

뒤의 1구는 여러 부분을 총괄하여 끝맺음이다. 아울러 하나의

모양 가운데 동시에 모두 나타나 심오하고 비밀스러워서 알기 어렵기 때문에 미세하다고 말한다.

經

佛子여 菩薩摩訶薩이 有十種生하니
何等이 爲十고
所謂遠離愚癡하야 正念正知生과
放大光明網하야 普照三千大千世界生과
住最後有하야 更不受後身生과
不生不起生과
知三界如幻生과
於十方世界에 普現身生과
證一切智智身生과
放一切佛光明하야 普覺悟一切衆生身生과
入大智觀察三昧身生이니
佛子여 菩薩이 生時에 震動一切佛刹하며 解脫一切衆生하며 除滅一切惡道하며 暎蔽一切諸魔하며 無量菩薩이 皆來集會하나니
佛子여 是爲菩薩摩訶薩의 十種生이니 爲調伏衆生故로 如是示現이니라

　　불자여, 보살마하살이 열 가지 출생이 있다.
　　무엇이 열 가지 출생인가?

이른바 어리석음을 여의고 바른 생각으로 바르게 아는 출생,

큰 광명 그물을 쏟아내어 널리 삼천대천세계에 비춰주는 출생,

맨 나중의 몸에 머물면서 다시 뒷몸을 받지 않는 출생,

생겨나지도 않고 일어나지도 않는 출생,

삼계가 요술과 같음을 아는 출생,

시방세계에 두루 몸을 나타내는 출생,

일체 지혜의 지혜 몸을 증득하는 출생,

일체 부처의 광명을 쏟아내어 널리 일체중생의 몸을 깨우쳐 주는 출생,

큰 지혜로 관찰하는 삼매의 몸에 들어가는 출생이다.

불자여, 보살이 탄생할 때에 일체 세계를 진동하고 일체중생을 해탈케 하고 일체 악도를 없애주고 일체 마군을 가려주며, 한량없는 보살이 모두 찾아와 모여드는 것이다.

불자여, 이것이 보살마하살의 열 가지 출생이다. 중생을 조복하기 위하여 이처럼 나타낸 것이다.

◉ 疏 ◉

第五 '十種生' 下 三門은 明初生相이니 今初는 正辨이니 卽右脇生時라

初一은 卽出時無亂이오 後一은 動刹益生이오 中八은 可知니라

㈤ '열 가지 출생' 이하 3문은 처음 탄생한 모습을 밝혔다.

이의 첫째 문은 바로 처음 탄생을 말하였다. 이는 오른쪽 옆구

리로 태어난 때이다.

　　제1구는 출생 시에 산란함이 없음이며,

　　뒤의 1구는 세계가 진동하고 중생에게 이익이 됨이며,

　　중간의 8구는 말하지 않아도 알 수 있다.

經

佛子여 菩薩摩訶薩이 以十事故로 示現微笑心自誓하나니 何等이 爲十고

所謂菩薩摩訶薩이 念言호대 一切世間이 沒在欲泥하니 除我一人하고 無能勉濟라하야 如是知已에 熙怡微笑心自誓하며

復念言호대 一切世間이 煩惱所盲이오 唯我今者에 具足智慧라하야 如是知已에 熙怡微笑心自誓하며

又念言호대 我今因此假名身故로 當得如來充滿三世無上法身이라하야 如是知已에 熙怡微笑心自誓하며

菩薩이 爾時에 以無障礙眼으로 徧觀十方所有梵天과 乃至一切大自在天하고 作是念言호대 此等衆生이 皆自謂爲有大智力이라하야 如是知已에 熙怡微笑心自誓하며

菩薩이 爾時에 觀諸衆生이 久種善根이라 今皆退沒하고 如是知已에 熙怡微笑心自誓하며

菩薩이 觀見世間種子 所種雖少나 獲果甚多하고 如是知已에 熙怡微笑心自誓하며

菩薩이 觀見一切衆生이 蒙佛所教하면 必得利益하고 如是知已에 熙怡微笑心自誓하며
菩薩이 觀見過去世中同行菩薩이 染著餘事하야 不得佛法廣大功德하고 如是知已에 熙怡微笑心自誓하며
菩薩이 觀見過去世中共同集會諸天人等이 至今猶在凡夫之地하야 不能捨離하며 亦不疲厭하고 如是知已에 熙怡微笑心自誓하며
菩薩이 爾時에 爲一切如來光明所觸하야 倍加欣慰하고 熙怡微笑心自誓 是爲十이니
佛子여 菩薩이 爲調伏衆生故로 如是示現이니라

  불자여, 보살마하살이 열 가지 일을 위하여 미소 지으면서 마음에 스스로 맹세함을 보여주었다.

  무엇이 열 가지 마음에 스스로 맹세함인가?

  이른바 보살마하살이 생각하였다.

  '일체 세간 중생이 욕심 진창에 빠졌다. 나 한 사람을 제외하곤 그들을 구제하는 데에 힘쓸 이가 없다.'

  이렇게 알고 미소 지으면서 마음에 스스로 맹세하였다.

  또 이런 생각을 하였다.

  '일체 세간 중생이 번뇌에 눈이 멀었다. 오직 나 혼자만이 지혜를 갖추었다.'

  이렇게 알고 미소 지으면서 마음에 스스로 맹세하였다.

  또 이런 생각을 하였다.

'나는 지금 가명의 몸으로 인하여 여래의 삼세에 가득한 위없는 법신을 얻어야 한다.'

이렇게 알고 미소 지으면서 마음에 스스로 맹세하고 다짐하였다.

보살이 그때에 장애 없는 눈으로 시방의 범천과 내지 일체 대자재천을 두루 보고서 생각하였다.

'이 중생들이 모두가 스스로 큰 지혜의 힘을 지녔다고 생각하는구나.'

이렇게 알고 미소 지으면서 마음에 스스로 맹세하였다.

보살이 그때에 '모든 중생이 선근을 심은 지 오래라, 이제는 모두 사라졌음'을 관찰하였다.

이렇게 알고 미소 지으면서 마음에 스스로 맹세하였다.

보살이 '세간의 종자를 조금 심었으나 얻은 열매가 많음'을 관찰하였다.

이렇게 알고 미소 지으면서 마음에 스스로 맹세하였다.

보살이 '일체중생이 부처님의 교화를 받으면 반드시 이익 얻을 것임'을 보았다.

이렇게 알고 미소 지으면서 마음에 스스로 맹세하였다.

보살이 '과거 세계에서 함께 수행하던 보살이 다른 일에 물들어 불법의 광대한 공덕을 얻지 못함'을 보았다.

이렇게 알고 미소 지으면서 마음에 스스로 맹세하였다.

보살이 '과거 세계에 함께 모였던 하늘과 사람들이 지금까지도 범부의 지위에 있으면서 이를 버리지도 못하고, 또한 싫어하지도 않음'을 보았다.

이렇게 알고 미소 지으면서 마음에 스스로 맹세하였다.

보살이 그때에 일체 여래의 광명을 받고서 곱절이나 미소 지으면서 마음에 스스로 맹세하였다.

이것이 열 가지 마음에 스스로 맹세함이다.

불자여, 보살이 중생을 조복하기 위하여 이렇게 나타냈다.

◉ 疏 ◉

二는 現微笑니 在行七步時라 故瑞應經에 云 '菩薩示生에 卽行七步하야 一手指天하고 一手指地하야 天上天下에 唯我爲尊이라'하니 卽自誓也라

初三은 自慶이오

次六은 慶能徧益群品이니 謂四는 無智自驕를 我能摧故오 五는 昔善今退를 我能續故오 六은 能爲衆生良福田故오 七은 見生聞敎에 益不虛故오 八은 傷諸同行 不成佛故오 九는 愍諸同會에 滯凡地故오

後一은 得佛加故니라

둘째, 미소를 나타냄이다. 일곱 걸음을 걸을 적에 있었던 일이다. 이 때문에 서응경에서 이르기를, "보살이 태어났을 때에 바로 일곱 걸음을 걸으면서 한 손으로 하늘을 가리키고 한 손으로 땅을 가리키면서 천상천하에 오직 나만이 존귀하다."고 하였다.

이는 곧 스스로의 맹세이다.

앞의 3구는 스스로 경하함이다.

다음 6구는 많은 중생에게 이익 베푸는 것을 경사로 여겼다.

제4구는 무지하여 스스로 교만한 중생을 내가 꺾어주었기 때문이며,

제5구는 옛적에 선했다가 이제는 퇴락한 중생을 내가 이어주었기 때문이며,

제6구는 중생의 좋은 복전이 되었기 때문이며,

제7구는 중생이 가르침을 들으면 이익이 헛되지 않음을 보았기 때문이며,

제8구는 함께 수행했던 이들이 성불하지 못함을 슬퍼하였기 때문이며,

제9구는 함께 모였던 이들이 범부의 지위에 머물러 있음을 가엾이 여겼기 때문이다.

뒤의 제10구는 부처의 가피를 얻었기 때문이다.

經

佛子여 **菩薩摩訶薩**이 **以十事故**로 **示行七步**하나니
何等이 **爲十**고
所謂現菩薩力故로 **示行七步**하며
現施七財故로 **示行七步**하며
滿地神願故로 **示行七步**하며

現超三界相故로 示行七步하며
現菩薩最勝行이 超過象王牛王師子王行故로 示行七步하며
現金剛地相故로 示行七步하며
現欲與衆生勇猛力故로 示行七步하며
現修行七覺寶故로 示行七步하며
現所得法不由他敎故로 示行七步하며
現於世間最勝無比故로 示行七步 是爲十이니
佛子여 菩薩이 爲調伏衆生故로 如是示現이니라

    불자여, 보살마하살이 열 가지 일 때문에 일곱 걸음을 걸었다. 무엇이 열 가지 일인가?

    이른바 보살의 힘을 나타내기 위하여 일곱 걸음을 걸었다.

    일곱 가지 재물로 보시함을 나타내기 위하여 일곱 걸음을 걸었다.

    지신(地神)의 소원이 만족함을 나타내기 위하여 일곱 걸음을 걸었다.

    삼세 초월하는 모양을 나타내기 위하여 일곱 걸음을 걸었다.

    보살의 가장 훌륭한 행이 코끼리·소·사자의 행보다 뛰어남을 나타내기 위하여 일곱 걸음을 걸었다.

    금강지의 모양을 나타내기 위하여 일곱 걸음을 걸었다.

    중생에게 용맹한 힘을 주고자 함을 나타내기 위하여 일곱 걸음을 걸었다.

일곱 가지 깨달음 보배의 수행을 나타내기 위하여 일곱 걸음을 걸었다.

얻은 법이 남의 가르침을 말미암지 않았음을 나타내기 위하여 일곱 걸음을 걸었다.

세간에서 가장 훌륭하여 견줄 이 없음을 나타내기 위하여 일곱 걸음을 걸었다.

이것이 열 가지 일이다.

불자여, 보살이 중생을 조복하기 위하여 이렇게 나타냈다.

◉ 疏 ◉

三은 行七步니 謂初生在地하야 十方 各行七步하야 顯自在希奇故니라 七數 過三이 名過三界니 隨所履地하야 皆現金剛이라 餘竝可知니라【鈔_ '十方各行七步'者 卽涅槃第四 如來性品에 云 '善男子여 此閻浮提毘尼園에 示現從母摩耶而生하시고 生已에 卽能東行七步하고 唱如是言호되 我於人天阿修羅中에 最尊最上이라하니 父母·人天이 見已驚喜하야 生希有心호되 而諸人等이 謂是嬰兒라하야늘 而我此身은 無量劫來로 久離染法°라 如是身者는 卽是法身이라 非是肉血筋脈骨髓之所成立이어늘 隨順世間衆生法故로 示爲嬰兒니라

南行七步에 示現欲爲無量衆生하야 作上福田하고

西行七步에 示現生盡에 永斷老死하니 是最後身이오

北行七步에 示已現度諸有生死하고

東行七步에 示爲衆生而作導首하고
四維七步에 示爲衆生斷滅種種煩惱四魔種性하야 成於如來應正徧知하고
上行七步에 示現不爲不淨之物之所染汙 猶如虛空하고
下行七步에 示現法雨 滅地獄火하야 令彼衆生으로 受安穩樂하고 毀禁戒者는 示作霜雹라'하니라
'顯自在'下는 總顯大意라】

셋째, 일곱 걸음을 걸음이다.

처음 태어나 땅에서 시방으로 각각 일곱 걸음을 걸으면서 자재하고 보기 드문 일을 나타낸 까닭이다.

7이라는 숫자가 3의 숫자보다 지나치기에 '삼계를 초월했다[過三界].'고 말한다. 밟은 땅마다 모두 금강을 나타냈다.

나머지는 말하지 않아도 알 수 있다.【초_ "시방으로 각각 일곱 걸음을 걸었다."는 것은 열반경 제4 如來性品에서 다음과 같이 말하였다.

"선남자여, 염부제 비니원에서 모친 마야로부터 몸을 받아 태어났다.

태어난 후에 동쪽으로 일곱 걸음을 걸으면서 다음과 같이 말하였다.

'나는 사람과 하늘, 아수라 가운데 가장 존귀하고 가장 으뜸이다.

부모, 그리고 사람들과 하늘이 부처를 보고서 깜짝 놀라 기뻐하면서 희유한 일이라는 마음을 냈다.

많은 사람이 어린아이라 생각했지만, 나의 몸은 한량없는 겁 이후로 오염된 법을 여읜 지 오래이다.

이와 같은 몸은 법신이라, 육신과 혈액, 힘줄과 골수로 이뤄진 몸이 아니지만, 세간의 중생법을 따르기 때문에 어린아이의 몸을 보여준 것이다.'

남쪽으로 일곱 걸음을 걸음은 한량없는 중생을 위하여 최상의 복전을 짓고자 보여줌이다.

서쪽으로 일곱 걸음을 걸음은 생이 다하여 영원히 늙음과 죽음을 여의었음을 보여줌이다. 이는 최후의 몸이다.

북쪽으로 일곱 걸음을 걸음은 이미 모든 중생의 생사를 제도했음을 보여줌이며,

동쪽으로 일곱 걸음을 걸음은 중생을 위해 으뜸의 인도자임을 보여줌이며,

사방 간방으로 일곱 걸음을 걸음은 중생을 위하여 가지가지 번뇌의 4마(四魔: 煩惱魔, 陰魔, 死魔, 天魔) 종성을 끊어주고 여래의 應正徧知 성취를 보여줌이며,

위로 일곱 걸음을 걸음은 깨끗하지 못한 물건에 더럽히지 않음이 마치 허공과 같음을 보여줌이며,

아래로 일곱 걸음을 걸음은 法雨를 나타내어 지옥의 불을 꺼주어, 중생으로 하여금 평온한 즐거움을 누리게 하며, 계율을 훼손한 자에게는 서리와 우박을 내려줌을 보여준 것이다."

'顯自在' 이하는 대의를 총괄하여 밝혔다.】

佛子여 菩薩摩訶薩이 以十事故로 現處童子地하나니
何等이 爲十고
所謂爲現通達一切世間文字算計와 圖書印璽의 種種
業故로 處童子地하며
爲現通達一切世間象馬車乘과 弧矢劍戟의 種種業故로
處童子地하며
爲現通達一切世間文筆談論과 博奕嬉戲의 種種事故
로 處童子地하며
爲現遠離身語意業의 諸過失故로 處童子地하며
爲現入定住涅槃門하야 周徧十方無量世界故로 處童
子地하며
爲現其力이 超過一切天龍夜叉乾闥婆阿修羅迦樓羅
緊那羅摩睺羅伽와 釋梵護世와 人非人等故로 處童子
地하며
爲現菩薩色相威光이 超過一切釋梵護世故로 處童子
地하며
爲令眈著欲樂衆生으로 歡喜樂法故로 處童子地하며
爲尊重正法하고 勤供養佛하야 周徧十方一切世界故로
處童子地하며
爲現得佛加被하고 蒙法光明故로 處童子地 是爲十이니

불자여, 보살마하살이 열 가지 일로써 동자의 지위에 있음을 나타냈다.

무엇이 동자 지위의 열 가지 일인가?

이른바 일체 세간의 글자, 산수, 도서, 인장의 가지가지 일을 통달하였음을 나타내기 위하여 동자의 지위에 있다.

일체 세간의 코끼리, 말, 수레, 활, 살, 칼, 창술의 가지가지 일을 통달하였음을 나타내기 위하여 동자의 지위에 있다.

일체 세간의 문필, 언론, 바둑, 유희의 가지가지 일을 통달하였음을 나타내기 위하여 동자의 지위에 있다.

몸과 말과 뜻으로 지은 허물을 멀리 여의었음을 나타내기 위하여 동자의 지위에 있다.

선정에 들고 열반의 문에 머물면서 시방의 한량없는 세계에 두루 존재함을 나타내기 위하여 동자의 지위에 있다.

힘이 일체 하늘·용·야차·건달바·아수라·가루라·긴나라·마후라가·제석·범천왕·사천왕·사람·사람이 아닌 따위보다 초월했음을 나타내기 위하여 동자의 지위에 있다.

보살의 색상과 위엄과 광명이 모두 제석·범천왕·사천왕보다 초월했음을 나타내기 위하여 동자의 지위에 있다.

욕락에 탐착하는 중생으로 하여금 법을 좋아하도록 하기 위하여 동자의 지위에 있다.

바른 법을 존중하고 부지런히 부처님께 공양하면서 시방의 일체 세계에 두루 행하기 위하여 동자의 지위에 있다.

부처님의 가피를 얻고 법의 광명 입음을 나타내기 위하여 동자의 지위에 있다.

　　이것이 동자 지위의 열 가지 일이다.

◉ 疏 ◉

第六 '童子地' 下 二門은 明在家同俗行과 竝處王宮相이니 童子 已在王宮이라 但此門은 明幼懷德藝하야 顯是超絕이오 後門은 貴 極無染으로 以彰德高니라

今初 八云 '令樂法'者는 幼而梵行과 德業殊倫일새 後見道成에 必 樂其法이라 餘九는 可知니라

　　㈏ '童子地' 이하 2문은 세속과 함께하는 在家行과 아울러 왕궁에 거처한 모습을 밝혔다.

　　동자로서 이미 왕궁에 있는 터라, 이 법문은 어릴 적에 간직한 덕업과 재예를 밝혀 뛰어남을 밝혔을 뿐이다. 뒤의 법문은 지극히 고귀한 몸으로 오염됨이 없는 고귀한 공덕을 밝히고 있다.

　　이의 첫 법문의 제8구에서 "욕락에 탐착하는 중생으로 하여금 법을 좋아하도록 한다."고 말한 것은 어렸을 적에 梵行과 덕업이 여느 사람들보다 뛰어났기에, 훗날 그가 성취한 도를 보면서 반드시 그의 법을 즐거워한 것이다.

　　나머지 9가지는 말하지 않아도 알 수 있다.

經

佛子여 菩薩摩訶薩이 現童子地已에 以十事故로 現處

王宮하나니

何等이 爲十고

所謂爲令宿世同行衆生으로 善根成熟故로 現處王宮하며

爲顯示菩薩善根力故로 現處王宮하며

爲諸人天이 耽著樂具하야 示現菩薩의 大威德樂具故로 現處王宮하며

順五濁世衆生心故로 現處王宮하며

爲現菩薩의 大威德力이 能於深宮에 入三昧故로 現處王宮하며

爲令宿世同願衆生으로 滿其意故로 現處王宮하며

欲令父母親戚眷屬으로 滿所願故로 現處王宮하며

欲以伎樂으로 出妙法音하야 供養一切諸如來故로 現處王宮하며

欲於宮內에 住微妙三昧하야 始從成佛로 乃至涅槃히 皆示現故로 現處王宮하며

爲隨順守護諸佛法故로 現處王宮이 是爲十이니

最後身菩薩이 如是示現處王宮已하고 然後出家니라

　　불자여, 보살마하살이 동자의 지위를 나타내고서, 열 가지 일로 인하여 왕궁에 거처함을 보여주었다.

　　무엇이 왕궁에 거처하는 열 가지 일인가?

　　이른바 전생에 같이 수행했던 중생의 선근을 성숙시켜 주기 위해 왕궁에 거처함을 보여주었다.

보살 선근의 힘을 나타내기 위해 왕궁에 거처함을 보여주었다.

많은 사람과 하늘들이 쾌락에 탐착한 까닭에 보살의 큰 위엄과 공덕의 즐거움을 나타내기 위해 왕궁에 거처함을 보여주었다.

다섯 가지 혼탁한 세계[劫濁, 見濁, 煩惱濁, 衆生濁, 命濁]에 있는 중생의 마음을 따르기 위해 왕궁에 거처함을 보여주었다.

보살의 큰 위덕의 힘으로 깊은 궁궐에서도 삼매에 드는 것을 나타내기 위해 왕궁에 거처함을 보여주었다.

과거 세계에서 함께 서원했던 그들의 뜻을 만족시켜 주기 위해 왕궁에 거처함을 보여주었다.

부모, 친척, 권속의 원하는 바를 채워주기 위해 왕궁에 거처함을 보여주었다.

음악으로 미묘한 법음을 울려 내어 일체 여래에게 공양하고자 왕궁에 거처함을 보여주었다.

궁전 안에서 미묘한 삼매에 머물면서 성불로부터 열반에 이르기까지 모두 나타내기 위해 왕궁에 거처함을 보여주었다.

일체 불법을 따르고 수호하기 위해 왕궁에 거처함을 보여주었다.

이것이 왕궁에 거처하는 열 가지 일이다.

최후의 몸을 받은 보살이 이처럼 왕궁에 거처함을 보이고서 그 후에 출가하였다.

◉ 疏 ◉

二는 正明處宮이라

十中에 一은 化同行이니 同行處宮故니 如瞿波오 四는 濁世欣貴故오 餘八은 可知니라【鈔_ '如瞿波'者는 七十五中에 廣說因起하다】

둘째, 바로 왕궁에 거처함을 밝혔다.

10구 가운데 제1구는 함께 수행했던 이들을 교화하였다. 함께 수행했던 이들이 궁궐에 함께 살기 때문이니, 석가모니가 태자였을 때 제1 부인 고피카[瞿波]와 같다.

제4구는 혼탁한 세상에는 고귀한 이를 좋아하기 때문이다.

나머지 8구는 말하지 않아도 알 수 있다.【초_ "고피카와 같다."는 75권에서 인연의 일어남을 자세히 말한 바와 같다.】

經

佛子여 菩薩摩訶薩이 以十事故로 示現出家하나니

何等이 爲十고

所謂爲厭居家故로 示現出家하며

爲著家衆生으로 令捨離故로 示現出家하며

爲隨順信樂聖人道故로 示現出家하며

爲宣揚讚歎出家功德故로 示現出家하며

爲顯永離二邊見故로 示現出家하며

爲令衆生으로 離欲樂我樂故로 示現出家하며

爲先現出三界相故로 示現出家하며

爲現自在不屬他故로 **示現出家**하며
爲顯當得如來十力無畏法故로 **示現出家**하며
最後菩薩이 **法應爾故**로 **示現出家 是爲十**이니
菩薩이 **以此調伏衆生**이니라

불자여, 보살마하살이 열 가지 일로써 출가함을 보여주었다.

무엇이 출가를 보여주는 열 가지 일인가?

이른바 집에 있는 것이 싫으므로 출가함을 보여주었다.

집에 애착한 중생에게 집을 버리게 하고자 출가함을 보여주었다.

성인의 도를 따르고 믿도록 하고자 출가함을 보여주었다.

출가한 공덕을 선양하고 찬탄하기 위해 출가함을 보여주었다.

단견(斷見)과 상견(常見) 두 가지를 길이 여읨을 밝히기 위해 출가함을 보여주었다.

중생으로 하여금 탐욕의 쾌락과 '나'라는 쾌락에서 벗어나도록 하기 위해 출가함을 보여주었다.

과거 삼계에서 벗어난 모양을 나타내기 위해 출가함을 보여주었다.

현재 자유자재하여 남에게 속하지 않음을 나타내기 위해 출가함을 보여주었다.

미래에 여래의 열 가지 힘과 두려움 없는 법을 얻을 것임을 나타내고자 출가함을 보여주었다.

최후의 몸을 받은 보살의 법이 으레 그러하므로 출가함을 보

여주었다.

이것이 출가를 보여주는 열 가지 일이다.

보살이 이로써 중생을 조복하였다.

◉ 疏 ◉

第七 '出家'下 二門은 明捨家期道行이니 初는 明出家오 後는 顯修行이라

今初는 雖能深宮入道나 而出家者는 示斯十意라
初二는 令厭捨苦果오 次二는 欣揚勝道오 次二는 令離利鈍集이니 著常見者는 貴常爲貴일세 故不出家오 著斷見者는 身滅無餘니 何須出家리오 旣非常斷인댄 明可修進일세 云離二邊이라하고 又非苦樂等이라 次二는 顯界家繫滅이오 後二는 顯得果同因이라

㈜ '出家' 이하 2문은 집을 떠나 成道를 다짐하는 행을 밝혔다.

첫째, 출가를 밝혔고, 둘째, 수행을 밝혔다.

첫째, 비록 깊은 궁전에서 도에 들어갔지만 출가하는 것은 이런 10가지 뜻이 있음을 보여주었다.

앞의 제1, 2구는 고통의 결과를 싫어하여 버리도록 함이며,

다음 제3, 4구는 뛰어난 도를 기쁜 마음으로 선양함이다.

다음 제5, 6구는 중생으로 하여금 예리함과 노둔함의 集積[利鈍集]을 여의게 함이다. 常見에 집착한 자는 고귀하고 영원함을 귀중히 여기기 때문에 출가하지 않고, 斷見에 집착한 자는 몸이 사라지면 남은 게 없는데, 굳이 출가할 필요가 있겠는가라고 생각한다.

그러나 이미 상견도 단견도 아니라면 분명히 닦아나갈 수 있기에 '2가지의 편견을 여의어야 한다.'고 말하며, 또한 고통과 쾌락 등이 아니다.

다음 제7, 8구는 삼계와 가정에 얽매임이 없어야 함을 밝혔고, 마지막 제9, 10구는 결과를 얻음에 원인이 같음을 밝혔다.

經

佛子여 菩薩摩訶薩이 爲十種事故로 示行苦行하나니
何等이 爲十고
所謂爲成就劣解衆生故로 示行苦行하며
爲拔邪見衆生故로 示行苦行하며
爲不信業報衆生으로 令見業報故로 示行苦行하며
爲隨順雜染世界하야 法應爾故로 示行苦行하며
示能忍劬勞하야 勤修道故로 示行苦行하며
爲令衆生으로 樂求法故로 示行苦行하며
爲著欲樂我樂衆生故로 示行苦行하며
爲顯菩薩의 起行殊勝하야 乃至最後生히 猶不捨勤精進故로 示行苦行하며
爲令衆生으로 樂寂靜法하야 增長善根故로 示行苦行하며
爲諸天世人이 諸根未熟하야 待時成熟故로 示行苦行이 是爲十이니
菩薩이 以此方便으로 調伏一切衆生이니라

불자여, 보살마하살이 열 가지 일을 위하여 고행의 수행을 보여주었다.

무엇이 고행 수행의 열 가지 일인가?

이른바 지혜가 용렬한 중생을 성취시켜 주기 위해 고행의 수행을 보여주었다.

중생의 삿된 소견을 뽑아주기 위해 고행의 수행을 보여주었다.

업보를 믿지 않는 중생에게 업보를 보여 주기 위해 고행의 수행을 보여주었다.

잡염의 세계를 따르는 법이 으레 그러한 까닭에 고행의 수행을 보여주었다.

힘든 일을 참고서 부지런히 수도함을 보여주기 위해 고행의 수행을 보여주었다.

중생으로 하여금 기쁜 마음으로 법을 구하도록 하고자 고행의 수행을 보여주었다.

탐욕의 쾌락과 '나'라는 쾌락에 집착한 중생을 위해 고행의 수행을 보여주었다.

보살의 수행이 훌륭하여 최후의 몸까지 오히려 부지런히 정진함을 버리지 않음을 나타내주기 위해 고행의 수행을 보여주었다.

중생에게 고요한 법을 좋아하여 선근을 증장하도록 하고자 고행의 수행을 보여주었다.

하늘과 사람들의 근성이 성숙하지 못한 이들을 때를 기다려 성숙케 하고자 고행의 수행을 보여주었다.

이것이 고행 수행의 열 가지 일이다.

보살이 이러한 방편으로 일체중생을 조복하였다.

● 疏 ●

二示苦行者는 行有苦樂이어늘 而偏苦行은 有斯十意라

一은 爲小乘이 要謂勤苦라야 方得道故오

二는 示同異道하야 摧邪見故니 謂六年自餓에 無道오 後受乳糜코사 方得은 顯餓非眞이오

三은 一言罵佛하고 六載受飢故니 緣如大乘方便經第二하다

四는 五濁衆生이 皆有重罪하야 憂惱覆心하야 不能得道일새 令彼念言호되 謗佛이라도 尙得解脫이온 況我等耶아 卽悔除故로 亦如彼說이라

五는 策懈怠衆生故오

六은 令知爲法忘飢故오

七은 示著樂非道故오

八은 始未精勤故오

九는 準晉經컨대 云 '欲令未來衆生發精進故'라하니 今精進之言은 合在前句일새 闕斯一句니라

十苦行待機者는 顯悲深故일세니라【鈔_ '三 一言罵佛'者는 經有三卷하니 亦編入寶積部中하니 當第一百六十八이오 此當一百七經이라 先總云 '善男子여 汝今善聽하라 以何因緣으로 菩薩이 苦行六年고 善男子여 非是菩薩宿業餘報로 受此苦也니라 欲令衆生으로 於一

切惡業報中에 生厭患心하야 歸向菩提일세니라

釋曰 下經文廣일새 今當畧引이라

'復次善男子여 昔 迦葉佛時에 有婆羅門子하니 名爲樹提라 有親友五人하니 久近惡友하야 失菩提心하고 奉事外道하야 不能信解佛語佛法이오 彼師自言호되 我是世尊이라하니 樹提 欲引五人하야 轉其邪心하야 至瓦師所하야 作如是言호되

我今欲見禿頭道人하노니 何有禿人이 得菩提道오

菩提之道는 甚深難得이니라

復經少時하야 與彼五人으로 在一屛處러니 瓦師往彼하야 讚佛功德하고 令往見佛이어늘 樹提 思惟호되 五人은 根生이라 我若讚佛이면 彼 必生疑오 自護本願故로 般若波羅蜜 報行方便故로 作如是言호되 我不欲見禿頭道人이니 何有禿人이 能得菩提오 菩提之道는 甚深難得이라하니 云'般若波羅蜜報'者는 菩薩이 行般若波羅蜜할새 無有菩提想이오 無有佛想이오 不見佛菩提라 不於內外中間에 見菩提오 知菩提空故로 行於方便하야 作如是語이라

後於一時에 與五人으로 在水邊이어늘 瓦師 承佛神力하야 卽至其所하야 讚佛難遇라 故不肯去어늘 瓦師 遂捉其髮하고 牽至佛所러니 五人 隨往이라 彼之國法에 執人髮者는 罪應至死라 時人이 見之하고 皆言佛有何德이완대 乃令瓦師로 忘死引之오하니라

旣至佛所에 五人이 禮敬發心하야 呵責樹提하고 又聞佛德辯才하야 發菩提心하야 爲說菩薩藏不退轉 陀羅尼金剛句 無生法忍이어늘 五人이 得無生忍하다

釋曰 知菩薩爲化五人하야 般若觀空而發於言하니 卽大乘方便이 豈有報耶아】

둘째, 고행을 보여준다는 것은 수행에는 힘든 수행과 즐거운 수행이 있는데, 오직 힘든 수행으로 치우친 것은 10가지 뜻이 있기 때문이다.

① 소승은 반드시 부지런히 힘들게 닦아야 비로소 득도하기 때문이다.

② 이단의 도와 함께하면서 삿된 견해를 꺾어주기 때문이다. 설산에서 6년 동안 스스로 굶주림의 고행으로 도를 얻지 못했다가 훗날 소녀가 바친 우유 미음을 받아 드시고야 비로소 도를 얻음은 굶주림의 고행이란 진실한 수행이 아님을 나타낸 것이다.

③ 부처를 욕했던 한마디 말로써 6년 동안 굶주림의 과보를 받은 까닭이다. 이의 연기는 대승방편경 제2에서 말한 바와 같다.

④ 5가지 혼탁한 세계에 있는 중생은 모두 중대한 죄업으로 걱정과 고뇌가 마음을 뒤덮어 도를 얻지 못한 것이다. 때문에 그들로 하여금 이런 생각을 하도록 하고자 위함이다.

'부처님을 비방한 업을 범한 자도 오히려 해탈할 수 있는데, 하물며 우리들이야!'

이렇게 해서 바로 후회하여 업보를 없애기 때문이다. 이 또한 대승방편경에서 말한 바와 같다.

⑤ 게으른 중생을 경책하기 위함이다.

⑥ 중생으로 하여금 법을 위해 굶주림을 잊어야 함을 알려주

고자 함이다.

⑦ 쾌락의 탐착이 도가 아님을 보여주기 위함이다.

⑧ 처음부터 끝까지 정진하기 때문이다.

⑨ 60화엄경에 준하며, "미래의 중생으로 하여금 정진하도록 하고자 한 때문이다."고 하였다. 여기에서 말한 '정진'이란 앞의 제8구와 똑같이 존재하기에 이 구절이 빠진 것이다.

⑩ 고행하면서 시기를 기다린다는 것은 깊은 자비의 마음을 밝힌 까닭이다.【초_ "③ 부처를 욕했던 한마디 말"이란 3권의 경전이 있는데, 이 또한 寶積部에 편입되어 있다. 이는 제168경에 해당하며, 여기에서는 제107경에 해당한다.

앞에서 총괄하여 말하였다.

"선남자여, 그대들은 잘 귀담아듣도록 하라. 무슨 인연으로 보살이 6년 동안 고행을 했을까?

선남자여, 이는 보살의 전생에 지은 업보로 이런 고통을 받은 것이 아니다. 중생으로 하여금 일체 악업의 과보에 대해 싫어하는 마음을 내어 보리로 귀의하도록 하고자 함이다."

이에 대한 해석은 다음과 같다.

아래의 경문에 자세히 언급되어 있기에, 여기에서는 간추려 인용하고자 한다.

"또한 선남자여, 옛적 가섭불이 계실 적에 바라문의 아들이 있었는데, 그의 이름은 '樹提迦(죠티스카, Jyotika의 음역)'였다.

그에게 친한 벗 다섯 명이 있었다. 그들은 악한 벗들을 가까이하여 보리의 마음을 잃었고 외도를 받들어 부처의 말씀과 부처의 법을 믿지도 않고 알지도 못하였다.

그 어떤 스승이 자칭 '내가 세존'이라 하였다. 죠티스카는 다섯 친구를 데리고 그들의 삿된 마음을 돌려주고자 瓦師의 처소를 찾아 이렇게 말하였다.

'나는 지금 대머리도인을 친견하고자 합니다. 대머리도인이 어떻게 보리의 도를 얻었습니까?'

'보리의 도는 매우 심오하여 얻기 어렵다.'

다시 얼마의 시간이 흘러 그 다섯 친구와 어느 한적한 곳에 머물렀다.

瓦師는 그들이 있는 곳으로 찾아가 부처의 공덕을 찬탄하면서 친견하도록 권하였다.

죠티스카가 곰곰 생각해 보니, 다섯 친구는 6근 중생이라, 자신이 만약 부처를 찬탄하면 그들은 반드시 의심을 낼 것이고, 스스로가 본래의 서원을 지키려고 할 것이다.

반야바라밀 報行方便 때문에 이렇게 말하였다.

'나는 대머리도인을 뵙고 싶지 않다. 어떻게 대머리도인이 보리의 도를 얻었겠는가. 보리의 도는 매우 심오하여 얻기 어렵다.'

여기에서 말한 '반야바라밀 보행방편'이란 보살이 반야바라밀을 행할 적에 보리라는 생각이 없어야 하고, 부처라는 생각이 없어야 하고, 부처의 보리를 보았다는 생각이 없어야 한다. 안팎이나 중간의 자리에서 보리를 볼 수 없다. 보리는 공임을 알기 때문에 방편으로 행하여 이처럼 말한 것이다.

　그 후 어느 때, 다섯 친구가 시냇가에 있었는데, 와사가 부처님의 신통력을 받들어 그들이 있는 곳으로 찾아와 '부처님은 만나기 어려움'을 찬탄하였다. 그래도 그들은 기꺼이 찾아가려 하지 않았다.

　와사가 그들의 머리채를 움켜잡고 끌고서 부처님 도량으로 데리고 가는 바람에 다섯 친구는 따라가게 되었다. 그 나라의 국법에 남의 머리채를 잡은 자는 그 죄가 사형까지 받았다. 당시 사람들은 이런 모습을 보고서 모두가 말하였다.

　'도대체 부처님에게 무슨 공덕이 있기에 와사로 하여금 죽음조차 잊은 채, 끌고 오게 했을까?'

　부처님 도량에 이르자, 다섯 친구는 공경의 마음으로 절을 올리고 발심하여 죠티스카를 꾸짖고, 또한 부처님의 공덕과 변재를 듣고서 보리심을 일으키자, 그들을 위해 '보살장의 물러서지 않는 다라니 금강구절 무생법인'을 말해주어, 다섯 친구가 무생법인을 얻었다."

　이에 대한 해석은 다음과 같다.

　보살이 다섯 친구를 교화하기 위해 반야로 공을 관찰하여 말해주었다. 이는 대승방편이니 어찌 과보가 있겠는가.】

經
佛子여 **菩薩摩訶薩**이 **往詣道場**에 **有十種事**하니
何等이 **爲十**고

所謂詣道場時에 照耀一切世界하며

詣道場時에 震動一切世界하며

詣道場時에 於一切世界에 普現其身하며

詣道場時에 覺悟一切菩薩과 及一切宿世同行衆生하며

詣道場時에 示現道場一切莊嚴하며

詣道場時에 隨諸衆生心之所欲하야 而爲現身種種威儀와 及菩提樹一切莊嚴하며

詣道場時에 現見十方一切如來하며

詣道場時에 擧足下足에 常入三昧하야 念念成佛하야 無有超隔하며

詣道場時에 一切天龍夜叉乾闥婆阿修羅迦樓羅緊那羅摩睺羅伽와 釋梵護世一切諸王이 各不相知호대 而興種種上妙供養하며

詣道場時에 以無礙智로 普觀一切諸佛如來 於一切世界에 修菩薩行하야 而成正覺이 是爲十이니

菩薩이 以此敎化衆生이니라

 불자여, 보살마하살이 도량을 찾아가는 데 열 가지 일이 있다.

 무엇이 도량을 찾아가는 데 열 가지 일인가?

 이른바 도량을 찾아갈 적에 일체 세계를 밝게 비추며,

 도량을 찾아갈 적에 일체 세계를 진동하며,

 도량을 찾아갈 적에 일체 세계에 널리 몸을 나타내며,

 도량을 찾아갈 적에 일체 보살과 과거 세계에서 함께 수행하

던 중생을 깨우치며,

　도량을 찾아갈 적에 도량의 일체 장엄을 나타내며,

　도량을 찾아갈 적에 중생 마음의 원하는 바를 따라 몸의 가지가지 위의와 보리수의 일체 장엄을 나타내며.

　도량을 찾아갈 적에 시방의 일체 여래를 분명히 보며,

　도량을 찾아갈 적에 발을 들거나 디딜 적마다 언제나 삼매에 들어가 한 생각의 찰나에 성불하여 벗어나거나 막힘이 없으며,

　도량을 찾아갈 적에 일체 하늘·용·야차·건달바·아수라·가루라·긴나라·마후라가·제석·범천왕·사천왕과 일체 왕들이 각각 서로 알지 못하지만 가지가지 훌륭한 공양을 올렸으며,

　도량을 찾아갈 적에 걸림 없는 지혜로 일체 제불여래께서 일체 세계에 보살행을 닦아 바른 깨달음의 성취를 널리 보았다.

　이것이 도량을 찾아가는 데 열 가지 일이다.

　보살이 이로써 중생을 교화하였다.

● 疏 ●

第八 '詣道場'下 五門은 道成證入行이라
卽分爲五니 一은 明進趣所安이니 卽從苦行하야 所向於道樹는 顯捨邪趣正故오 因圓趣果故오 行行後邊故니라
十句니 可知니라

　(o) '도량을 찾아감' 이하 5문은 도가 성취되어 증득하여 들어가는 행을 밝혔다.

이는 5단락으로 나뉜다.

첫째, 나아가 안착할 바를 밝혔다. 이는 고행으로부터 도의 나무를 향하여 나아감은 삿된 견해를 버리고 바른 도로 나아감을 나타내기 때문이며, 원인이 원만하여 결과로 나아가기 때문이며, 뒤의 지위로 행하여 나아가기 때문이다.

이의 경문은 10구이다. 이는 설명하지 않아도 알 수 있다.

經

佛子여 菩薩摩訶薩이 坐道場에 有十種事하니
何等이 爲十고
所謂坐道場時에 種種震動一切世界하며
坐道場時에 平等照耀一切世界하며
坐道場時에 除滅一切諸惡趣苦하며
坐道場時에 令一切世界로 金剛所成이며
坐道場時에 普觀一切諸佛如來師子之座하며
坐道場時에 心如虛空하야 無所分別하며
坐道場時에 隨其所應하야 現身威儀하며
坐道場時에 隨順安住金剛三昧하며
坐道場時에 受一切如來神力所持淸淨妙處하며
坐道場時에 自善根力으로 悉能加被一切衆生이 是爲十이니라

불자여, 보살마하살이 도량에 앉는 데 열 가지 일이 있다.

무엇이 도량에 앉는 데 열 가지 일인가?

이른바 도량에 앉을 때에 가지가지로 일체 세계를 진동하며,

도량에 앉을 때에 일체 세계를 평등하게 비추며,

도량에 앉을 때에 일체 악도의 고통을 없애주며,

도량에 앉을 때에 일체 세계가 금강으로 이뤄지며,

도량에 앉을 때에 일체 제불여래의 사자좌를 널리 보며,

도량에 앉을 때에 마음이 허공과 같아서 분별이 없으며,

도량에 앉을 때에 적절한 바를 따라 몸의 위의를 나타내며,

도량에 앉을 때에 금강삼매를 따라 편안히 머물며,

도량에 앉을 때에 일체 여래의 신통력으로 유지되는 청정하고 미묘한 곳을 받으며,

도량에 앉을 때에 자기의 선근의 힘으로 일체중생에게 모두 가피를 내려준다.

이것이 도량에 앉는 데 열 가지 일이다.

● 疏 ●

二는 正坐道場이니 明自力安處라

初四는 嚴處오

次三은 三業現相이라 觀師子座者는 知將說故니 晉經云 '觀一切佛師子之吼'라하니라

後三은 成德이니

一은 滿自能證이니 明智顯惑亡이오

二는 受佛所處니 將契同法界오
三은 大悲同體일세 故能徧加니라

　　둘째, 바르게 도량에 앉음이다. 자신의 힘으로 편안히 거처함을 밝혔다.
　　앞의 4구는 처소를 장엄함이며,
　　다음 3구는 삼업의 모양을 나타냄이다. 사자법좌를 본다는 것은 장차 설법해야 함을 알기 때문이다. 60화엄경에서 이르기를, "일체 부처님의 사자후를 보았다."고 하였다.
　　뒤의 3구는 공덕의 성취이다.
　　제8구는 자신의 증득 주체가 원만함이다. 지혜가 나타남에 미혹이 사라짐을 밝혔다.
　　제9구는 부처님이 거처할 곳을 받음이니, 장차 법계와 하나가 됨이다.
　　제10구는 중생과 자신이 동일체라고 생각하여 대자비심을 일으키므로 두루 가피를 내리는 것이다.

經

佛子여 菩薩摩訶薩이 坐道場時에 有十種奇特未曾有事하니
何等이 爲十고
佛子여 菩薩摩訶薩이 坐道場時에 十方世界一切如來 皆現其前하사 咸擧右手하야 而稱讚言하사대 善哉善哉라

無上導師여함이 是爲第一未曾有事오

菩薩摩訶薩이 坐道場時에 一切如來 皆悉護念하사 與其威力이 是爲第二未曾有事오

菩薩摩訶薩이 坐道場時에 宿世同行諸菩薩衆이 悉來圍遶하야 以種種莊嚴具로 恭敬供養이 是爲第三未曾有事오

菩薩摩訶薩이 坐道場時에 一切世界草木叢林諸無情物이 皆曲身低影하야 歸向道場이 是爲第四未曾有事오

菩薩摩訶薩이 坐道場時에 入三昧하니 名觀察法界라 此三昧力이 能令菩薩一切諸行으로 悉得圓滿이 是爲第五未曾有事오

菩薩摩訶薩이 坐道場時에 得陀羅尼하니 名最上離垢妙光海藏이라 能受一切諸佛如來大雲法雨 是爲第六未曾有事오

菩薩摩訶薩이 坐道場時에 以威德力으로 興上妙供具하야 徧一切世界하야 供養諸佛이 是爲第七未曾有事오

菩薩摩訶薩이 坐道場時에 住最勝智하야 悉現了知一切衆生의 諸根意行이 是爲第八未曾有事오

菩薩摩訶薩이 坐道場時에 入三昧하니 名善覺이라 此三昧力이 能令其身으로 充滿三世盡虛空界一切世界 是爲第九未曾有事오

菩薩摩訶薩이 坐道場時에 得離垢光明無礙大智하야 令

其身業으로 普入三世 是爲第十未曾有事니
**佛子여 是爲菩薩摩訶薩의 坐道場時에 十種奇特未曾
有事니라**

　불자여, 보살마하살이 도량에 앉을 때에 열 가지 일찍이 없었던 기특한 일이 있다.

　무엇이 열 가지 일찍이 없었던 기특한 일인가?

　불자여, 보살마하살이 도량에 앉을 때에 시방세계의 일체 여래가 모두 그 앞에 나타나 오른손을 들어 칭찬하였다.

　'훌륭하고 거룩하다. 위없는 인도자여.'

　이것이 첫째 일찍이 없었던 일이다.

　보살마하살이 도량에 앉을 때에 일체 여래께서 모두 보호하고 염려하여 위신력을 주었다.

　이것이 둘째 일찍이 없었던 일이다.

　보살마하살이 도량에 앉을 때에 과거 세계에 함께 수행하던 보살들이 모두 찾아와 둘러싸고 가지가지 장엄거리로 공경하고 공양하였다.

　이것이 셋째 일찍이 없었던 일이다.

　보살마하살이 도량에 앉을 때에 일체 세계의 초목과 숲과 무정물들이 모두 몸을 굽히고 그림자를 낮추어 도량으로 향하였다.

　이것이 넷째 일찍이 없었던 일이다.

　보살마하살이 도량에 앉을 때에 삼매에 들었다. 그 이름을 '법계를 관찰하는 삼매'라 한다. 이런 삼매의 힘으로 보살의 일체 행을 모두 원만하게 해주었다.

이것이 다섯째 일찍이 없었던 일이다.

보살마하살이 도량에 앉을 때에 다라니를 얻었다. 그 이름을 '가장 높고 때를 여읜 미묘한 광명 바다 법장 다라니'라 한다. 일체 제불여래의 큰 구름의 법 비를 받아들였다.

이것이 여섯째 일찍이 없었던 일이다.

보살마하살이 도량에 앉을 때에 위덕의 힘으로 훌륭한 공양거리를 마련하여 일체 세계에 두루 하여 부처님들께 공양하였다.

이것이 일곱째 일찍이 없었던 일이다.

보살마하살이 도량에 앉을 때에 가장 뛰어난 지혜에 머물러 일체중생의 여러 감각기관과 의식 활동을 분명하게 알았다.

이것이 여덟째 일찍이 없었던 일이다.

보살마하살이 도량에 앉을 때에 삼매에 들어갔다. 그 이름을 '잘 깨달음의 삼매'라 한다. 이런 삼매의 힘이 그 몸을 삼세의 온 허공계 일체 세계에 가득하게 하였다.

이것이 아홉째 일찍이 없었던 일이다.

보살마하살이 도량에 앉을 때에 때를 여읜 광명과 걸림 없는 큰 지혜를 얻어 그 몸의 업을 삼세에 두루 들어가게 하였다.

이것이 열째 일찍이 없었던 일이다.

불자여, 이것이 보살마하살이 도량에 앉을 때에 열 가지 일찍이 없었던 기특한 일이다.

◉ 疏 ◉

三有十奇特者는 明外感希奇니 大果先兆故니라

    셋째, 10가지 기특한 일은 밖으로 보기 드문 일을 얻음을 밝혔다. 위대한 佛果의 前兆이기 때문이다.

經

佛子여 菩薩摩訶薩이 坐道場時에 觀十種義故로 示現降魔하나니
何等이 爲十고
所謂爲濁世衆生이 樂於鬪戰하야 欲顯菩薩威德力故로 示現降魔하며
爲諸天世人이 有懷疑者하야 斷彼疑故로 示現降魔하며
爲敎化調伏諸魔軍故로 示現降魔하며
爲欲令諸天世人의 樂軍陣者로 咸來聚觀하고 心調伏故로 示現降魔하며
爲顯示菩薩所有威力이 世無能敵故로 示現降魔하며
爲欲發起一切衆生의 勇猛力故로 示現降魔하며
爲哀愍末世諸衆生故로 示現降魔하며
爲欲顯示乃至道場히 猶有魔軍이 而來觸惱라 此後에야 乃得超魔境界故로 示現降魔하며
爲顯煩惱의 業用羸劣하고 大慈善根의 勢力强盛故로 示現降魔하며

爲欲隨順濁惡世界所行法故로 示現降魔 是爲十이니라

불자여, 보살마하살이 도량에 앉았을 때에 열 가지 뜻을 관찰하므로 마군 항복 받음을 보여주는 것이다.

무엇이 열 가지 마군을 항복 받음인가?

이른바 혼탁한 세상의 중생들이 싸움을 좋아하기에 보살마하살의 위신력을 나타내고자 마군을 항복 받음을 보여준다.

하늘과 세간 사람의 의심하는 이를 위해 그들의 의심을 끊어주고자 마군을 항복 받음을 보여준다.

마군을 교화하고 조복하기 위하여 마군을 항복 받음을 보여준다.

하늘과 세간 사람들의 전쟁을 좋아하는 이들을 모두 데려다가 보여주고 그들의 마음을 조복하고자 마군을 항복 받음을 보여준다.

보살의 위엄과 힘을 세상에 대적할 이 없음을 보여주고자 마군을 항복 받음을 보여준다.

일체중생의 용맹한 힘을 일으키고자 마군을 항복 받음을 보여준다.

말세의 모든 중생을 딱하게 여기고자 마군을 항복 받음을 보여준다.

도량에까지 마군이 찾아와 괴롭힌 터라, 이런 후에 마군의 경계를 초월함을 보여주고자 마군을 항복 받음을 보여준다.

번뇌의 작용은 용렬하고 자비와 선근의 힘이 강성함을 나타내고자 마군을 항복 받음을 보여준다.

혼탁한 세계에서 행하는 법을 따르고자 마군을 항복 받음을 보여준다.

이것이 열 가지 마군을 항복 받음이다.

◉ 疏 ◉

四 降魔者는 正覺將顯에 先摧邪故니라 皆言示者는 久已降故오 魔王은 多是大菩薩故오 無有惡魔 能惱佛故니라
亦如野干이 豈能於師子前에 以振威勢리오 大乘方便經 下卷에 云 '若非佛力召來면 彼等惡魔 豈得近佛이리오 魔爲欲界尊勝이니 勝降餘伏故니라
十中에 一은 示以德諍이오 二는 破魔佛誰愈오 三은 波旬兵衆이 滿 三十六由旬이라 圍菩提樹하야 欲作留難이어늘 菩薩이 住慈悲智慧 하야 以手指地러니 一切散壞하고 八萬四千 八部大衆이 皆發大菩 提心일세 故云敎化調伏이라하니 廣如方便經과 及本行集說하다 六 未免魔者는 勿懈怠故오 七은 一被降伏하야 乃至末世에 翻護法故 니라 餘五는 可知니라【鈔_ '一 示德諍'者는 小人力諍故오 '二 魔佛 誰愈'者는 愈猶勝也니 經文自顯이라】

넷째, '마군을 항복 받음'이란 장차 正覺을 밝히고자 먼저 삿된 도를 꺾기 때문이다. 모두 "마군을 항복 받음을 보여준다."고 말한 것은 오래전에 이미 항복하였기 때문이며, 마왕은 대부분 대보살 이기 때문이며, 악마가 부처를 괴롭힘이 없기 때문이다.

또한 여우가 어떻게 사자 앞에서 위세를 떨칠 수 있겠는가. 대

승방편경 하권에 이르기를, "만약 부처님의 힘으로 불러온 게 아니라면 저들의 악마가 어떻게 부처 가까이에 다가올 수 있겠는가."라고 하니, 마군은 욕계의 존귀하고 뛰어난 자이다. 뛰어난 자는 항복하고 나머지는 굴복한 까닭이다.

10구 가운데,

제1구는 威德으로 다툼을 보여줌이며,

제2구는 마군과 부처가 누가 더 나을까? 이런 의심을 타파함이며,

제3구는 파순 병졸이 36유순의 땅에 가득하여 보리수를 에워싸고서 보살을 붙잡아 놓으려고 하였다. 보살이 자비지혜에 머물면서 손으로 땅을 가리키자 일체 병졸이 모두 흩어지고 8만 4천 8부 대중이 모두 큰 보리심을 일으켰기 때문에 '교화조복'이라 말하였다. 이는 대승방편경 및 본행집에 자세히 말한 바와 같다.

제6구는 마군을 면치 못한 자는 게으르지 않아야 하기 때문이며,

제7구는 한번 항복한 후로 말세에 이르기까지 불법을 보호한 자로 뒤바뀌었기 때문이다.

나머지는 말하지 않아도 알 수 있다.【초_ "제1구는 威德으로 다툼을 보여준다."는 것은 소인이란 힘으로 다투기 때문이다.

"제2구는 마군과 부처가 누가 더 나을까?[魔佛誰愈]"라는 '愈'자는 '보다 낫다.'라는 뜻이다. 경문의 뜻이 분명하다.】

佛子여 菩薩摩訶薩이 有十種成如來力하니

何等이 爲十고

所謂超過一切衆魔煩惱業故로 成如來力하며

具足一切菩薩行하야 遊戱一切菩薩三昧門故로 成如來力하며

具足一切菩薩廣大禪定故로 成如來力하며

圓滿一切白淨助道法故로 成如來力하며

得一切法智慧光明善思惟分別故로 成如來力하며

其身이 周徧一切世界故로 成如來力하며

所出言音이 悉與一切衆生心等故로 成如來力하며

能以神力으로 加持一切故로 成如來力하며

與三世諸佛로 身語意業이 等無有異하야 於一念中에 了三世法故로 成如來力하며

得善覺智三昧하야 具如來十力하나니 所謂是處非處智力으로 乃至漏盡智力故로 成如來力이 是爲十이니

若諸菩薩이 具此十力하면 則名如來應正等覺이니라

　불자여, 보살마하살이 열 가지 여래의 힘을 성취하였다.

　무엇이 열 가지 여래의 힘을 성취함인가?

　이른바 일체 마와 번뇌의 업을 벗어난 까닭에 여래의 힘을 성취하며,

　일체 보살행을 두루 갖춰 일체 보살의 삼매문에 유희한 까닭

336

에 여래의 힘을 성취하며,

일체 보살의 광대한 선정을 두루 갖춘 까닭에 여래의 힘을 성취하며,

일체 청정한 도를 돕는 법을 원만하게 한 까닭에 여래의 힘을 성취하며,

일체 법의 지혜 광명을 얻어 잘 생각하고 분별함을 얻은 까닭에 여래의 힘을 성취하며,

그 몸이 일체 세계에 두루 존재한 까닭에 여래의 힘을 성취하며,

말하는 언어와 음성이 모두 일체중생의 마음과 평등한 까닭에 여래의 힘을 성취하며,

신통력으로 일체에 가피를 내려준 까닭에 여래의 힘을 성취하며,

삼세 부처님의 몸과 말과 뜻의 업이 평등하여 다르지 않아서, 한 생각의 찰나에 삼세 법을 알기 때문에 여래의 힘을 성취하며,

잘 깨닫는 지혜의 삼매를 얻어 여래의 열 가지 힘을 갖추었다. 이른바 옳은 곳, 그른 곳을 아는 지혜의 힘으로부터 내지 무루 지혜의 힘이다. 이 때문에 여래의 힘을 성취하였다.

이것이 열 가지 여래의 힘을 성취함이다.

만약 보살들이 이러한 열 가지 힘을 갖추면, 그 명호를 '여래·응공·정등각'이라 한다.

◉ 疏 ◉

五有十種成如來力은 卽正覺現前이니 前之二門은 當無間道요 此當解脫道며 更前二門은 卽方便道니라
今此十中에 初一은 障無不寂이오 次二는 因無不圓이오 次二는 果無不滿이오 次三은 德無不普오 後二는 佛無不同이라 故結名如來也니라

다섯째, '열 가지 여래의 힘을 성취함'은 正覺이 앞에 나타남이다. 앞의 2문은 無間道에 해당하고, 이는 해탈도에 해당하며, 또다시 앞의 2문은 방편도이다.

이의 10구 가운데,

제1구는 장애가 사라지지 않음이 없고,

다음 제2, 3구는 원인이 원만하지 않음이 없으며,

다음 제4, 5구는 결과가 충만하지 않음이 없고,

다음 제6~8구는 공덕이 두루 행하지 않음이 없으며,

뒤의 제9, 10구는 부처와 같지 않음이 없기 때문에 '여래'라는 명호로 끝맺었다.

經

佛子여 如來應正等覺이 轉大法輪에 有十種事하니
何等이 爲十고
一者는 具足淸淨四無畏智오
二者는 出生四辯隨順音聲이오

三者는 善能開闡四眞諦相이오
四者는 隨順諸佛無礙解脫이오
五者는 能令衆生으로 心皆淨信이오
六者는 所有言說이 皆不唐捐하야 能拔衆生의 諸苦毒箭이오
七者는 大悲願力之所加持오
八者는 隨出音聲하야 普徧十方一切世界오
九者는 於阿僧祇劫에 說法不斷이오
十者는 隨所說法하야 皆能生起根力覺道禪定解脫三昧等法이니
佛子여 諸佛如來 轉於法輪에 有如是等無量種事니라

불자여, 여래·응공·정등각이 큰 법륜을 굴리는 데 열 가지 일이 있다.

무엇이 큰 법륜을 굴리는 열 가지 일인가?

하나는 네 가지 두려움 없는 지혜를 두루 갖춰 청정함이며,

둘은 네 가지 변재를 따르는 음성을 내며,

셋은 네 가지 진리의 모양을 잘 밝혀주며,

넷은 부처님의 걸림 없는 해탈을 따르며,

다섯은 중생으로 하여금 마음이 모두 청정하고 믿게 하며,

여섯은 말하는 바가 모두 헛되지 않아서 중생의 고통 독화살을 뽑아주며,

일곱은 크게 가엾이 여기는 원력으로 가피가 있으며,

여덟은 내는 음성마다 시방의 일체 세계에 두루 울리고,

아홉은 아승지겁에 설법이 끊이지 않으며,

열은 말하는 법을 따라 모두가 5무루근(五無漏根), 5력(力), 7각지(覺支), 8정도, 선정, 해탈, 삼매 등의 법을 내었다.

불자여, 제불여래께서 법륜을 굴리는 데 이처럼 한량없는 일이 있다.

● 疏 ●

第九'轉大法輪'下 二門은 明轉法輪이니 道成機熟에 開甘露門故니라

於中 初門은 所轉法輪體用이오 後門은 明轉法輪因緣이라

前中에 流演圓通을 目之爲輪이오 自我之彼를 名之爲轉이니 小乘은 以眼智明覺四行으로 繫於四諦어니와 今顯無盡十行일새 應繫十諦하야 以成百行이라 餘는 如法輪章說하다

十中에 初二는 能轉備圓이오 次二는 所轉深妙오 次二는 生信拔苦오 次二는 因深量廣이오 後二는 時遠益高니라【鈔_ '小乘'等者는 已見出現法輪章中하다】

(ㅈ) '轉大法輪' 이하 2문은 법륜을 굴림을 밝혔다.

도가 이뤄지고 근기가 성숙함에 감로문을 열어주기 때문이다.

2문 가운데 첫 법문은 굴려야 할 법륜의 본체와 작용이며,

둘째 문은 법륜을 굴리는 인연을 밝혔다.

첫 법문에서 유포와 연설이 원만하게 통함을 가리켜 바퀴[輪]

라 말하고, 나에게로부터 저 사람에게 건너가는 것을 굴린다[轉]고 말한다. 소승은 眼智明覺의 4가지 행으로써 사성제에 묶어 말하지만, 여기에서는 그지없음을 나타낸 까닭에 10가지의 行을 十諦에 묶어 말하여 1백 행이 이뤄진다.

나머지는 法輪章에서 말한 바와 같다.

10구 가운데,

앞의 제1, 2구는 법륜을 굴릴 수 있는 주체가 원만하게 갖춰짐이며,

다음 제3, 4구는 법륜을 굴릴 대상이 심오하고 미묘함이며,

다음 제5, 6구는 신심을 내주고 고통을 뽑아줌이며,

다음 제7, 8구는 원인이 깊고 도량이 광대함이며,

뒤의 제9, 10구는 장구한 시간과 이익이 고준함이다.【초_ '소승' 등이란 것은 앞의 제37 여래출현품 法輪章 부분에 보인다.】

經

佛子여 如來應正等覺이 轉法輪時에 以十事故로 於衆生心中에 種白淨法하야 無空過者니

何等이 爲十고

所謂過去願力故며

大悲所持故며

不捨衆生故며

智慧自在하야 隨其所樂하야 爲說法故며

必應其時하야 未曾失故며
隨其所宜하야 無妄說故며
知三世智로 善了知故며
其身最勝하야 無與等故며
言辭自在하야 無能測故며
智慧自在하야 隨所發言하야 悉開悟故니 是爲十이니라

　불자여, 여래·응공·정등각이 법륜을 굴릴 적에 열 가지 일로써 중생의 마음에 청정한 법을 심어 헛되이 지내는 자가 없다.

　무엇이 청정한 법을 심는 열 가지 일인가?

　이른바 과거의 원력 때문이며,

　대자비의 마음을 지니기 때문이며,

　중생을 버리지 않기 때문이며,

　지혜가 자재하여 그들의 좋아함을 따라서 설법하기 때문이며,

　반드시 시기에 맞추어 일찍이 때를 놓친 적이 없기 때문이며,

　적절한 바를 따라서 허튼소리가 없기 때문이며,

　삼세를 아는 지혜로 잘 알기 때문이며,

　그 몸이 가장 훌륭하여 대등할 이가 없기 때문이며,

　말함이 자재하여 헤아릴 수 없기 때문이며,

　지혜가 자재하여 말하는 바를 따라서 모두 깨달음을 주기 때문이다.

　이것이 청정한 법을 심는 열 가지 일이다.

◉ 疏 ◉

二種白淨法 十事는 卽法輪因이라

白淨法者는 卽所轉輪體니 謂佛無漏淸淨法界 轉入衆生心中하야 成聞熏種子라 故名爲種이오 說應時機하야 言不虛發이오 還生無漏聖智일새 故無空過니라 故攝論中에 '多聞熏習이 從最淸淨法界等流하야 生無漏現行'이 是此義也라 亦卽前章無礙解脫所以니 '能種此種'者는 有十事故니라

初一은 宿因이오 餘皆現因이라

於中에 前六은 德具오 後三은 用勝이라

前中에 二三은 悲具니 一은 內持오 二는 外攝이라 次四는 智具니 卽四悉檀이라 一은 爲人이니 所樂이 不同故오 二는 第一義니 應時令悟故오 三은 對治니 隨病所宜故오 四는 世界니 了世而順故니라

둘째, '청정한 법을 심는 열 가지 일'은 법륜을 굴릴 수 있는 원인이다.

'청정한 법[白淨法]'이란 굴려야 할 법륜의 본체이다. 이는 부처의 무루청정법계가 중생의 마음속으로 굴러 들어가 聞熏種子를 이뤄주기 때문에 '종자'라 말하고, 설법이 시기에 맞추어 헛된 말을 하지 않는 터라, 또한 無漏聖智를 내어주기 때문에 '헛되이 지냄이 없다.'고 한다.

이 때문에 섭론에서 말한 "많은 들었던 훈습이 가장 청정한 법계로부터 똑같이[等流] 無漏現行을 낳는다."는 것은 바로 이런 뜻이다.

또한 이는 앞의 장에서 말한 '걸림 없는 해탈'을 얻을 수 있는 원인이다. 이런 종자를 심은 자가 10가지 일이 있기 때문이다.

첫 1구는 숙세의 원인이고,

나머지는 모두 현세의 원인인데, 그 가운데 앞의 6구(제2~7구)는 공덕이 구족함이며, 뒤의 3구(제8~10구)는 작용의 훌륭함이다.

'앞의 6구' 가운데 제2, 3구는 大悲의 구족이다. 제2구는 내면의 마음에 지님이며, 제3구는 밖으로 중생을 받아들임이다.

나머지 4구는 지혜의 구족으로, 바로 '부처가 중생을 교화하는 4가지 방법[四悉檀]'이다.

① 제4구는 爲人悉檀, 중생의 마음에 좋아하는 바가 각기 다르기 때문이다.

② 제5구는 第一義悉檀, 시기에 맞추어 그들을 깨우쳐주기 때문이다.

③ 제6구는 對治悉檀, 병폐를 다스리는 데 적절한 바를 따르기 때문이다.

④ 제7구는 世界悉檀, 세계의 일을 알고서 따르기 때문이다.

經

佛子여 如來應正等覺이 作佛事已에 觀十種義故로 示般涅槃하나니

何等이 爲十고

所謂示一切行이 實無常故며

示一切有爲 非安穩故며
示大涅槃이 是安穩處라 無怖畏故며
以諸人天이 樂著色身에 爲現色身이 是無常法하야 令其
願住淨法身故며
示無常力의 不可轉故며
示一切有爲 不隨心住하야 不自在故며
示一切三有 皆如幻化하야 不堅牢故며
示涅槃性이 究竟堅牢하야 不可壞故며
示一切法이 無生無起호대 而有聚集散壞相故니라
佛子여 諸佛世尊이 作佛事已하며 所願滿已하며 轉法輪
已하며 應化度者를 皆化度已하며 有諸菩薩이 應受尊號어
든 成記莂已에 法應如是入於不變大般涅槃이니
佛子여 是爲如來應正等覺의 觀十義故로 示般涅槃이니라

　　불자여, 여래·응공·정등각이 불사를 짓고서 열 가지 이치를 관찰하기 위하여 반열반을 보여주는 것이다.
　　무엇이 열 가지 이치를 관찰함인가?
　　이른바 일체 행이 실로 무상함을 보여주기 위함이며,
　　일체 유위는 편안함이 아님을 보여주기 위함이며,
　　대열반은 편안한 곳이어서 두려움이 없음을 보여주기 위함이며,
　　모든 사람과 하늘이 육신에 집착하기에, 육신이 무상한 법임을 나타내어 청정한 법신에 머물기를 원하도록 하기 위함이며,
　　무상한 힘으로는 운전할 수 없음을 보여주기 위함이며,

일체 유위는 마음을 따라 머물지 않아 자재하지 않음을 보여주기 위함이며,

일체 3유(有: 欲界有·色界有·無色界有)는 모두 요술과 변화와 같아서 견고하지 못함을 보여주기 위함이며,

열반의 체성은 끝까지 견고하여 깨뜨릴 수 없음을 보여주기 위함이며,

일체 법이 생겨나고 일어남이 없지만 모이고 흩어지는 모양이 있음을 보여주기 위함이다.

불자여, 부처님 세존께서 불사를 짓고, 소원을 만족하고, 법륜을 굴리고, 제도할 이를 모두 제도하고, 모든 보살로서 높은 명호를 받을 이에게는 수기를 주고서 법이 응당 이처럼 변하지 않는 큰 반열반에 들어가셨다.

불자여, 이것이 여래·응공·정등각이 열 가지 이치를 관찰하기 위해 반열반을 보이는 것이다.

◉ 疏 ◉

第十 涅槃은 謂應盡還源이니 有斯十意니 初二는 明生死過患이니 一은 無常故오 二는 無樂故로 云非安穩이라【鈔_ 初二下는 二는 別釋이라 此中에 卽用涅槃第二經이니 因三修比丘가 歎無常等 以爲上想하야 佛廣訶之하고 後爲正說云 '汝等若言처럼 我亦修習無常·苦·無我想이라 是三種修는 無有實義니라 我今當說勝三修法하나니 苦者 計樂과 樂者 計苦는 是顚倒法이오 無常 計常과 常 計無

常은 是顚倒法이오 無我 計我와 我計無我는 是顚倒法이오 不淨 計淨과 淨 計不淨은 是顚倒法이라 如是 等 四顚倒法은 是人이 不知正修諸法이니라 汝諸比丘는 於苦法中에 生於樂想하고 於無常中에 生於常想하고 於無我中에 生於我想하고 於不淨中에 生於淨想이라 世間에 亦有常樂我淨하고 出世에 亦有常樂我淨이니 世間法者는 有字無義오 出世法者는 有字有義니라

何以故오 世間之法은 有四顚倒라 故不知義니라 所以者는 何오 有想倒·心倒·見倒일새니라 以三倒故로 世間之人이 樂中見苦하고 常見無常하고 我見無我하고 淨見不淨을 是名顚倒니 以顚倒故로 世間知字而不知義니라

何等爲義오 無我者는 名爲生死오 我者는 名爲如來오 無常者는 聲聞緣覺이오 常者는 如來法身이오 苦者는 一切外道오 樂者는 卽是涅槃이오 不淨者는 卽有爲法이오 淨者는 諸佛菩薩所有正法이니 是名不顚倒니라 故知有字有義니라

若欲遠離四顚倒者는 應知如是常樂我淨이니라

釋曰 上具引經者는 以此十句로 多分用故니라】

㈜ 1문은 열반에 듦을 밝혔다.

열반은 생이 다하면 본원의 자리로 돌아감이다.

여기에 10가지 의의가 있다.

첫 2구는 생사의 우환을 밝혔다.

제1구는 무상하기 때문이며,

제2구는 즐거움이 없기 때문에 편안하지 않다.【초_ '첫 2구'

347

이하는 둘째, 개별로 해석함이다. 이는 열반경 제2를 인용하였다. 3가지를 수행하는 비구들이 無常 등을 찬탄하면서 최상이라는 생각을 함으로 인하여, 부처님이 그들을 매우 꾸짖고, 그 뒤에 바로 말하였다.

"너희가 말한 것처럼 나 역시도 無常·苦·無我想을 닦았었다. 이 3가지 수행은 진실한 이치가 없다. 나는 이제 3가지 훌륭한 수행법을 말해주겠다.

고통을 즐거움으로 생각하는 것과 즐거움을 고통으로 생각하는 것은 전도된 법이며,

무상을 떳떳함으로 생각하는 것과 떳떳함을 무상으로 생각하는 것은 전도된 법이며,

無我를 '나'라고 생각하는 것과 '나'라는 것을 무아로 생각하는 것은 전도된 법이며,

청정하지 않음을 청정함으로 생각하는 것과 청정함을 청정하지 않음으로 생각하는 것은 전도된 법이다.

이와 같은 4가지 전도된 법은 그 사람들이 바른 수행법을 모르기 때문이다.

너희 비구들은 고통 가운데서 즐겁다는 생각을 내고,

무상 가운데서 떳떳하다는 생각을 내고,

무아 가운데서 '나'라는 생각을 내고,

부정한 가운데서 청정하다는 생각을 낸다.

세간의 법 또한 상락아정이 있고, 출세간의 법 또한 상락아정

이 있다.

　세간의 법이란 문자는 있으나 이치가 없고, 출세간의 법이란 문자도 있고 이치도 있다.

　무엇 때문인가?

　세간의 법이란 4가지 전도 때문에 그 이치를 모르는 것이다.

　그 이유는 무엇 때문일까?

　생각의 전도, 마음의 전도, 소견의 전도 때문이다.

　이 3가지 전도 때문에 세간의 사람은 즐거움 속에서 고통을 보고, 떳떳함 속에서 무상을 보고, '나'라는 속에서 무아를 보고, 청정함 속에서 부정을 보는 것을 전도라고 말한다. 이러한 전도 때문에 세간 사람은 문자를 알 뿐, 그 이치를 모르는 것이다.

　어떤 것이 이치인가?

　무아라 하는 것은 생사라 말하고,

　'나'라고 하는 것은 여래라 말하고,

　무상이라 하는 것은 성문연각이요,

　고통이라 하는 것은 일체 외도요,

　부정이라 하는 것은 유위법이요,

　청정이라 하는 것은 제불보살이 소유한 바른 법이다.

　이를 전도되지 않음이라고 한다. 이 때문에 문자도 있고 이치도 있음을 아는 것이다.

　만약 4가지 전도를 멀리 여의고자 한 자는 당연히 이와 같은 상락아정을 알아야 한다."

이에 대한 해석은 다음과 같다.

위에서 구체적으로 인용한 경문은 이 10구로 구분 지어 인용한 바 많다.】

三은 明涅槃是樂하야 翻上無樂이니 以涅槃寂滅로 爲眞樂故니라 四는 翻色身無常이니 法身爲常故니라 故晉經云 '令求常住淨法身故니라' 今闕常字니 法身은 是三德之一이라 性出自古하야 體無變異일새 偏語其常이오 今已出纏일새 故名爲淨이라

제3구는 열반이 즐거움임을 밝혀 위에서 말한 '즐거움이 없다.'는 것을 뒤집은 것이다. 열반적멸로써 진실한 즐거움을 삼기 때문이다.

제4구는 '색신이 무상하다.'는 것을 뒤집은 것이다. 법신이 떳떳함이기 때문이다. 따라서 60화엄경에서는 "하여금 청정한 법신에 常住함을 구하도록 하기 위함이다."고 말하였다.

여기에서는 '常住'의 '常' 자가 빠져 있다.

법신은 3가지 공덕[法身德, 般若德, 解脫德] 가운데 하나이다. 성품이 예로부터 나와 본체가 변함이 없기에 그 떳떳함만을 말하였을 뿐이며, 여기에서는 이미 속박에서 벗어났기 때문에 '청정'이라고 말하였다.

次三句는 明生死無我 不自在故니 一은 一期無常하야 不自在故로 云不可轉이오 二는 別明念念無常하야 不自在니 此通變易生死오 三은 卽分段이 不能堅住니 亦非自在오

八은 涅槃是堅이니 卽自在我며 亦兼常義오

九는 翻有爲하야 以明淨德이니 不淨者는 卽有爲法故로 言聚散이오

淨者는 諸佛菩薩正法일세 名無生起니라 然是性淨涅槃은 隨緣生死니 卽相之性이라야 方爲正法이라 然涅槃第二에 翻破凡小니 四德은 通諸佛法이라 故以如來爲我하고 此正顯涅槃일세 故亦就涅槃明我니라

餘竝相順이라 然常等四德은 雖徧通佛法이나 從其別義하야 各顯不同이니 上은 以四榮翻枯하야 具遣八倒니라【鈔_ 涅槃二十七云 '空者는 所謂生死오 不空者는 謂大涅槃이오 無常者는 所謂生死오 常者는 謂大涅槃이오 無我者는 所謂生死오 我者는 謂大涅槃이오 苦者는 所謂生死오 樂者는 謂大涅槃等이니 則是涅槃은 卽具四德이니 則如正法도 亦具四德이라'

'從其義'下者는 卽涅槃第二意也라 遠公 亦云 '常樂我淨은 理實徧通一切佛法이라 然今隱顯이라 我는 偏就人이오 餘三은 就法이라 我是佛者는 自在 名我오 自在之用은 在於佛人이라 故說爲我오 又復我者는 人之別稱이라 故就佛人而說其我오 常法身者는 法身佛體는 顯本法成이니 性出自古하야 體無變易이니 順常義顯이라 故爲常樂이라

云涅槃者는 涅槃 是滅이오 滅離衆苦하야 寂樂義顯일세 故說爲樂이라

淨是法者는 謂三寶中에 法寶之體 能治超勝일세 故說爲淨이니라' 釋曰 '上來疏中에 多已用之어늘 就義穩便하야 小有改易이라'

'上以四榮'下는 結成破倒니 廣如四地오 畧如上引涅槃之文하다】

다음 3구는 생사 무아에 자재하지 못함을 밝힌 까닭이다.

351

① 제5구는 한평생이 무상하여 자재하지 못하기 때문에 "운전할 수 없다."고 말한다.

② 제6구는 생각마다 무상하여 자재하지 못함을 개별로 밝혔다. 이는 變易生死에 모두 통한다.

③ 제7구는 분단의 몸이 견고히 머물지 못함이다. 이 또한 자재가 아니다.

제8구는 열반이 견고한 것을 밝혔다. 이는 곧 자재한 자아이며, 또한 떳떳하다는 뜻을 겸하고 있다.

제9구는 유위법을 뒤집어서 청정한 덕을 밝혔다. 不淨이란 곧 유위법이기 때문에 모이는 것과 흩어지는 것이라 말하고, 청정이란 제불보살의 바른 법이기에 '無生起'라 말한다.

그러나 자성이 청정한 열반[性淨涅槃]은 반연을 따라 태어나고 죽는다. 모양과 하나가 된 자성이어야 비로소 바른 법이라 한다. 그러나 열반경 제2에서는 범부 소승을 뒤집어서 타파하였다. 4가지 공덕은 모든 불법에 통하기 때문에 여래로써 자아를 삼았고, 여기에서는 바로 열반을 밝히기 위해서 또한 열반의 측면에서 자아를 밝혔다.

나머지는 아울러 서로 따르고 있다. 그러나 상락아정 4가지 공덕은 비록 불법에 두루 통하지만, 그 개별의 의의를 따라서 각기 밝힌 바가 똑같지 않다. 위는 4가지 꽃 피어난 것으로써 메마른 것을 뒤집어서 8가지 전도를 모두 떨쳐버린 것이다.【초_ 열반경 27에서 다음과 같이 말하였다.

"공허하다는 것은 이른바 생사이고,
공허하지 않다는 것은 대열반이며,
무상하다는 것은 이른바 생사이고,
떳떳하다는 것은 대열반이며,
자아가 없다는 것은 이른바 생사이고,
'나'라는 것은 대열반이며,
고통이라는 것은 이른바 생사이고,
즐겁다는 것은 대열반이다.
이 열반에는 4가지 공덕을 모두 갖추고 있다.
바른 법 또한 4가지 공덕을 모두 갖추고 있다."
'從其義' 이하는 열반경 제2 부분을 인용한 뜻이다.
혜원법사 또한 다음과 같이 말하였다.

"상락아정의 이치는 실로 일체 불법에 모두 통한다. 그러나 여기에서는 묻어두기도 하고 나타내기도 하였다. 我는 오직 사람의 입장에서만 말하였을 뿐이고, 나머지 3가지는 법으로 말하였다.

'나'라는 것이 부처라는 것은 자재함을 '나'라고 말하며, 자재한 작용은 부처라는 사람에게 있다. 이 때문에 '나'라고 말한다.

또한 '나'라는 것은 사람이라는 별칭이기도 하다. 이 때문에 부처라는 사람의 입장에서 '나'라고 말한다.

떳떳한 법신이란 법신의 부처 몸은 본래 법의 성취를 밝힌 것이다. 본성은 예로부터 나와 본체가 변함이 없다. 떳떳하다는 뜻을 따라 밝힌 까닭에 常樂이라 한다.

열반이라 말한 것은 열반은 적멸이며, 수많은 고통을 여의고서 적멸의 즐거움이라는 뜻이 나타나기에 '樂'이라고 한다.

'淨'이 법이라는 것은 삼보 가운데 法寶의 체성은 다스림의 주체로 뛰어나기에 淨이라 말한다."

이에 대한 해석은 다음과 같다.

"위의 청량소에서 이미 인용한 바 많은데, 뜻의 편의에 따라 조금 고치거나 바꾼 것이다."

'上以四榮' 이하는 전도의 타파를 끝맺었다. 자세히는 제4 염혜지에서 말한 바와 같고, 간략하게는 위에서 인용한 열반경의 문장과 같다.】

十은 明法爾니 諸佛常規니라

제10구는 법을 밝혔다. 모든 부처의 일정한 법규이다.

上來 說分을 竟하다

위의 설법 부분을 끝마치다.

經

佛子여 此法門이 名菩薩廣大淸淨行이니 無量諸佛의 所共宣說이라 能令智者로 了無量義하야 皆生歡喜하며 令一切菩薩로 大願大行이 皆得相續이니라

佛子여 若有衆生이 得聞此法하고 聞已信解하며 解已修行하면 必得疾成阿耨多羅三藐三菩提하리니 何以故오 以如說修行故니라

佛子여 **若諸菩薩**이 **不如說行**이면 **當知是人**은 **於佛菩提**에 **則爲永離**니 **是故菩薩**이 **應如說行**이니라

　불자여, 이 법문의 이름은 '보살의 광대하고 청정한 행'이다. 한량없는 부처님이 모두 함께 말씀하신 것이다.

　지혜 있는 이로 하여금 한량없는 이치를 알고 기쁜 마음을 가지도록 함이며, 일체 보살로 하여금 큰 서원과 큰 행이 모두 서로 이어가게 함이다.

　불자여, 만약 중생들이 이 법문을 듣고, 들은 후에 믿고 이해하며, 이해하고서 수행하면 반드시 아뇩다라삼막삼보리를 빠르게 성취할 것이다.

　무엇 때문일까?

　말한 대로 수행함이다.

　불자여, 만약 보살들이 말한 대로 행하지 않으면, 그 사람은 부처의 보리에서 영원히 떠나게 됨을 알아야 한다. 그러므로 보살은 말한 대로 행해야 한다.

● **疏** ●

於中二니

一은 結義勸修오

二 '佛子此一切菩薩'下는 結名勸學이라

前中에 亦二니

初는 擧名結義이오

後 '佛子若有' 下는 勸信修行이라

제7. 끝맺으면서 권면하는 부분

이의 경문은 2단락이다.

(1) 의의를 끝맺으면서 수행을 권면함이며,

(2) '佛子此一切菩薩' 이하는 명칭을 끝맺으면서 배움을 권면함이다.

'(1) 의의를 끝맺은 부분' 또한 2단락이다.

① 명칭을 들어 그 뜻을 끝맺었고,

② '佛子若有' 이하는 믿고서 수행할 것을 권면하였다.

經

佛子여 此一切菩薩의 功德行處며 決定義華며 普入一切法이며 普生一切智며 超諸世間이며 離二乘道며 不與一切諸衆生共이며 悉能照了一切法門이며 增長衆生出世善根이며 離世間法門品이라
應尊重하며 應聽受하며 應誦持하며 應思惟하며 應願樂하며 應修行이니 若能如是면 當知是人은 疾得阿耨多羅三藐三菩提니라

불자여, 이는 일체 보살의 공덕행을 내는 곳이며,

결정한 뜻의 꽃이며,

일체 법에 두루 들어가며,

일체 지혜를 널리 내며,

모든 세간을 초월하며,

　　이승의 도를 여의며,

　　일체중생과 함께하지 않으며,

　　일체 법문을 모두 비추어 알며,

　　중생의 출세간 선근을 더욱 키워주며,

　　세간을 여의는 법문의 품이다.

　　마땅히 존중하며,

　　마땅히 들으며,

　　마땅히 외우며,

　　마땅히 생각하며,

　　마땅히 좋아하며,

　　마땅히 수행해야 한다.

　　만약 이렇게 하면 그 사람은 아뇩다라삼먁삼보리를 빠르게 얻을 수 있다."

◉ 疏 ◉

二 結名勸學中에 先顯十名이라

初一은 約能詮이니 依此生行일세 故名爲處니 前約所詮行體하야 但云淸淨行이오

餘九는 約所詮功能立稱이오

二는 決彼行義하야 定能感果故오

三은 證所證故오

四는 能證分明故오

五는 有智超勝故오

六은 悲興萬行故오

七은 一一圓融故오

八은 軌則具足故오

九는 卽理涉事故오

十은 卽事而眞故니라

後 '應尊重'下는 勸學이니 可知니라

(2) 명칭을 끝맺으면서 배움을 권면한 부분에서 먼저 10가지 명칭을 밝혔다.

제1구, '공덕행을 내는 곳'은 뜻을 낳아주는 문자의 주체[能詮]로 말하였다. 이에 의해 行을 낳아주기 때문에 '곳[處]'이라 말한다.

앞에서는 '문자에 의해 나타나는 뜻[所詮]'의 行體를 들어서 淸淨行이라 말하였을 뿐이며, 나머지 9구는 '문자에 의해 나타나는 뜻'의 공효를 들어서 그 명칭을 세운 것이다.

제2구, '결정한 뜻의 꽃'은 저 行義를 결정하여 반드시 결과를 얻기 때문이다.

제3구, '일체 법에 두루 들어감'은 증득 대상을 증득하기 때문이다.

제4구, '일체 지혜를 널리 냄'은 증득의 주체가 분명하기 때문이다.

제5구, '모든 세간을 초월함'은 지혜가 뛰어나기 때문이다.

제6구, '이승의 도를 여읨'은 자비의 마음으로 모든 行을 일으키기 때문이다.

제7구, '일체중생과 함께하지 않음'은 하나하나가 원융하기 때문이다.

제8구, '일체 법문을 모두 비추어 앎'은 궤칙이 두루 갖추어지기 때문이다.

제9구, '중생의 출세간 선근을 더욱 키워줌'은 이치와 하나가 되어 현상의 일을 관계하기 때문이다.

제10구, '세간을 여의는 법문의 품'은 현상의 일과 하나가 된 진리이기 때문이다.

뒤의 '應尊重' 이하는 勸學이니, 이는 말하지 않아도 알 수 있다.

大文第八 現瑞分
제8. 상서가 나타난 부분

經

說此品時에 佛神力故며 及此法門의 法如是故로 十方無量無邊阿僧祇世界 皆大震動하며 大光普照어늘

이 품을 말할 적에 부처님의 신통한 힘과 이 법문의 법이 이와 같기 때문에 시방의 한량없고 그지없는 아승지 세계가 모두 크게 진동하고 큰 광명이 널리 비쳤다.

◉ 疏 ◉

可知니라

이는 말하지 않아도 알 수 있다.

大文第九 證成分

제9. 증명 성취의 부분

經

爾時에 十方諸佛이 皆現普賢菩薩前하사 讚言하사대 善哉善哉라 佛子여 乃能說此諸菩薩摩訶薩의 功德行處와 決定義華와 普入一切佛法과 出世間法門品이로다
佛子여 汝已善學此法하며 善說此法하며 汝以威力으로 護持此法일세 我等諸佛이 悉皆隨喜하노니 如我等諸佛이 隨喜於汝하야 一切諸佛도 悉亦如是니라
佛子여 我等諸佛이 悉共同心으로 護持此經하야 令現在未來諸菩薩衆의 未曾聞者로 皆當得聞이니라

그때, 시방 부처님이 모두 보현보살의 앞에 나타나 찬탄하였다.

"착하고 거룩하다. 불자여, 그대가 보살마하살의 공덕행을 내는 곳이며, 결정한 뜻의 꽃이며, 일체 불법에 두루 들어가며, 출세간의 법문품임을 잘 말하였다.

불자여, 그대가 이 법을 잘 배웠고, 이 법을 잘 말하였으며, 그

대의 위신력으로 이 법을 보호하였기에, 우리 부처들이 모두 따라 기뻐한다.

우리들이 그대를 따라 기뻐하듯이, 일체 모든 부처 역시 모두가 그와 같다.

불자여, 우리 부처들이 똑같은 마음으로 이 경을 보호하여 현재와 미래의 보살로서 일찍이 듣지 못한 이들에게 모두 이 경을 듣게 하리라."

● 疏 ●

於中二니 先은 讚法證이오 後'佛子汝已'下는 歎人證이라

이 부분은 2단락이다.
앞은 법의 증득을 찬탄하였고,
뒤의 '佛子汝已' 이하는 사람의 증득을 찬탄하였다.

大文第十偈頌分

제10. 게송 부분

經

爾時에 普賢菩薩摩訶薩이 承佛神力하사 觀察十方一切大衆과 洎於法界하고 而說頌言하사대

그때, 보현보살마하살이 부처님의 위신력을 받들어 시방의 모

든 대중과 법계를 관찰하고 게송으로 말하였다.

◉ 疏 ◉

總有二百一十五頌半이라

分三이니

初有八偈는 七言이니 歎德深廣하야 明說分齊오

二'其心'下는 有一百三十一頌半은 總示行德하야 畧顯深廣이라

上二는 竝是伽陀라

三從'依於佛智'下는 七十六偈는 頌前長行이니 方是祇夜니라

今初는 分四라

    모두 215수 반 게송이 있다.

    3단락으로 나눈다.

    1. 8수 게송은 7언이다. 공덕이 깊고 넓음을 찬탄하여 설법의 한계를 밝혔고,

    2. '其心' 이하 131수 반 게송은 행의 공덕을 총괄하여 보여주면서 공덕의 깊고 넓음을 간략하게 밝혔다.

    위 2단락은 모두 伽陀(gāthā)이다.

    3. '依於佛智住' 이하 76수 게송은 앞의 산문으로 구성된 경문을 찬송한 것이니, 바야흐로 거듭 게송으로 읊은 重頌의 의미인 祇夜(geyya)이다.

    '1. 8수 게송'은 다시 4단락으로 나눈다.

於無量劫修苦行하야　　**從無量佛正法生**하며
令無量衆住菩提하나니　　**彼無等行聽我說**이어다

　　한량없는 겁에 고행 닦아
　　한량없는 부처님에게서 바른 법 나오기에
　　한량없는 중생 보리에 머물게 하니
　　똑같을 이 없는 행을 내 말하리니 들을지어다

供無量佛而捨著하며　　**廣度群生不作想**하며
求佛功德心無依하니　　**彼勝妙行我今說**호리라

　　한량없는 부처님 공양하여 집착 버리고
　　많은 중생 제도하되 생각 없으며
　　부처 공덕 구하여도 마음에 의지함 없나니
　　그 미묘한 행을 내 이제 말하리라

離三界魔煩惱業하며　　**具聖功德最勝行**하며
滅諸癡惑心寂然하니　　**我今說彼所行道**호리라

　　삼세의 마와 번뇌의 업 여의고
　　성인 공덕, 훌륭한 행 갖췄으며
　　모든 무명의혹 없애어 마음 고요하니
　　그 행하던 도를 내 이제 말하리라

永離世間諸誑幻하고　　種種變化示衆生히
心生住滅現衆事하나니　　說彼所能令衆喜호리라

　　세간의 거짓과 환술 길이 벗어나
　　가지가지 변화, 중생에게 보이며
　　마음이 일어나고 머물고 사라지는 모든 현상 보여주니
　　그런 것 말하여 중생을 기쁘게 하리라

◉ 疏 ◉

初四는 許說의 廣深이라
　　① 4수 게송은 설법의 넓고 깊음을 인정함이다.

經

見諸衆生生老死와　　煩惱憂橫所纏迫하고
欲令解脫教發心하니　　彼功德行應聽受어다

　　중생이 나고 늙고 죽는 일과
　　번뇌, 근심, 횡액에 얽힌 바 보고서
　　해탈로 보리심 내게 하고자 하니
　　그러한 공덕행을 들을지어다

施戒忍進禪智慧와　　方便慈悲喜捨等을
百千萬劫常修行하니　　彼人功德仁應聽이어다

　　보시·지계·인욕·정진·선정·지혜와

방편·자비·기쁨·버림 등을
백천만 겁 항상 수행했나니
그분의 공덕을 그대여 들을지어다

◉ 疏 ◉

次二는 擧德誡聽이라

　② 2수 게송은 부처의 공덕을 들어 법문을 귀담아듣도록 경계함이다.

經

千萬億劫求菩提호대　　所有身命皆無吝하야
願益群生不爲己하니　　彼慈愍行我今說호리라

천겁 만겁 억겁 보리를 구하면서
이 내 몸, 이 내 목숨 아끼지 않은 채
중생 이익 위해 내 한 몸 모르던 분
그러한 자비행을 내 이제 말하리라

◉ 疏 ◉

次一은 重總許說이라

　③ 1수 게송은 거듭 총괄하여 설법을 허락함이다.

經

無量億劫演其德이　　　如海一滴未爲少하야
功德無比不可喩니　　　以佛威神今略說호리라

　한량없는 억겁에 그 공덕 말할지라도
　바다 한 방울 물인데, 그나마도 말한 게 못 된다
　그 공덕 짝이 없고 비유할 수 없나니
　부처의 위신력으로 간추려 말하리라

◉ **疏** ◉

後一은 示說分齊라
　④ 1수 게송은 설법의 한계를 보여줌이다.

經

其心不高下하며　　　求道無厭倦하야
普使諸衆生으로　　　住善增淨法이로다

　마음은 높지도 낮지도 않고
　구도에 게으름 없어
　널리 중생으로 하여금
　선업에 머물면서 청정법 더하리

智慧普饒益이　　　如樹如河泉하며
亦如於大地하야　　　一切所依處로다

지혜로써 널리 도움 줌이

나무 그늘처럼 시원하고 강물처럼 해갈하며

또한 대지에

모든 의지처 되듯 하여라

● 疏 ●

第二는 總示行德中에 分三이니

初 二頌은 畧標法喩오

二 五十五頌半은 託事表法하야 以明深廣이오

三 從菩薩等於佛下 七十四頌은 卽法明行하야 以彰廣大니라

初標는 可知니라

    2. 131수 반 게송은 행의 공덕을 총괄하여 보여주었다. 이는 3단락으로 나뉜다.

    (1) 2수 게송은 법과 비유로 간략히 밝혔고,

    (2) 55수 반 게송은 일에 가탁하여 법을 나타내어 깊고 넓음을 밝혔으며,

    (3) '菩薩等於佛' 이하 74수 게송은 법에 나아가 행을 밝혀 넓고 큼을 나타냈다.

    '(1) 2수 게송'은 표장이다. 이는 말하지 않아도 알 수 있다.

菩薩如蓮華하야　　　　慈根安穩莖이며

智慧爲衆藥며　　　　　戒品爲香潔이어든

  보살은 연꽃 같아서
  자비는 뿌리 되고, 평온은 줄기
  지혜는 수많은 꽃술
  계율은 맑은 향기

佛放法光明하사　　　　令彼得開敷하니
不著有爲水라　　　　　見者皆欣樂이로다

  불법 광명 쏟아내어
  연꽃 송이 피어내니
  유위법 잡염에 물들지 않아
  보는 이 모두 기뻐하여라

菩薩妙法樹　　　　　　生於直心地하니
信種慈悲根이며　　　　智慧以爲身하며

  보살의 미묘한 법 나무
  정직한 마음 땅에 돋아나니
  신심은 종자 되고 자비는 뿌리
  지혜로 몸통 삼고

方便爲枝幹하며　　　　五度爲繁密하며
定葉神通華며　　　　　一切智爲果하며

방편은 가지와 줄기
5바라밀로 뻗어가고
선정의 잎에 신통의 꽃
일체 지혜 열매 맺고

最上力爲蔦하야　　**垂陰覆三界**로다

가장 굳센 힘 덩굴이 되어
늘어진 그늘 삼계를 뒤덮는다

● 疏 ●

二'託事表法'中에 總五十喩니 難以區分일세 今類例相從하야 且分爲十이라
初 四偈半의 二喩는 明悅物覆蔭行이라

(2) '일에 가탁하여 법을 나타낸 부분'의 55수 반 게송에는 모두 50가지의 비유가 있다. 이를 하나하나 구분하기 어렵기에, 여기에서는 유례를 따라 또한 10가지로 분류하였다.

① 4수 반 게송에서 말한 2가지 비유는 중생을 기쁘게 해주는 나무 그늘의 행을 밝혔다.

經

菩薩師子王이　　　**白淨法爲身**하며
四諦爲其足하며　　**正念以爲頭**하며

보살의 사자왕은
　　희고 청정한 법 몸을 삼고
　　사성제로 그 발을 삼고
　　바른 생각, 목이 되며

慈眼智慧首오　　　　　**頂繫解脫繒**하야
勝義空谷中에　　　　　**吼法怖衆魔**로다
　　자비의 눈, 지혜의 머리
　　해탈의 비단으로 이마 질끈 묶고
　　절대 진리의 골짜기에서
　　사자후 법문에 마군이 놀라네

菩薩爲商主하야　　　　**普見諸群生**이
在生死曠野와　　　　　**煩惱險惡處**하야
　　보살이 상단의 우두머리 되어
　　많은 중생 살펴보니
　　생사의 거친 벌과
　　번뇌의 험악한 곳에서

魔賊之所攝으로　　　　**癡盲失正道**하고
示其正直路하야　　　　**令入無畏城**이로다
　　마군에 사로잡혀

어리석은 무명의 눈, 바른 도 잃었기에
　　바른 길 가리켜 주어
　　두려움 없는 성에 들게 하여라

菩薩見衆生의　　　　　　**三毒煩惱病**과
種種諸苦惱로　　　　　　**長夜所煎迫**하고
　　보살이 살펴보니 중생들이
　　탐욕·성냄·어리석음, 번뇌에 병들고
　　가지가지 고뇌로
　　긴긴밤 들볶이며 살아간다

爲發大悲心하야　　　　　**廣說對治門**의
八萬四千種하야　　　　　**滅除衆苦患**이로다
　　대자비 마음 내어
　　다스릴 방법으로
　　8만 4천 가지 말해주어
　　온갖 고통 우환 없애주었다

菩薩爲法王하야　　　　　**正道化衆生**호대
令遠惡修善하야　　　　　**專求佛功德**하며
　　보살이 법왕 되어
　　바른 도로 중생을 교화하여

악업 멀리하고 선업 닦아

　　오롯한 마음으로 부처의 공덕 구하고

一切諸佛所에　　　　　灌頂受尊記하야
廣施衆聖財와　　　　　菩提分珍寶로다

　　일체 부처님 도량에서

　　관정에 수기 받아

　　성스러운 재물과

　　보리에 이르는 귀중한 보배, 널리 보시하여라

菩薩轉法輪이　　　　　如佛之所轉이라
戒轂三昧輞이며　　　　智莊慧爲劒하야

　　보살이 굴린 법륜

　　부처님이 굴렸던 것처럼

　　계율은 바퀴, 삼매는 덧바퀴

　　지혜는 장엄, 슬기는 칼이 되어

旣破煩惱賊하고　　　　亦殄衆魔怨하니
一切諸外道　　　　　　見之無不散이로다

　　번뇌의 도적 깨뜨리고

　　마군과 원수 섬멸하니

　　일체 모든 외도

보기만 해도 달아나네

◉ 疏 ◉

二,'師子'下 十偈는 摧邪導迷行이니 師子吼義는 法界初說이라

② '師子' 이하 10수 게송은 삿됨을 꺾어주고 혼미를 인도하는 행이다.

사자후의 의의는 법계 첫 부분에서 말하였다.

經

菩薩智慧海　　　　　深廣無涯際하야
正法味盈洽하며　　　覺分寶充滿하며

　　보살의 지혜 바다
　　깊고 넓기 그지없다
　　바른 법 감로수 가득 차고
　　보리의 보배 충만하며

大心無邊岸이며　　　一切智爲潮하니
衆生莫能測이라　　　說之不可盡이로다

　　큰마음은 끝없는 언덕이요
　　일체 지혜 조숫물이라
　　중생은 헤아리지 못하고
　　말로 다할 수 없어라

菩薩須彌山이 　　　超出於世間하야
神通三昧峯에 　　　大心安不動이라

　　보살의 수미산
　　세간에 우뚝 솟아
　　신통삼매 봉우리에
　　큰마음 안온하여 흔들리지 않아라

若有親近者면 　　　同其智慧色하야
逈絶衆境界하야 　　一切無不覩로다

　　이를 가까이하면
　　그 지혜 광명 똑같아
　　높이 솟은 수많은 경계
　　우러러보지 않는 이 없으리

菩薩如金剛하야 　　志求一切智호대
信心及苦行이 　　　堅固不可動이며

　　보살은 금강 같아
　　일체 지혜 구하는 마음
　　신심과 고행으로
　　견고하여 흔들 수 없어라

其心無所畏하야 　　饒益諸群生하니

衆魔與煩惱　　　　　一切悉摧滅이로다
　　그 마음 두려울 것 없어
　　모든 중생 도움 주고
　　수많은 마군과 번뇌
　　모두 꺾어 부숴버리네

菩薩大慈悲　　　　　譬如重密雲하야
三明發電光하고　　　神足震雷音하며
　　보살의 대자대비
　　짙은 구름 같아
　　세 가지 밝은 지혜 번개 빛이고
　　신통은 천둥소리

普以四辯才로　　　　雨八功德水하야
潤洽於一切하야　　　令除煩惱熱이로다
　　널리 네 가지 변재로
　　여덟 가지 공덕수 내려주어
　　온 누리 촉촉이 적셔
　　극심한 번뇌 없애주어라

菩薩正法城이　　　　般若以爲牆하고
慚愧爲深塹하고　　　智慧爲却敵하며

375

보살의 정법 성곽
　　반야로 담을 쌓고
　　부끄러움 해자 삼고
　　지혜로 망루 삼아

廣開解脫門하고　　　　**正念恒防守**하며
四諦坦王道하고　　　　**六通集兵仗**하며
　　해탈문 활짝 열어놓고
　　바른 생각으로 항상 파수 삼고
　　네 가지 참된 이치 넓은 길에
　　여섯 신통의 병장기 쌓아놓고

復建大法幢하야　　　　**周廻徧其下**하니
三有諸魔衆이　　　　　**一切無能入**이로다
　　큰 법의 당기 높이 세우고
　　그 아래 가득 집결하니
　　삼계의 온갖 마군
　　일체 들어오지 못하노라

● 疏 ●

三 有十一偈는 明高深堅密行이라
　　③ 11수 게송은 드높고 깊고 견고하고 정밀한 행을 밝혔다.

376

菩薩迦樓羅　　　　　如意爲堅足하며
方便勇猛翅와　　　　慈悲明淨眼으로

    보살이 가루라왕 되어
    뜻대로 이루는 일, 억센 발이요
    방편은 용맹스러운 날개
    자비는 총명한 눈으로

住一切智樹하야　　　觀三有大海하고
搏撮天人龍하야　　　安置涅槃岸이로다

    일체 지혜의 나무에 머물면서
    삼계 큰 바다 바라보다가
    하늘과 사람의 용을 붙들어
    열반의 피안에 옮겨주어라

菩薩正法日이　　　　出現於世間하니
戒品圓滿輪이며　　　神足速疾行이라

    보살이 정법의 태양으로
    세간에 솟아오르니
    계율의 원만한 바퀴
    신통으로 빠르게 달리면서

照以智慧光하고　　　　　長諸根力藥하야
滅除煩惱闇하며　　　　　消竭愛欲海로다

　　지혜 광명 비춰주고
　　5근·5력 약초 잘 자라서
　　번뇌의 어둠 없애주고
　　애욕의 바닷물 말려주어라

菩薩智光月이　　　　　　法界以爲輪하야
遊於畢竟空하니　　　　　世間無不見이라

　　보살이 지혜 광명 달이 되어
　　법계로 바퀴 삼아
　　최고 지위의 허공에 높이 떠
　　세간 중생 보지 않은 이 없어라

三界識心內에　　　　　　隨時有增減이나
二乘星宿中엔　　　　　　一切無儔匹이로다

　　삼계의 인식하는 마음이야
　　때 따라서 둥글기도 줄기도 하지만
　　이승의 작은 별로서는
　　그 아무도 짝할 이 없어라

◉ 疏 ◉

四'迦樓羅'下 六偈는 觀機照益行이라【鈔_ '四迦樓羅'下는 其中 第五偈에 云 '菩薩智光月'等者는 論經에 云 '菩薩淸涼月이 遊於 畢竟空하야 垂光照三界니 心法無不現이라'하니라 餘可知也라】

④ '가루라' 이하 6수 게송은 중생 근기를 살펴보면서 이익을 비춰주는 행이다.【초_ '④ 가루라' 이하는 그 가운데 제5게송에서 "보살이 지혜 광명 달이 되어" 등이라 말한 것은 논경에서 다음과 같이 말하였다.

"보살의 시원한 달이 최고 지위의 허공에 높이 떠, 밝은 달빛 삼계 비춰주니 심법이 드러나지 않음이 없다."

나머지는 말하지 않아도 알 수 있다.】

經

菩薩大法王의　　　　功德莊嚴身이
相好皆具足하니　　　人天悉瞻仰이라

　　보살이 큰 법왕의
　　공덕으로 장엄한 몸
　　잘생긴 모습 두루 갖춰
　　하늘과 사람 모두 우러러보아라

方便淸淨目과　　　　智慧金剛杵로
於法得自在하야　　　以道化群生이로다

방편의 청정한 눈
　　지혜의 금강저로
　　법에 자재하여
　　바른 도로 중생 교화하여라

菩薩大梵王이　　　　　**自在超三有**하야
業惑悉皆斷하고　　　　**慈捨靡不具**라
　　보살이신 대범천왕
　　마음대로 삼계 초월하여
　　업과 번뇌 모조리 끊고서
　　자비희사 모두 갖추었어라

處處示現身하야　　　　**開悟以法音**하야
於彼三界中에　　　　　**拔諸邪見根**이로다
　　곳곳마다 몸 나타내어
　　법음으로 깨우쳐 주고
　　저 삼계에서
　　삿된 소견 모든 뿌리 뽑아주었네

菩薩自在天이　　　　　**超過生死地**하니
境界常淸淨이라　　　　**智慧無退轉**하며
　　보살의 자재천

생사 벗어나니
경계 항상 청정하여
지혜 물러서지 않으며

絶彼下乘道하고　　　　　**受諸灌頂法**하야
功德智慧具하니　　　　　**名稱靡不聞**이로다

　　아래 법의 도 끊고서
　　최상의 관정 받아
　　공덕 지혜 갖추니
　　그 명성 듣지 못한 이 없어라

● 疏 ●

五 有六偈는 自在統御行이라

　　⑤ 6수 게송은 자재하게 다스리는 행이다.

經

菩薩智慧心이　　　　　**淸淨如虛空**하야
無性無依處하니　　　　**一切不可得**이라

　　보살의 지혜 마음
　　허공처럼 청정하여
　　자성도 없고 의지처도 없어
　　일체 얻을 수 없으리라

有大自在力하야　　　　　能成世間事하며
自具淸淨行하고　　　　　令衆生亦然이로다

　　크게 자재한 힘 있어
　　세간사 잘도 이루고
　　청정한 행 갖추신 몸으로
　　중생 또한 그처럼 만들어 주네

◉ 疏 ◉

六'智慧心'下 二偈는 包含無染行이라

　⑥ '지혜심' 이하 2수 게송은 중생을 받아들이면서도 물들지 않는 행이다.

經

菩薩方便地　　　　　　饒益諸衆生하고
菩薩慈悲水　　　　　　浣滌諸煩惱하며

　　보살의 방편 땅에
　　중생에 도움 주고
　　보살의 자비 물로
　　번뇌를 씻어주며

菩薩智慧火　　　　　　燒諸惑習薪하고
菩薩無住風이　　　　　遊行三有空이로다

보살의 지혜 불로

의혹의 섶 태워주고

보살의 머문 데 없는 바람

삼계 허공에 노니노라

◉ 疏 ◉

七 二偈는 周徧成益行이라

　　⑦ 2수 게송은 두루 이익을 성취해 주는 행이다.

經

菩薩如珍寶하야　　　能濟貧窮厄하고
菩薩如金剛하야　　　能摧顚倒見하며

　　보살은 보배 같아

　　가난의 어려움 구제하고

　　보살은 금강 같아

　　전도망상의 소견 깨뜨려주며

菩薩如瓔珞하야　　　莊嚴三有身하고
菩薩如摩尼하야　　　增長一切行하며

　　보살은 영락 같아

　　삼계의 몸 장엄하고

　　보살은 마니주 같아

모든 행을 증장해 주며

菩薩德如華하야　　　　常發菩提分하고
菩薩願如鬘하야　　　　恒繫衆生首하며

    보살의 공덕, 꽃과 같아
    항상 보리분법 피어나고
    보살의 서원, 화만 같아
    중생 머리에 달아주며

菩薩淨戒香을　　　　堅持無缺犯하고
菩薩智塗香으로　　　　普薰於三界하며

    보살의 계행, 향과 같아
    굳게 지니어 범하지 않고
    보살의 지혜, 바르는 향
    삼계에 널리 풍겨나며

菩薩力如帳하야　　　　能遮煩惱塵하고
菩薩智如幢하야　　　　能摧我慢敵하며

    보살의 힘, 휘장 같아
    번뇌의 먼지 막아주고
    보살의 지혜, 당기 같아
    아만의 적 꺾어 부수며

妙行爲繒綵하야　　莊嚴於智慧하고
慚愧作衣服하야　　普覆諸群生이로다
    아름다운 행, 비단이 되어
    지혜를 장엄하고
    부끄러움은 의복이 되어
    모든 중생을 널리 덮어주노라

◉ 疏 ◉

八如珍寶'下六偈는 檢束修身行이라
  ⑧ '如珍寶' 이하 6수 게송은 몸을 살피면서 닦아가는 행이다.

經

菩薩無礙乘이　　巾之出三界하고
菩薩大力象이　　其心善調伏하며
    보살의 장애 없는 수레
    덮개 씌워 삼계 벗어나고
    보살의 기운 센 코끼리
    그 성질 잘 조복하며

菩薩神足馬　　騰步超諸有하고
菩薩說法龍이　　普雨衆生心이로다
    보살의 신통의 말

내달리어 삼계를 벗어나고
　　　보살의 설법하는 용
　　　중생의 마음에 비 내려주노라

◉ 疏 ◉

九 二偈는 調御運載行이라
　　⑨ 2수 게송은 다스리고 싣고 가는 행이다.

経

菩薩優曇華　　　　　　世間難値遇오
菩薩大勇將이　　　　　衆魔悉降伏하며
　　보살의 우담바라꽃
　　세간에 만나기 어려운 꽃
　　보살의 용맹한 장군
　　모든 마군 항복 받으며

菩薩轉法輪이　　　　　如佛之所轉이오
菩薩燈破暗에　　　　　衆生見正道하며
　　보살이 굴리는 법륜
　　부처님과 다르지 않고
　　보살의 등불 어둠을 깨어
　　중생이 바른 도 보며

菩薩功德河 恒順正道流하고
菩薩精進橋 廣度諸群品하며

 보살의 공덕 강하
 항상 바른 도로 흐르고
 보살의 정진 교량
 많은 중생 널리 건네며

大智與弘誓로 共作堅牢船하야
引接諸衆生하야 安置菩提岸하며

 큰 지혜와 서원으로
 견고한 배 만들어
 많은 중생 태우고서
 보리의 피안에 이르며

菩薩遊戲園이 眞實樂衆生하고
菩薩解脫華 莊嚴智宮殿하며

 보살이 거니는 동산
 진실한 이치로 중생 즐겁게 하고
 보살은 해탈의 꽃
 지혜 궁전 장엄하며

菩薩如妙藥하야 滅除煩惱病하고

菩薩如雪山하야　　　　　出生智慧藥이로다

    보살은 미묘한 약이라

    번뇌의 병 없애주고

    보살은 설산 같아

    지혜의 약초 돋아난다

◉ 疏 ◉

十 '優曇華' 下 六偈는 外用游處行이라

    ⑩ '우담화' 이하 6수 게송은 바깥 작용으로 노닌 곳의 행이다.

經

菩薩等於佛하야　　　　　覺悟諸群生하나니
佛心豈有他리오　　　　　正覺覺世間이시니라

    보살은 부처와 같아

    모든 중생 깨우치니

    부처님 마음 어찌 다르랴

    정각으로 세간 중생 깨우쳐주네

如佛之所來하야　　　　　菩薩如是來며
亦如一切智하야　　　　　以智入普門이로다

    부처님 오시듯이

    보살도 그렇게 오며

또한 부처의 일체 지혜처럼
지혜로 모든 문에 들어가네

菩薩善開導　　　一切諸群生하며
菩薩自然覺이　　**一切智境界**로다

　　보살이 일체중생을
　　잘 인도하시며
　　보살의 자연스러운 깨달음이
　　일체 지혜의 경계여라

● 疏 ●

第三은 卽法明行中 二니
初 十偈는 總明深廣하야 許說誡聽이오
後 '一身能示現'下 六十四頌은 別明深廣하야 以酬前許니라
前中三이니 初三은 上同佛覺이라

　　(3) '법에 나아가 행을 밝힌 부분'의 74수 게송은 2단락이다.

　　(ㄱ) 10수 게송은 깊고 넓음을 총괄하여 밝혀 설법을 허락하면서 성실히 듣기를 경계하였고,

　　(ㄴ) '一身能示現' 이하 64수 게송은 깊고 넓음을 개별로 밝혀, 이전의 허락에 답하였다.

　　'(ㄱ) 10수 게송'은 다시 3단락으로 나뉜다.

　　① 3수 게송은 위로 부처님의 깨달음과 같음을 말하였다.

菩薩無量力을　　　世間莫能壞며
菩薩無畏智로　　　知衆生及法하니
　　보살의 한량없는 힘을
　　세간에 깨뜨릴 자 없고
　　보살의 두려움 없는 지혜
　　중생과 법을 밝게 아니

一切諸世間에　　　色相各差別과
音聲及名字를　　　悉能分別知로다
　　일체 세간에
　　그 모양 각기 다르지만
　　그 음성, 그 문자를
　　모두 분별하여 아노라

雖離於名色이나　　而現種種相하니
一切諸衆生이　　　莫能測其道로다
　　이름과 색상 떠났다지만
　　갖가지 모양 나타내니
　　일체 모든 중생이
　　그 도를 알 길 없어라

◉ 疏 ◉

次三은 下超群品이라

② 3수 게송은 아래로 중생보다 뛰어남이다.

經

如是等功德을　　　菩薩悉成就호대
了性皆無性하야　　有無無所著이로다

　　이러한 모든 공덕
　　보살이 모두 성취해도
　　그 자성 모두 없는 줄 알고서
　　있고 없는 데 집착한 바 없어라

如是一切智　　　　無盡無所依니
我今當演說하야　　令衆生歡喜호리라

　　이러한 일체 지혜
　　다함도 의지함도 없나니
　　내 이제 이를 말하여
　　중생을 기쁘게 하리라

雖知諸法相이　　　如幻悉空寂이나
而以悲願心과　　　及佛威神力으로

　　여러 가지 법의 모양

요술처럼 모두 공한 줄 알지만
가엾이 여기는 서원의 마음
부처님의 위덕과 신통한 힘으로

現神通變化와 　　　　**種種無量事**하나니
如是諸功德을 　　　　**汝等應聽受**어다

　신통과 변화와
　가지가지 한량없는 일 나타내니
　이러한 모든 공덕을
　그대여, 잘 들을지어다

◉ 疏 ◉

後四는 許說誡聽이라
　③ 4수 게송은 설법을 허락하면서 귀담아듣기를 경계함이다.

經

一身能示現이 　　　　**無量差別身**하야
無心無境界로대 　　　　**普應一切衆**이로다

　하나의 몸으로
　각기 다른 한량없는 몸 나타내어
　마음도 없고 경계도 없지만
　널리 일체중생에 응하노라

一音中具演이 **一切諸言音**하야
衆生語言法을 **隨類皆能作**이로다

　　한 음성 가운데
　　여러 가지 모든 언어 음성을 내어
　　중생의 언어를
　　부류에 따라 모두 말해주노라

永離煩惱身하고 **而現自在身**하며
知法不可說호대 **而作種種說**이로다

　　번뇌의 몸 길이 여의고
　　자재한 몸을 나타내며
　　법은 말할 수 없음을 알지만
　　가지가지로 설법하노라

其心常寂滅하야 **淸淨如虛空**호대
而普莊嚴刹하야 **示現一切衆**하며

　　그 마음 항상 고요하여
　　허공처럼 청정하지만
　　세계를 널리 장엄하여
　　일체중생에게 보여주며

於身無所著이나 **而能示現身**하야

一切世間中에　　　　　隨應而受生하며
　몸에 집착한 바 없지만
　몸을 나타내어
　일체 세간에서
　원하는 대로 따라 태어나며

雖生一切處나　　　　　亦不住受生하야
知身如虛空호대　　　　種種隨心現이로다
　모든 곳에 몸을 받아 태어나지만
　또한 머물지도 않으며
　몸이 허공 같은 줄 알면서도
　가지가지 중생 마음 따라 나타내노라

◉ 疏 ◉

第二 '別明深廣' 中에 束爲十行이니
初 六偈는 三業深廣行이라

　(ㄴ) 64수 게송의 깊고 넓음을 개별로 밝힌 부분은 10가지 행으로 묶는다.
　① 6수 게송은 삼업이 깊고 넓은 행이다.

菩薩身無邊하야　　　　普現一切處하야

常恭敬供養이　　　　　最勝兩足尊하며
　　보살의 몸 그지없어
　　모든 곳에 널리 나타나
　　항상 공경과 공양으로
　　가장 훌륭하신 부처님 섬기며

香華衆妓樂과　　　　　幢旛及寶蓋를
恒以深淨心으로　　　　供養於諸佛이로다
　　향과 꽃과 음악과
　　당기·번기·보배 일산을
　　항상 청정한 마음으로
　　부처님께 공양하노라

不離一佛會하고　　　　普在諸佛所하야
於彼大衆中에　　　　　問難聽受法이로다
　　한 부처님 회중을 떠나지 않고
　　여러 부처님 계신 데 두루 머물면서
　　그 대중 가운데서
　　법을 묻기도, 듣기도 하여라

聞法入三昧에　　　　　一一無量門이며
起定亦復然하야　　　　示現無窮盡이로다

법을 듣고 삼매에 듦이
하나하나 한량없는 법문이며
선정에서 일어나 다시 그처럼 들어
끝없음을 보여주어라

智慧巧方便으로 　　　**了世皆如幻**호대
而能現世間의 　　　**無邊諸幻法**이로다

　지혜와 뛰어난 방편으로
　세간이 모두 요술임을 알지만
　세간에서
　그지없는 요술 같은 법 나타내네

◉ 疏 ◉

二'菩薩身'下 五頌은 二嚴無礙行이라

　② '보살신' 이하 5수 게송은 복덕과 지혜 장엄에 걸림이 없는 행이다.

經

示現種種色하고 　　　**亦現心及語**하야
入諸想網中호대 　　　**而恒無所著**하며

　가지가지 빛을 보여주고
　마음과 말도 나타내면서

모든 생각 그물에 들어가지만
언제나 집착한 바 없으며

或現初發心하야　　　**利益於世間**하며
或現久修行의　　　　**廣大無邊際**하니

　혹은 초발심을 나타내어
　세간에 이익을 주고
　혹은 오래 닦은 행의
　그지없이 광대함 나타내니

施戒忍精進과　　　　**禪定及智慧**와
四梵四攝等의　　　　**一切最勝法**이로다

　보시·지계·인욕·정진
　선정과 지혜
　사범주(梵住), 사섭법 등
　일체 가장 훌륭한 법이어라

◉ 疏 ◉

三 有三頌은 逆順成滿行이라

　③ 3수 게송은 역과 순으로 성취 원만의 행이다.

或現行成滿에 　　　　**得忍無分別**하고
或現一生繫에 　　　　**諸佛與灌頂**하며

　　혹은 현재 수행의 원만 성취에
　　법인 얻어 분별 없음을 나타내고
　　혹은 일생보처에서
　　제불에게 받는 관정을 나타내며

或現聲聞相하고 　　　**或復現緣覺**하야
處處般涅槃호대 　　　**不捨菩提行**하며

　　혹은 성문의 모양 나타내고
　　혹은 연각의 모양 나타내어
　　곳곳마다 열반에 들지만
　　보리행 버리지 않으며

或現爲帝釋하고 　　　**或現爲梵王**하며
或天女圍繞하고 　　　**或時獨宴黙**하며

　　혹은 제석천왕으로
　　혹은 범천왕으로
　　어떤 때는 천녀들이 둘러앉고
　　어떤 때는 홀로 고요히 말이 없으며

或現爲比丘하야 　　　　**寂靜調其心**하고
或現自在王하야 　　　　**統理世間法**하며
  혹은 비구 되어
  고요하게 마음을 조복하고
  혹은 자재한 임금 되어
  세간법을 다스리기도 하며

或現巧術女하고 　　　　**或現修苦行**하며
或現受五欲하고 　　　　**或現入諸禪**하며
  혹은 요술쟁이 여자의 몸으로
  혹은 고행을 닦는 몸으로
  혹은 5욕락을 받는 몸으로
  혹은 선정에 드는 몸을 나타내며

或現初始生하고 　　　　**或少或老死**하나니
若有思議者면 　　　　　**心疑發狂亂**이로다
  혹은 처음 태어나는 몸을
  혹은 젊음, 늙음, 죽음을 나타내니
  이런 일 생각하면
  마음이 산란하여 발광하리라

或現在天宮하고 　　　　**或現始降神**하며

或入或住胎하야　　　或佛轉法輪하며
    혹은 천궁에 있다가
    혹은 정반왕궁에 내려오고
    혹은 태에 들기도 머물기도
    혹은 성불로 법륜 굴리며

或生或涅槃하고　　　或現入學堂하며
或在婇女中하고　　　或離俗修禪하며
    혹은 나고 혹은 열반하고
    혹은 글방에 들어가고
    혹은 여인 속에 쌓여 있고
    혹은 세속 떠나 선정 닦으며

或坐菩提樹하야　　　自然成正覺하며
或現轉法輪하고　　　或現始求道하며
    혹은 보리수 아래 앉아
    자연히 정각 이루고
    혹은 법륜 굴리고
    혹은 보리도를 구하는 몸 나타내며

或現爲佛身하야　　　宴坐無量刹하며
或修不退道하야　　　積集菩提具로다

혹은 부처님 몸으로
한량없는 세계에 좌선하고
혹은 물러서지 않는 도를 닦아
보리 도구 쌓아가기도 하네

◉ 疏 ◉

四'或現行成滿'下 十頌은 普門示現行이라

④ '或現行成滿' 이하 10수 게송은 널리 몸을 나타내는 행이다.

經

深入無數劫하야	皆悉到彼岸하니
無量劫一念이오	一念無量劫이로다

    수없는 겁 깊이 들어가
    모두 피안에 이르니
    무량한 겁 한 생각이요
    한 생각이 한량없는 겁

一切劫非劫이로대	爲世示現劫하니
無來無積集이나	成就諸劫事로다

    일체 겁이 겁이 아니지만
    세상 위해 겁을 보이니
    온 데도 없고 쌓임도 없으나

모든 겁의 일 이루어라

於一微塵中에　　　　　普見一切佛이
十方一切處에　　　　　無處而不有로다
　　한 티끌 속에
　　일체 부처님 널리 보이니
　　시방세계 그 모든 곳에
　　아니 계신 데 없어라

國土衆生法을　　　　　次第悉皆見하야
經無量劫數토록　　　　究竟不可盡이로다
　　국토와 중생의 법
　　차례로 모두 보여
　　한량없는 겁 지나도록
　　끝까지 다할 수 없어라

 疏

五. 四頌은 時處圓融行이라
　　⑤ 4수 게송은 시간과 공간에 원융한 행이다.

經

菩薩知衆生의　　　　　廣大無有邊한

彼一衆生身에　　　　　無量因緣起하나니

　　보살은 알고 있다. 중생의
　　광대하여 끝없는
　　저 하나의 중생 몸마다
　　한량없는 인연 일어남을

如知一無量하야　　　一切悉亦然이라
隨其所通達하야　　　敎諸未學者호대

　　한 중생의 인연 한량없듯이
　　일체중생 모두 그러함 알고 있다
　　그처럼 통달한 바를 따라
　　배우지 못한 이들 가르칠 적에

悉知衆生根의　　　　上中下不同하며
亦知根轉移의　　　　應化不應化하야

　　중생의 근기
　　상중하로 각기 다른 줄 모두 알며
　　또한 근기의 전변 가능성으로
　　교화할 자 못할 자 또한 알고서

一根一切根의　　　　展轉因緣力이
微細各差別을　　　　次第無錯亂하며

한 중생 근기와 일체 근기가
전전하는 인연의 힘으로
미세하게 각기 다른 것을
차례로 알아 어긋남 없고

又知其欲解와   **一切煩惱習**하며
亦知去來今의   **所有諸心行**하며

또한 그들의 욕망과 이해
일체 번뇌와 습기도 알며
또한 과거·미래·현재에
지닌 마음과 행동 모두 다 알며

了達一切行의   **無來亦無去**하고
旣知其行已에   **爲說無上法**이로다

일체 모든 행이
오지도 가지도 않음 통달하고
그러한 행을 모두 알고서
위없는 법문 연설하노라

● 疏 ●

六菩薩知下六頌은 知根說法行이라

　⑥ '보살지' 이하 6수 게송은 근기를 알고서 설법하는 행이다.

雜染淸淨行을　　　　種種悉了知하야
一念得菩提하야　　　成就一切智하며

　　잡염과 청정 행을
　　가지가지 모두 알고서
　　한 생각에 보리 얻어
　　일체 지혜 이루며

住佛不思議　　　　　究竟智慧心하야
一念悉能知　　　　　一切衆生行이로다

　　부처님의 헤아릴 수 없는
　　구경의 지혜 마음에 머물면서
　　한 생각으로
　　일체중생의 행을 모두 아노라

菩薩神通智와　　　　功力已自在하야
能於一念中에　　　　往詣無邊刹이로다

　　보살의 신통한 지혜
　　공력이 자재하여
　　한 생각의 찰나에
　　끝없는 세계 이르노라

如是速疾往을　　　盡於無數劫하야
無處而不周호대　　莫動毫端分이로다

 이처럼 빠르게 달려
 무수겁 다하도록
 두루 가지 않는 데 없지만
 털끝 하나 움직이지 않았어라

◉ 疏 ◉

七 四頌은 寂用迅疾行이라
 ⑦ 4수 게송은 고요와 작용이 빠른 행이다.

經

譬如工幻師　　　示現種種色호대
於彼幻中求하면　無色無非色인달하야

 비유컨대 요술쟁이가
 갖가지 색 나타내지만
 그 속에서 찾아보면
 빛도 없고 빛 아닌 것도 없는 것처럼

菩薩亦如是하야　以方便智幻으로
種種皆示現하야　充滿於世間이로다

 보살도 그와 같아서

방편 지혜의 요술로
　　가지가지 모두 나타내어
　　세간에 가득하여라

譬如淨日月이　　　　　**皎鏡在虛空**하야
影現於衆水호대　　　　**不爲水所雜**인달하야
　　해맑은 해와 달
　　흰 거울, 허공에 있는 듯
　　수많은 물속에 그림자 보이지만
　　물과 뒤섞이지 않은 것처럼

菩薩淨法輪도　　　　　**當知亦如是**하야
現世間心水호대　　　　**不爲世所雜**이로다
　　보살의 청정한 법륜
　　또한 그와 같은 줄 알리라
　　세간 중생의 마음 물에 비치지만
　　세간에 뒤섞이지 않노라

如人睡夢中에　　　　　**造作種種事**하야
雖經億千歲이나　　　　**一夜未終盡**인달하야
　　사람이 꿈속에서
　　갖가지 일을 하면서

억천년 지내지만
　　하룻밤도 다하지 못한 것처럼

菩薩住法性하야　　　　　**示現一切事**에
無量劫可極이나　　　　　**一念智無盡**이로다
　　보살이 법성에 머물면서
　　일체 일 나타냄에
　　한량없는 세월 다하지만
　　한 생각의 지혜 그지없어라

譬如山谷中과　　　　　　**及以宮殿間**에
種種皆響應호대　　　　　**而實無分別**인달하야
　　산골짜기나
　　궁전 속에서
　　가지가지 울려오는 메아리
　　실로 분별할 수 없는 것처럼

菩薩住法性하야　　　　　**能以自在智**로
廣出隨類音도　　　　　　**亦復無分別**이로다
　　보살이 법성에 머물면서
　　자재한 지혜로
　　여러 부류의 음성 널리 내지만

또한 분별한 바 없어라

如有見陽燄하고 　　**想之以爲水**하야
馳逐不得飮일세 　　**展轉更增渴**인달하야

　　아지랑이 잘못 보고서
　　물이라 여겨
　　쫓아가 보지만 마시지 못하고
　　더욱 목만 타는 것처럼

衆生煩惱心도 　　**應知亦如是**일세
菩薩起慈愍하야 　　**救之令出離**로다

　　중생의 번뇌 마음도
　　그와 같아라
　　보살이 자비심으로
　　구제하여 벗어나게 해주네

● 疏 ●

八'譬如工幻'下 十偈는 悲不失智行이라

　⑧ '비여공환' 이하 10수 게송은 가엾이 여기는 마음이 지혜를 잃어버리지 않는 행이다.

觀色如聚沫하며　　　　**受如水上泡**하며
想如熱時燄하며　　　　**諸行如芭蕉**하며

　　물질을 살펴보면 거품처럼 모인 것
　　느낌은 물위에 뜬 거품
　　생각은 아지랑이 같고
　　모든 행은 파초 같으며

心識猶如幻호대　　　　**示現種種事**하나니
如是知諸蘊하야　　　　**智者無所著**이로다

　　인식의 마음 요술 같아
　　가지가지 일 나타내지만
　　이처럼 오온 알고서
　　지혜로운 이 집착 없어라

諸處悉空寂이나　　　　**如機關動轉**하며
諸界性永離나　　　　　**妄現於世間**하나니

　　12처 모두 고요하나
　　기계가 돌아가는 듯하고
　　18계 자성이 없어
　　세간에 허망하게 나타나는 것

菩薩住眞實이 　　　　　寂滅第一義하야
種種廣宣暢호대 　　　　而心無所依로다
　　보살이 참 성품의 진실한 자리
　　적멸의 으뜸가는 이치에 머물면서
　　가지가지 널리 연설하지만
　　마음은 의지한 바 없노라

無來亦無去하며 　　　　亦復無有住호대
煩惱業苦因의 　　　　　三種恒流轉이로다
　　오는 데도 없고 가는 데도 없고
　　머물러 있음도 아니지만
　　번뇌와 업과 괴로움의 일
　　세 가지가 항상 흘러가네

緣起非有無며 　　　　　非實亦非虛니
如是入中道하야 　　　　說之無所著이로다
　　연기는 있지도 없지도 않고
　　진실도 또한 헛것도 아니다
　　이와 같이 중도에 들어가
　　말하지만 집착한 바 없어라

能於一念中에 　　　　　普現三世心과

欲色無色界의					一切種種事로다
　　한 생각에 널리
　　삼세의 마음과
　　욕계·색계·무색계의
　　일체 온갖 일 나타내노라

隨順三律儀하야					演說三解脫하며
建立三乘道하야					成就一切智로다
　　세 가지 율의 따라
　　세 가지 해탈 연설하고
　　삼승의 길을 세워
　　일체 지혜 성취하노라

了達處非處와					諸業及諸根과
界解與禪定과					一切至處道와
　　옳은 곳 그른 곳과
　　여러 업과 근성
　　경계와 지혜와 선정
　　일체 이른 곳의 도를 알고

宿命念天眼과					滅除一切惑하야
知佛十種力호대					而未能成就로다

지난 세상과 하늘눈을 알고
　　일체 의혹 없애어
　　부처님의 열 가지 힘 알지만
　　성취할 수 없어라

了達諸法空호대　　　　　**而常求妙法**하며
不與煩惱合호대　　　　　**而亦不盡漏**로다

　　모든 법이 공함을 알지만
　　항상 미묘한 법 구하며
　　번뇌와 화합하지 않지만
　　번뇌를 다하지도 않는다

廣知出離道호대　　　　　**而以度衆生**이라
於此得無畏하야　　　　　**不捨修諸行**이로다

　　삼계 벗어나는 도 자세히 알지만
　　중생을 제도하며
　　여기에 두려움 없이
　　모든 수행 버리지 않아라

無謬無違道하며　　　　　**亦不失正念**호대
精進欲三昧에　　　　　　**觀慧無損減**이로다

　　도를 어기지도 잘못도 없고

바른 생각 잃지도 않으며

정진하여 삼매 얻고자

관찰하는 지혜 줄임 없노라

三聚皆淸淨하며　　　　三世悉明達호대
大慈愍衆生하야　　　　一切無障礙로다

　　세 가지 계율 모두 청정하여
　　삼세 모두 통달하되
　　큰 자비로 중생 가엾이 여겨
　　일체 장애 없어라

◉ 疏 ◉

九 有十四偈는 智不失悲行이니 謂末後二句는 不失悲오 前은 皆
智德圓滿이라

　　⑨ 14수 게송은 자비의 마음 잃지 않은 지혜의 행이다.
　　맨 끝의 2구는 자비의 마음을 잃지 않음이며, 앞은 모두 지혜
공덕의 원만이다.

經

由入此法門하야　　　　得成如是行하나니
我說其少分의　　　　　功德莊嚴義로다

　　이 법문에 들어가

414

이런 행 성취하였나니
　나는 그 가운데 아주 일부분에
　공덕 장엄 말했노라

窮於無數劫토록　　　**說彼行無盡**이니
我今說少分이　　　　**如大地一塵**이로다
　한량없는 겁 다하도록
　그 행 모두 말할 수 없다
　내 지금 아주 일부분 말함이
　대지의 한 점 티끌 같아라

◉ 疏 ◉

十有二偈는 結德無盡行이라
　⑩ 2수 게송은 그지없는 공덕의 행을 끝맺었다.

經

依於佛智住하야　　　**起於奇特想**하며
修行最勝行하야　　　**具足大慈悲**로다
　부처 지혜 의지하여
　기특한 생각 일으키고
　가장 좋은 행 수행하여
　대자비심 두루 갖추었어라

精勤自安穩하야 　　　　教化諸含識하며
安住淨戒中하야 　　　　具諸授記行이로다
　　정진으로 마음 절로 평온하여
　　모든 중생 교화하고
　　청정 계율에 안주하여
　　모든 수기 받았어라

能入佛功德하야 　　　　衆生行及刹과
劫世悉亦知호대 　　　　無有疲厭想이로다
　　부처님의 공덕에 들어가
　　중생의 행과 세계
　　겁과 삼세 모두 알지만
　　고달픈 생각 없어라

差別智總持로 　　　　　通達眞實義하야
思惟說無比인 　　　　　寂靜等正覺이로다
　　차별의 지혜 다라니 법문으로
　　진실한 이치 통달하여
　　사유하여 비길 데 없는
　　적정의 등정각을 설하노라

◉ 疏 ◉

第三'頌長行'中 二니

初 有三十九偈는 頌前說分이오

後'雖令'下 三十七偈는 頌結勸修學分이라

今初는 頌前六位니 卽爲六段이라

初 四偈는 頌十信位中行이라

   3. 76수 게송은 앞의 산문을 거듭 게송으로 읊었다.

  이는 2단락이다.

  (1) 39수 게송은 앞의 설법을 읊었고,

  (2) '雖令' 이하 37수 게송은 학문을 닦도록 권면하면서 끝맺음을 읊은 부분이다.

  '(1) 39수 게송'은 앞의 6위를 읊은 것으로, 곧 6단락이다.

  ① 4수 게송은 십신 지위의 행을 읊었다.

經

發於普賢心하며   及修其行願하야
慈悲因緣力으로   趣道意淸淨이로다

    보현의 마음 일으키고
    보현행원 닦아서
    자비와 인연의 힘으로
    도에 나아가는 마음 청정하여라

修行波羅蜜하며　　　　究竟隨覺智하며
證知力自在하야　　　　成無上菩提로다
  바라밀을 수행하고
  끝내는 깨달음의 지혜 따라
  앎의 힘 자재함을 증득하여
  위없는 보리 성취하여라

成就平等智하며　　　　演說最勝法하며
能持具妙辯하야　　　　逮得法王處로다
  평등한 지혜 성취하고
  가장 좋은 법 연설하며
  미묘한 변재 모두 갖춰 지니고서
  법왕 보위(寶位) 얻었어라

遠離於諸著하야　　　　演說心平等하며
出生於智慧하야　　　　變化得菩提로다
  모든 집착 멀리 여의어
  평등한 마음 연설하고
  일체 지혜를 내어
  변화로 보리지혜 얻었어라

● 疏 ●

二有四偈는 頌十住行이라

　② 4수 게송은 십주행을 읊었다.

經

住持一切劫에　　　　　智者大欣慰라
深入及依止호대　　　　無畏無疑惑이로다

　보살이 일체 겁 선정 머물자
　지혜 지닌 부처님 아주 좋아하셔라
　부처 지위에 깊이 들어가고 의지하되
　두려움 없고 의혹 없어라

了達不思議하야　　　　巧密善分別하며
善入諸三昧하야　　　　普見智境界로다

　불가사의 분명히 알고서
　뛰어나고 정밀하게 잘 분별하고
　모든 삼매에 잘 들어가
　지혜의 경계 널리 보았어라

究竟諸解脫하며　　　　遊戲諸通明하야
纏縛悉永離하고　　　　園林恣遊處로다

　모든 해탈 끝까지 얻고

모든 신통으로 유희하며
속박 모두 길이 벗어나
불법의 동산에 마음껏 거닐어라

白法爲宮殿에 　　　　**諸行可欣樂**이라
現無量莊嚴하야 　　　　**於世心無動**이로다

　청정법 궁전 삼아
　모든 행이 즐거워라
　한량없는 장엄 나타내어
　세간법에 마음 흔들리지 않노라

深心善觀察하며 　　　　**妙辯能開演**하야
淸淨菩提印의 　　　　　**智光照一切**로다

　깊은 마음으로 잘 관찰하고
　미묘한 변재로 잘 연설하여
　청정한 보리 법인 얻어
　지혜 광명 온 누리 비춰주네

所住無等比하야 　　　　**其心不下劣**하니
立志如大山하며 　　　　**種德若深海**로다

　머무는 곳 같을 이 없어
　그 마음 못나지 않다

세워놓은 뜻 태산과 같고
　　복덕과 지혜 깊은 바다와 같다

◉ 疏 ◉

三有六偈는 頌十行이라
　③ 6수 게송은 십행을 읊었다.

經

如寶安住法과　　　　　被甲誓願心으로
發起於大事하야　　　　究竟無能壞로다

　　보배처럼 법에 머물고
　　갑옷 같은 서원의 마음으로
　　큰일을 일으켜
　　끝까지 무너뜨림 없어라

得授菩提記하고　　　　安住廣大心하야
秘藏無窮盡하야　　　　覺悟一切法이로다

　　보리의 수기 이미 받았고
　　광대한 마음에 안주하여
　　비밀 법장 다함이 없어
　　일체 법을 깨달았어라

世智皆自在하고 　　　　妙用無障礙하야
衆生一切刹과 　　　　　及以種種法과

　　세간의 지혜 모두 자재하고
　　미묘한 작용 걸림이 없어
　　중생 그리고 일체 국토
　　가지가지 법문에 막힘없으며

身願與境界의 　　　　　智慧神通等으로
示現於世間이 　　　　　無量百千億이로다

　　몸의 서원과 일체 경계에
　　지혜와 신통 등으로
　　세간에 나타내는 일
　　한량없는 백천억이어라

遊戱及境界 　　　　　　自在無能制하야
力無畏不共과 　　　　　一切業莊嚴이로다

　　유희와 경계
　　자재하여 그 누구도 제어할 수 없어
　　10력, 4무외, 18불공법
　　그리고 일체 업 장엄하였어라

◉ 疏 ◉

四 有五偈는 頌廻向行이라

④ 5수 게송은 십회향행을 읊었다.

經

諸身及身業과　　　**語及淨修語**
以得守護故로　　　**成辦十種事**로다

　　몸과 그리고 몸의 업과
　　말과 그리고 청정히 닦은 말의 업
　　이를 수호한 까닭에
　　열 가지 일 이루었노라

菩薩心發心하며　　　**及以心周徧**이라
諸根無散動하야　　　**獲得最勝根**이로다

　　보살의 최초 발심
　　법계에 두루 다한 광대한 마음
　　모든 6근 흔들림 없어
　　가장 뛰어난 선근 얻었노라

深心增勝心으로　　　**遠離於諸諂**하고
種種決定解로　　　**普入於世間**이로다

　　깊은 보리심, 더욱 뛰어난 보리심

423

아첨과 거짓 멀리 여의고
가지가지 결정된 견해로
두루 세간에 들어가 제도하여라

捨彼煩惱習하고　　　**取茲最勝道**하야
巧修使圓滿하야　　　**逮成一切智**로다

　번뇌의 습기 버리고
　가장 훌륭한 도를 얻어
　뛰어나게 닦아 원만하여
　일체 지혜 성취하여라

離退入正位하야　　　**決定證寂滅**하고
出生佛法道하야　　　**成就功德號**로다

　물러서지 않고 바른 지위 들어가
　반드시 열반 얻고
　불법의 도를 낳아
　부처 공덕의 명호 성취하리라

道及無量道와　　　　**乃至莊嚴道**에
次第善安住호대　　　**悉皆無所著**이로다

　도와 한량없는 도
　그리고 장엄의 도까지

차례차례 잘 안주하되
　　모두 집착한 바 없어라

手足及腹藏에　　　　　　**金剛以爲心**하고
被以慈哀甲하야　　　　　　**具足衆器仗**이로다
　　손과 발, 그리고 복부의 오장육부
　　금강으로 마음 삼고
　　자비의 갑옷 입고
　　모든 병장기 갖추었어라

智首明達眼이오　　　　　　**菩提行爲耳**며
淸淨戒爲鼻하야　　　　　　**滅暗無障礙**으로다
　　지혜의 머리, 밝은 눈
　　보리행은 귀가 되고
　　청정계율, 코를 삼아
　　어둠 사라져 장애 없어라

辯才以爲舌이오　　　　　　**無處不至身**이며
最勝智爲心이오　　　　　　**行住修諸業**이며
　　변재는 혀가 되고
　　안 가는 데 없는 몸이여
　　훌륭한 지혜, 마음 삼아

행하거나 머물거나 모든 업 닦으며

道場師子座오 　　　　**梵臥空爲住**로다
　　도량의 사자법좌에 앉고
　　범천에 눕고 허공에 머무노라

◉ 疏 ◉

五,九頌半은 頌十地行이라
　　⑤ 9수 반 게송은 십지행을 읊었다.

經

所行及觀察하고　　　　**普照如來境**하며
徧觀衆生行하고　　　　**奮迅及哮吼**로다
　　행하는 일과 관찰의 지혜로
　　여래의 경계 널리 비추며
　　중생의 행 두루 살피고
　　위엄 떨치고 포효하는 사자후여라

離貪行淨施하며　　　　**捨慢持淨戒**하며
不瞋常忍辱하며　　　　**不懈恒精進**하며
　　탐욕 벗어나 보시 행하고
　　교만 버리고 계율 지니며

성내지 않고 항상 참으며

게으르지 않고 항상 정진하며

禪定得自在하며　　　　　**智慧無所行**하며
慈濟悲無倦하며　　　　　**喜法捨煩惱**하야

선정으로 자재함 얻고

청정한 지혜 집착행이 없으며

사랑으로 구제하고 가엾이 여김 게으름 없으며

불법의 환희로 번뇌 버리고서

於諸境界中에　　　　　　**知義亦知法**하며
福德悉成滿하야　　　　　**智慧如利劍**이로다

모든 경계에서

이치 알고 법을 알며

복덕 모두 원만 성취하여

예리한 지혜, 칼과 같아라

普照樂多聞하야　　　　　**明了趣向法**하며
知魔及魔道하야　　　　　**誓願咸捨離**로다

일체중생 널리 비춰 기꺼이 많이 듣고서

일체 불법 나아갈 길 밝게 알려주고

마군과 마군의 도 알고서

　　　　모두 버릴 것 맹세코 원하여라

見佛與佛業하고　　　　　　**發心皆攝取**하며
離慢修智慧하야　　　　　　**不爲魔力持**로다
　　　부처와 부처의 업을 보고
　　　마음 내어 모두 받아들이며
　　　교만 여의고 지혜를 닦아
　　　마군에 붙들리지 않노라

爲佛所攝持하며　　　　　　**亦爲法所持**하야
現住兜率天하며　　　　　　**又現彼命終**하며
　　　부처님 붙들어 주고
　　　불법 또한 붙잡아 주어
　　　현재 도솔천 머물다가
　　　또 그곳에서의 열반 보여주며

示現住母胎하며　　　　　　**亦現微細趣**하며
現生及微笑하며　　　　　　**亦現行七步**하며
　　　모태에 머무름 보여주고
　　　미세한 경계 나타내며
　　　탄생과 미소를 보여주고
　　　일곱 걸음 걷기도 하며

示修衆技術하며　亦示處深宮하며
出家修苦行하여　往詣於道場하며

　　모든 기술 배우기도 하고
　　깊은 궁전에 살기도 하며
　　집을 떠나 고행을 닦고
　　도량에 나아가며

端坐放光明하야　覺悟諸群生하며
降魔成正覺하야　轉無上法輪하며

　　단정히 앉아 광명 쏟아내어
　　모든 중생 깨우쳐주고
　　마군 항복 받고 정각 이루어
　　위없는 법륜 굴리며

所現悉已終에　入於大涅槃이로다

　　이런 일 모두 마치고
　　큰 열반에 드셨어라

● 疏 ●

六 有十頌半은 頌因圓果滿行이니 其初'所行'二字는 義屬前段이라

　　⑥ 10수 반 게송은 인과가 모두 원만한 행을 읊었다.
　　그 처음 '所行' 2글자의 뜻은 앞 단락에 속한다.

429

彼諸菩薩行을　　　無量劫修習하야
廣大無有邊하니　　我今說少分이로다

　　저러한 모든 보살행을
　　한량없는 세월 닦고 익혀
　　그지없이 광대하련만
　　내 여기 조금 말했을 뿐이다

● 疏 ●

第二는 頌結勸修學中에 然小異前勢니
分之爲四라
初 一偈는 結前所說爲少오 二 有三十偈는 別顯德用廣深이오 三
有四偈는 總結深廣이오 四 有二偈는 結勸修行이라
二中에 分二니 前 二十一頌半은 結約法顯行이오 後 八頌半은 結
託事顯法이라
今初는 分五라

　　(2) 37수 게송의 '학문을 닦도록 권면하면서 끝맺음을 읊은 부
분'은 앞의 문맥과 조금 다르다.
　　이는 4단락으로 나뉜다.
　　㈀ 1수 게송은 앞의 설명한 바 적음을 끝맺었고,
　　㈁ 30수 게송은 공덕의 작용이 넓고 깊음을 개별로 밝혔으며,
　　㈂ 4수 게송은 공덕의 작용이 깊고 넓음을 총괄하여 끝맺었고,

㈃ 2수 게송은 수행할 것을 권면하면서 끝맺었다.
'㈏ 30수 게송' 부분은 다시 2단락으로 나뉜다.
① 21수 반 게송은 법을 들어 행을 밝힘을 끝맺었고,
② 8수 반 게송은 일에 가탁하여 법을 밝힘을 끝맺었다.
'① 21수 반 게송'은 5가지로 나뉜다.

經

雖令無量衆으로　　　安住佛功德이나
衆生及法中엔　　　　畢竟無所取로다

　　한량없는 중생을
　　부처의 공덕에 안주하도록 하지만
　　중생이나 법에
　　끝까지 집착한 바 없어라

具足如是行하야　　　遊戱諸神通호대
毛端置衆刹하고　　　經於億千劫이로다

　　이러한 행 두루 갖춰
　　모든 신통으로 유희하되
　　털끝에 많은 세계 올려놓고
　　억천 겁 지내노라

掌持無量刹하고　　　徧往身無倦하며

還來置本處호대　　　　衆生不知覺이로다

 손바닥 위에 한량없는 세계 들고서

 두루 다녀도 피곤함 없으며

 본래 자리 가져다 놓아도

 중생들은 알지 못하여라

菩薩以一切　　　　　種種莊嚴刹로
置於一毛孔하야　　　眞實悉令見하며

 보살이 일체 가지가지 도구로

 장엄한 일체 세계를

 하나의 모공에 넣어두고

 진실을 중생 모두 보도록 하며

復以一毛孔으로　　　普納一切海호대
大海無增減하고　　　衆生不嬈害로다

 다시 하나의 모공에

 일체 바다 모조리 넣었지만

 바닷물은 늘지도 줄지도 않고

 중생을 괴롭히지도 않아라

◉ 疏 ◉

初五는 於刹에 自在行이라

첫째, 5수 게송은 세계에 자재한 행이다.

經

無量鐵圍山을　　　　　手執碎爲塵하야
一塵下一刹하야　　　　盡此諸塵數하고

    한량없는 모든 철위산
    맨손으로 부수어 티끌 만들어
    하나의 티끌 속에 하나의 세계 만들어
    모든 티끌 다할 때까지 만들어 내고

以此諸塵刹로　　　　　復更末爲塵이라도
如是塵可知어니와　　　菩薩智難量이로다

    이 많은 티끌로 만들어진 세계를
    다시 부수어 티끌 만들지라도
    그 많은 티끌 수효는 알 수 있지만
    보살의 지혜는 알지 못하리라

於一毛孔中에　　　　　放無量光明하야
日月星宿光과　　　　　摩尼珠火光과

    하나의 모공 속에서
    한량없는 광명 쏟아져
    해·달·별빛보다 빛나고

마니주 그리고 불빛보다 빛나며

及以諸天光을　　　　　一切皆暎蔽하야
滅諸惡道苦하고　　　　爲說無上法이로다
  많은 하늘의 광명까지
  모두 가려 견줄 수 없는 방광
  악도의 고통 모두 없애고
  위없는 법문 연설하여라

一切諸世間의　　　　　種種差別音을
菩薩以一音으로　　　　一切皆能演하나니
  일체 모든 세간의
  가지가지 각기 다른 음성들을
  보살의 한 가지 음성으로
  일체 모두 말하여라

決定分別說이　　　　　一切諸佛法하야
普使諸群生으로　　　　聞之大歡喜로다
  결정된 언어, 분별하신 설법
  일체 불법 연설하여
  널리 모든 중생으로
  법문 듣고 기쁘게 하였어라

● **疏** ●

二 有六頌은 三業自在行이라

　둘째, 6수 게송은 삼업이 자재한 행이다.

經

過去一切劫을　　　　　**安置未來今**하며
未來現在劫을　　　　　**廻置過去世**로다

　과거의 모든 겁을
　미래와 현재에 옮겨 두고
　미래와 현재의 겁을
　과거의 세계에 되돌려 두었어라

示現無量刹의　　　　　**燒然及成住**하야
一切諸世間이　　　　　**悉在一毛孔**이로다

　한량없는 세계가
　불타고 다시 이뤄지고 머무는 일 보여주어
　일체 모든 세간이
　하나의 모공에 있어라

去來及現在의　　　　　**一切十方佛**이
靡不於身中에　　　　　**分明而顯現**이로다

　과거·미래·현재의

시방 일체 부처님이

그의 몸에 모두가

분명하게 나타나네

◉ 疏 ◉

三'過去'下 三頌은 明三世間自在行이라

 셋째, '過去' 이하 3수 게송은 3세간에 자재한 행을 밝혔다.

| 經 |

深知變化法하고   **善應衆生心**하야
示現種種身호대   **而皆無所著**이로다

 변화하는 법 잘 알고서

 중생이 원하는 마음 따라

 가지가지 몸 나타내지만

 하나도 집착한 바 없어라

或現於六趣의   **一切衆生身**과
釋梵護世身과   **諸天人衆身**과

 혹은 육도 윤회 속의

 일체중생의 몸으로

 제석·범천·사천왕의 몸으로

 하늘과 사람의 몸으로 나타내며

聲聞緣覺身과 　　　　諸佛如來身하며
或現菩薩身하야 　　　修行一切智하며
　　성문의 몸·연각의 몸
　　부처의 몸으로 나타내고
　　혹은 보살의 몸 나타내어
　　일체 지혜 수행하며

善入軟中上인 　　　　衆生諸想網하며
示現成菩提와 　　　　及以諸佛刹하며
　　상·중·하 중생의
　　모든 망상 그물 속에 잘 들어가
　　보리를 성취하는 일과
　　부처님 세계 나타내며

了知諸想網하야 　　　於想得自在하고
示修菩薩行하는 　　　一切方便事로다
　　모든 망상 그물 알면서도
　　망상에 자재하고
　　보살행을 닦아가는
　　일체 방편 보여주네

● 疏 ●
四 有五頌은 明身智自在行이라
　　넷째, 5수 게송은 몸과 지혜가 자재한 행을 밝혔다.

經

示現如是等이　　　　　廣大諸神變하니
如是諸境界를　　　　　擧世莫能知로다
　　이처럼
　　엄청난 신통변화 보여주니
　　이런 모든 경계를
　　온 세상 알지 못하여라

雖現無所現하야　　究竟轉增上이라
隨順衆生心하야　　令得眞實道하니
　　경계를 보여줘도 보여주는 바 없어
　　끝까지 더욱 향상되어라
　　중생의 마음 따라
　　진실한 도 얻게 하니

身語及與心이　　　　　平等如虛空이로다
　　몸과 말과 마음이
　　허공처럼 평등하여라

● 疏 ●

五 有二偈半은 總結難測이라

다섯째, 2수 반 게송은 불가사의함을 총괄하여 끝맺었다.

經

淨戒爲塗香하고　　衆行爲衣服하며
法繒嚴淨髻하고　　一切智摩尼로다

　　청정한 계행, 바르는 향이요
　　여러 가지 행은 의복
　　법의 비단, 장엄 청정의 상투
　　일체 지혜는 마니 보배여라

功德靡不周하야　　灌頂升王位하니
波羅蜜爲輪하고　　諸通以爲象하며

　　공덕 두루 갖춰
　　관정으로 왕위 오르니
　　육바라밀, 바퀴 삼고
　　모든 신통, 코끼리 삼고

神足以爲馬하고　　智慧爲明珠하며
妙行爲婇女하고　　四攝主藏神하며

　　신족은 말이 되고

지혜는 찬란한 진주
미묘한 행은 아름다운 여인이고
사섭법은 법장 지키는 곳간지기

方便爲主兵하고　　　　　**菩薩轉輪王**이며
三昧爲城郭하고　　　　　**空寂爲宮殿**하며

　방편으로 주된 병사 삼고
　보살의 전륜성왕
　삼매는 성곽이요
　공적은 궁전이며

慈甲智慧劍이오　　　　　**念弓明利箭**이며
高張神力蓋하고　　　　　**逈建智慧幢**하며

　자비의 갑옷, 지혜의 검
　생각의 활, 밝고 예리한 화살
　신통력 일산 높이 들고
　지혜 당기 높이 세우며

忍力不動搖하야　　　　　**直破魔王軍**하며
總持爲平地하고　　　　　**衆行爲河水**하며

　인욕의 힘 흔들림 없어
　마왕 군중 깨뜨리고

다라니는 평지 되고
모든 수행, 강물 되며

淨智爲涌泉하고　　　　　**妙慧作樹林**하며
空爲澄淨池오　　　　　　**覺分菡萏華**며

　맑은 지혜, 솟아나는 샘물이오
　미묘한 슬기, 우거진 나무숲
　공은 맑은 연못이오
　깨달음은 피어난 연꽃 송이

神力自莊嚴하고　　　　　**三昧常娛樂**하며
思惟爲婇女하고　　　　　**甘露爲美食**하며

　신통력으로 장엄하고
　삼매로 언제나 오락 삼으며
　사유는 아름다운 여인이오
　감로는 아름다운 음식

解脫味爲漿하고　　　　　**遊戲於三乘**이로다

　해탈 맛은 장이 되고
　삼승으로 유희하네

● 疏 ●
後 結託事顯法中에 或前來所無오 或事同義異니 並可意得이라
　② '일에 가탁하여 법을 밝혀 끝맺은 부분'의 8수 반 게송은 간혹 앞에 없는 바이거나 일은 같지만 그 의미가 다르다. 이는 모두 깊이 생각하여 그 뜻을 알아야 한다.

經
此諸菩薩行이　　　　　**微妙轉增上**하야
無量劫修行호대　　　　**其心不厭足**이로다
　　이 모든 보살의 행
　　미묘하고 더욱 향상되어
　　한량없는 세월 수행하면서도
　　그 마음 싫증내지 않아라

供養一切佛하고　　　　**嚴淨一切刹**하야
普令一切衆으로　　　　**安住一切智**로다
　　일체 부처님께 공양하고
　　일체 세계 장엄하여
　　널리 일체중생을
　　일체 지혜 머물도록 하여라

◉ 疏 ◉

第三 '總結深廣'中에 前二는 結前已說이라

㈐ '공덕의 작용이 깊고 넓음을 총괄하여 끝맺은 부분'의 4수 게송 가운데, 앞의 2수 게송은 앞에서 이미 설명한 바를 끝맺었다.

經

一切刹微塵도　　　　　悉可知其數며
一切虛空界도　　　　　一沙可度量이며

　일체 세계 작은 티끌도
　그 수효 모두 알고
　일체 모든 허공계도
　한 모래도 헤아릴 수 있으며

一切衆生心도　　　　　念念可數知어니와
佛子諸功德은　　　　　說之不可盡이로다

　일체중생의 마음도
　한 생각 찰나에 알 수 있지만
　불자의 그 공덕은
　말로 다할 수 없노라

◉ 疏 ◉

後二는 結未說難窮이라

뒤의 2수 게송은 말할 수 없는, 다하기 어려움을 끝맺었다.

經

欲具此功德과   **及諸上妙法**하며
欲使諸衆生으로   **離苦常安樂**하며

 이처럼 큰 공덕과
 미묘한 모든 법 갖추어서
 저 모든 중생으로 하여금
 괴로움 여의고 언제나 안락케 하며

欲令身語意로   **悉與諸佛等**인댄
應發金剛心하야   **學此功德行**이어다

 나의 몸과 말과 뜻이
 모두 부처님과 같으려면
 당연히 금강 같은 마음 내어
 이런 공덕행 배울지어다

● 疏 ●

四는 結勸修行이니 可知니라

 ㈃ 2수 게송은 수행할 것을 권면하면서 끝맺었다.
 이는 말하지 않아도 알 수 있다.

● 論 ●

'其心不高下'已下에 五言頌으로 直至卷末히 有二百七行半頌은 以諸譬喩로 頌諸菩薩의 大悲饒益과 及所修法門이라 如經自具하야 一一分明하니 但有發菩提心者는 皆應頂敬誦持하야 以用莊嚴身口意業하며 以成法身大智大悲行願之門하야 成就佛果普賢大用이어다

此離世間品은 是佛果之後 普賢恒行이 普印十方하야 無休息也라 如善財 見慈氏如來에 慈氏如來 却令見文殊師利하며 又聞普賢名하고 善財 起無量十大願雲에 方見自身이 入普賢身이니 此品同彼니라

　　'其心不高下' 이하 5언 게송으로 권말에 이르기까지 207행 반의 게송은 많은 비유로써 모든 보살의 大悲의 마음으로 중생에게 도움을 주는 것과 닦아야 할 법문을 읊은 부분이다.

　　경문에서 말한 바와 같이 그 나름 잘 갖춰져 있어 하나하나가 분명하다. 다만 보리심을 일으킨 자는 모두 당연히 공경의 마음으로 절을 올리고 이를 외우고 지니면서 신구의 삼업을 장엄하고, 법신의 大智大悲 行願의 법문을 성취하여 佛果의 普賢大用을 성취해야 한다.

　　제38 이세간품은 佛果를 얻은 이후, 언제나 보현행이 시방에 두루 행하여 멈춤이 없는 것이다. 선재동자가 자씨여래를 친견하자, 자씨여래가 도리어 문수사리보살을 친견하도록 하였으며, 또한 보현보살의 명호를 듣고서 선재동자가 한량없는 十大誓願을

일으킴으로써 바야흐로 그 자신이 보현의 몸에 들어감을 보았다. 이세간품은 입법계품에서 말한 바와 같다.

離世間品 竟하다

    제38 이세간품을 끝마치다.

이세간품 제38-8 離世間品 第三十八之八
화엄경소론찬요 제97권 華嚴經疏論纂要 卷第九十七

화엄경소론찬요 ㉑
華嚴經疏論纂要

2024년 8월 15일 초판 1쇄 발행

편저자 혜거
발행인 박상근(至弘) • 편집인 류지호 • 편집이사 양동민
편집 김재호, 양민호, 김소영, 최호승, 하다해, 정유리 • 디자인 쿠담디자인
제작 김명환 • 마케팅 김대현, 이선호 • 관리 윤정안
콘텐츠국 유권준, 정승채, 김희준
펴낸 곳 불광출판사 (03169) 서울시 종로구 사직로10길 17 인왕빌딩 301호
　　　　대표전화 02) 420-3200 편집부 02) 420-3300 팩시밀리 02) 420-3400
　　　　출판등록 제300-2009-130호(1979. 10. 10.)

ISBN 979-11-7261-025-8 04220
ISBN 978-89-7479-318-0 04220(세트)

값 30,000원

잘못된 책은 구입하신 서점에서 바꾸어 드립니다.
독자의 의견을 기다립니다. www.bulkwang.co.kr
불광출판사는 (주)불광미디어의 단행본 브랜드입니다.